# 왕초보
# 바둑 배우기
## 1. 입문하기

# 왕초보
# 바둑 배우기
## 1. 입문하기

**3판 1쇄 발행** 2024년 8월 25일

| | |
|---|---|
| **지은이** | 조창상 |
| **마케팅** | 조정빈 |
| **발행인** | 조상현 |
| **발행처** | 더디퍼런스 |

| | |
|---|---|
| **등록번호** | 제2018-000177호 |
| **주소** | 경기도 고양시 덕양구 큰골길 33-170 |
| **문의** | 02-712-7927 |
| **팩스** | 02-6974-1237 |
| **이메일** | thedibooks@naver.com |
| **홈페이지** | www.thedifference.co.kr |

독자여러분의 소중한 원고를 기다리고 있습니다. 많은 투고 부탁드립니다.

ISBN 979-11-6125-500-2 13690

부분 기술을 입체적이고 실전적으로
배우는 독창적인 바둑 입문서!

# 왕초보
# 바둑 배우기
## 1. 입문하기

조창삼 지음

더디퍼런스

바둑은 지금까지 많은 사람들에게 관심 받아온 지적이고 매력적인 경기입니다. 가로세로 19줄의 바둑판과 동그란 검은 돌과 흰 돌, 이런 단순함 속에는 온갖 인생의 오묘한 이치가 담겨있습니다. 현대에 접어들면서 프로기사 제도를 도입해 많은 대국을 상금화했고, 아마추어를 위한 대회를 만들어 공식화하고 있지요. 전국의 크고 작은 아마추어 대회는 300개가 넘을 정도로 바둑은 이미 대중들에게 깊숙이 자리 잡아가고 있습니다.

바둑이 좋은 것은 언제 어디서나 남녀노소가 어울릴 수 있고, 이제 막 걸음마를 뗀 하수라도 그 배운 만큼의 즐거움을 찾을 수 있다는 데 있습니다. 프로기사가 아니라도 말입니다. 실력이 높은 고수는 고수의 깊이가 있고, 실력이 낮은 하수는 그 나름의 재미가 있는 것입니다.

이번에 선보일 왕초보 바둑 배우기 총 3권은 이제 막 바둑에 관심을 가져보려는 분들에게 추천하는 책입니다. 처음 바둑을 대할 때 어디부터 어떻게 접근해야 하는 것인지, 바둑의 기본기술은 어떤 것들이 있는지, 아주 쉬운 방법으로 알기 쉽게 풀어가려고 했습니다.

1권 '입문하기'부터 하나하나 순서대로 따라하다 보면 자기도 모르는 사이에 어느 순간 바둑을 이해하기 시작하며, 어렵게만 느껴졌던 바둑이 술술 풀려갈 것입니다. 총 3권까지 읽어가는 데 거침없을 것이라고 믿습니다.

이 책은 다음과 같은 특징으로 구성했습니다.

첫째, 딱딱하고 부분적인 강좌 형식이 아닌 옆 사람과 대화하듯 서술 형식으로 풀었습니다. 처음 바둑을 접하는 분들을 위한 배려입니다.

바둑이 어렵다고 느끼게 될 때는 하나하나의 기술을 자로 잰 듯이 이해하고 넘어가려는 경우에 생깁니다. 영어를 배울 때 문법 하나하나 정복해서 실력이 늘었던 적 있던가요? 그보다는 옆 사람과 대화하듯이 배우는 것이 백번 나을 것입니다. 바둑도 마찬가지 아닐까요? 서로 바둑을 둔다고 생각하며 배우면 효과가 백번 오를 것이라 생각했습니다. 그런 관점에서 그동안 많은 입문서들이 그 내용의 경중에 관계없이 획일적이었던 것에 반해 이번에 출간하는 왕초보 바둑 배우기는 좀 더 쉽고 이해하기 편하게 구성했습니다.

둘째, 한 단원을 시작하면 끝날 때까지 부분 이론만이 아니라 실전적으로 이해할 수 있도록 자세하고 입체적인 해설을 했습니다. 다시 말해 바둑 한 파트를 이해하기 위해서는 적지 않은 이론이 필요합니다. 다양한 형식이 나올 수 있는 내용에서 생각을 확장시키는 독창적인 강의 형식을 빌려 내용을 쉽게 접근했습니다. 기술 하나하나를 상호 관련시켜 이해의 폭을 넓히도록 노력했습니다. 꼬리에 꼬리를 무는 식으로 말이죠.

셋째, 입문자들이 가장 편하고 재미있게 배울 수 있도록 꼭 알아야 할 내용에 대한 전체 순서와 구성에 많은 공을 들였습니다. 이 책의 가장 큰 자랑입니다. 각 파트의 마지막 부분은 그동안 알았던 내용을 점검하기 위해 익힘문제와 그 해답을 다뤘습니다. 각 단원의 복습 차원에서 문제와 해답을 실어 그동안 배워온 내용을 확인하는 시간을 가졌습니다.

이 시리즈는 총 3권이며, 1권을 마치는 순간 누구랑 대국한다 해도 자신감이 생길 것이라고 확신합니다. 설령, 실력 차이가 나더라도 바둑은 치수제가 있어 동등하게 실력을 겨룰 수 있습니다. 이렇게 바둑을 알아가는 순간 실력은 급속도로 향상되어가고, 실력이 증가되는 만큼 바둑의 맛은 그 깊이가 더해질 것입니다.

최근 알파고가 전 세계의 주목을 받으며 혜성같이 등장해 바둑의 패러다임을 바꿔놓았지만 5,000년을 이어온 바둑의 기본은 한결 같습니다. 바둑에 입문하는 여러분 모두 이 한 권의 책이 바둑의 고수로 가는 디딤돌 역할을 했으면 하는 바람 가져봅니다.

가을의 문턱에서. 조창삼

# 들어가는 장

# 바둑을 처음 접할 때

아래 그림은 바둑판의 표면을 나타낸 것입니다. 선과 선이 교차하고 있는 수는 가로 19줄, 세로 19줄로 모두 361(19×19=361)개가 있습니다.

바둑은 교차하고 있는 바로 이 선 위에 흑과 백이 서로 한 번씩 나누어 착점하는 것을 기본 규칙으로 정하고 있습니다. 이 교차점 하나하나를 집(영토)이라 부르며 이 집을 누가 많이 차지하느냐가 바둑의 핵심입니다.

앞으로 배워가겠지만 이 선과 선의 교차점에서 일어나는 변화들은 아주 단순하고 간단한 수순들이 있을 수 있는 반면, 인공지능 '알파고' 대국에서 보았듯이 수 만 가지의 변화들을 읽어내는 심오한 수순들로 가득 담겨 있을 수 있습니다. 바둑은 그만큼 매력적인 게임이라고 할 수 있겠지요?

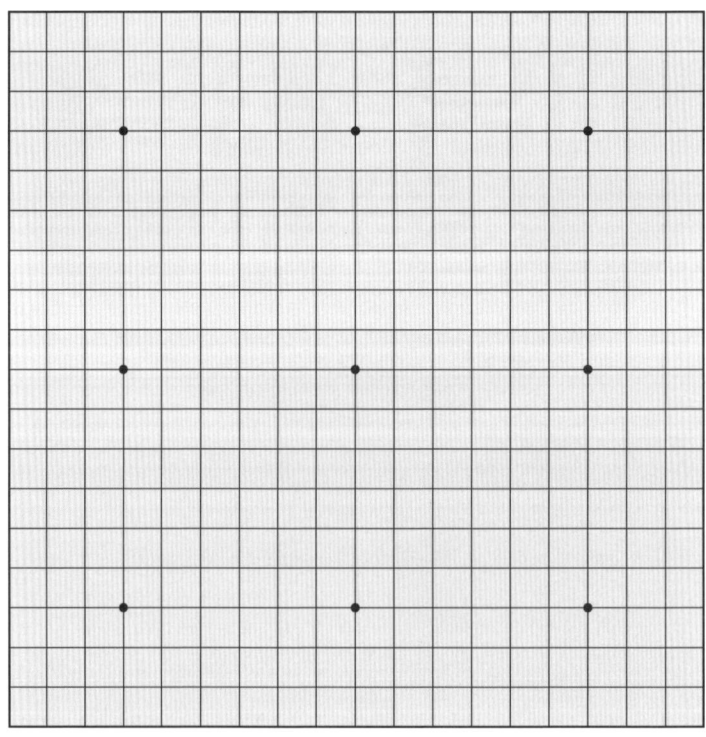

아래 그림은 바둑통과 바둑돌을 보여주고 있습니다. 바둑통은 재질과 가격에 따라 다양한 제품이 있으며 취향에 맞게 선택할 수 있습니다.

바둑돌 역시 마찬가지로 종류에 따라 몇 가지의 특징을 갖고 있습니다. 백돌은 180개, 흑돌은 181개로 바둑판의 교차점 숫자와 같습니다. 그러나 한 판의 바둑에 이 돌을 모두 사용하지는 않습니다. 빈 공간만큼 집(영토)을 차지하기 때문입니다.

바둑돌이 흑과 백으로 나누어져 있는 것은 대국자를 구별하기 위해서입니다. 현대 바둑은 흑, 백으로 구별되어 확정되었지만 바둑 태동기나 초창기에는 뚜렷한 구분이 없었습니다. 가령 돌덩이를 깎아 바둑돌로 대용했다든지, 이와 유사한 다른 도구를 사용했습니다. 또한 색의 구분도 지금과 같이 흑색과 백색으로 나눠지지 않았습니다.

바둑통과 바둑돌

아래의 바둑판은 각각의 부분에 따라 고유한 명칭을 갖고 있습니다.

바둑판에는 9개의 점이 있는데, 중앙을 제외한 8개의 점을 '화점'이라고 하며 중앙의 점은 천원(天元)이라고 부릅니다.

또한 바둑판에는 4개의 귀가 있습니다. 우측 상단의 '우상귀', 우측 하단의 '우하귀', 좌측 상단의 '좌상귀', 좌측 하단의 '좌하귀'가 있습니다.

그리고 4개의 변(邊)과 중앙(中央)을 갖고 있습니다. 그림에서 보듯 우측을 '우변', 좌측을 '좌변', 윗부분을 '상변', 아랫부분을 '하변'이라고 하며 중앙 부분을 '중앙'이라고 합니다.

바둑판 위의 교차점에서 일어나는 간단한 규칙과 용어들을 숙지해야 하며, 이런 간단한 명칭을 익혀가면서 바둑의 심오한 세계에 빠져보시기 바랍니다.

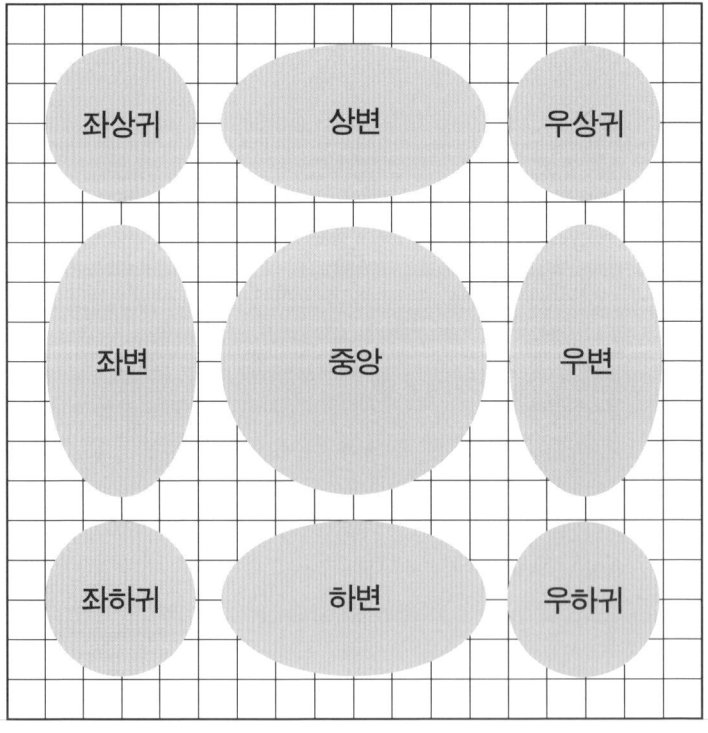

바둑판은 가로와 세로가 각각 19줄로 되어 있습니다. 바둑판을 대하는 위치에 따라 각각 1선, 2선, 3선, 4선이라고 부릅니다. 5선부터 그 이상의 선은 대국 중에 많이 사용되지 않는 용어이므로 우선 1선부터 4선까지의 명칭을 배워보기로 합니다.

그렇다면 1선부터 4선은 왜 우리가 많이 사용할까요? 그것은 각각의 선에 별칭이 붙어 있기 때문입니다. 그럼 그 별칭을 한 번씩 불러볼까요? '1선은 사망선', '2선은 패망선', '3선은 실리선', '4선은 세력선'.

이렇게 4줄은 한 판의 바둑을 접하면서 아주 많이 사용되는 호칭입니다. 몇 번씩 큰 소리로 불러보아도 아주 좋습니다. 한 번 더 큰 소리로 따라해 봅시다. '1선은 사망선~', '2선은 패망선~', '3선은 실리선~', '4선은 세력선~'.

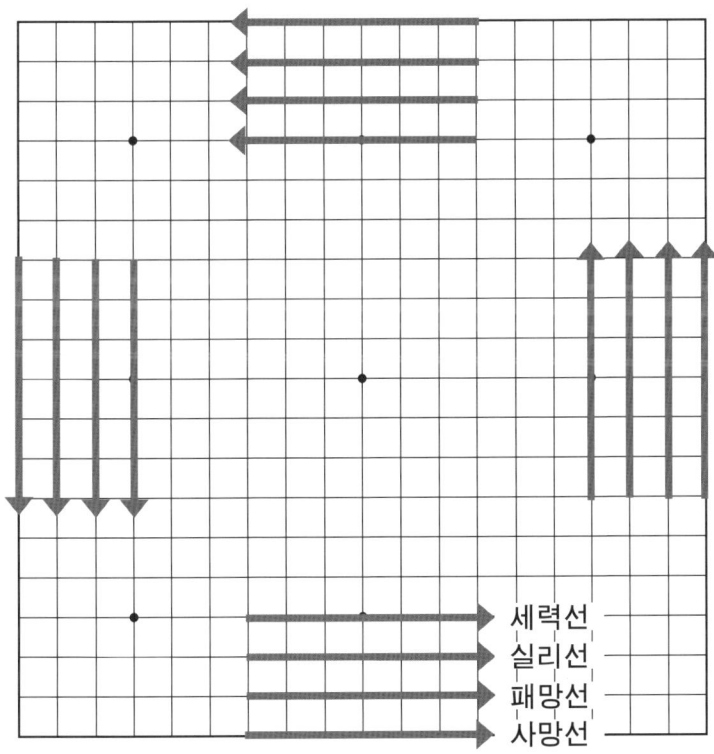

### ●바둑의 기본 규칙

"두 사람이 바둑을 둔다." "우리는 바둑을 둘 예정이다." "바둑 한 판 둘까?" 등, '두다'라는 용어를 많이 사용합니다. '두다'는 '대국하다'로 바꿔 말하기도 합니다. 즉 바둑은 두 사람이 흑과 백으로 서로 한 번씩 교대로 바둑판 위에 놓으며 누가 더 많은 집(영토)을 차지하느냐의 경기입니다.

아래 바둑판의 흑1부터 11까지만 보더라도 서로 집을 차지하기 위해 최선을 다하고 있는 모습입니다. 우상귀와 우하귀는 흑집이 될 확률이 커지고 있으며, 좌상귀와 좌하귀는 백집의 확률이 있습니다. 언뜻, 갑자기 어려워 보일 수 있지만 일단 무시하고 참고만 해주십시오.

실제로 이후 많은 변화와 치열함이 있지만 점차 알아가기로 하고 일단 기본 원리만 알아두시기 바랍니다.

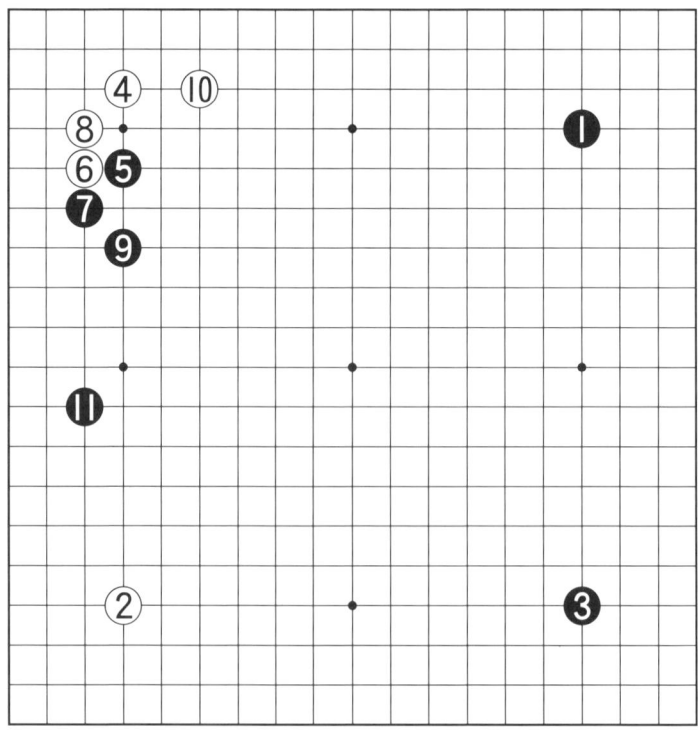

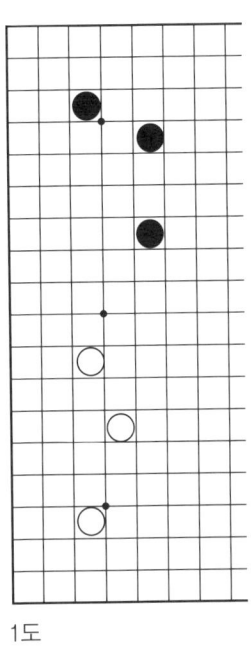

1도

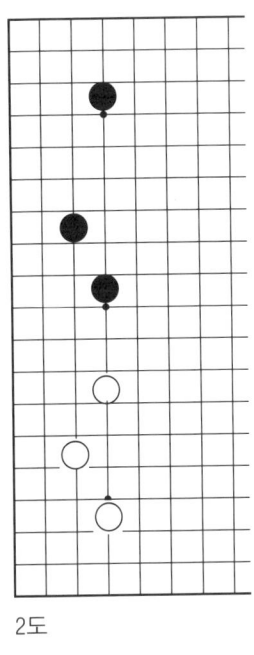

2도

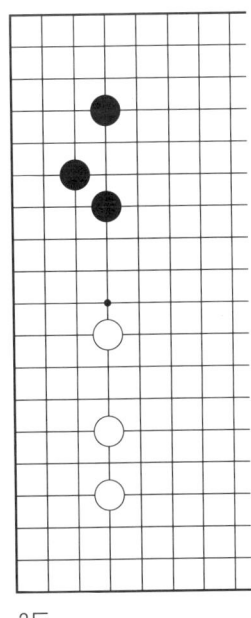

3도

## ● 돌을 놓는 법

이제 바둑이란 게 흑과 백으로 바둑판 위에서 하는 경기라는 것은 알았겠지요? 그렇다면 어떻게 바둑돌을 놓아야 바르게 놓은 것일까요? 바둑판에서 알아보겠습니다.

1도와 2도는 잘못 놓은 예입니다. 그럼 3도와 4도를 한번 볼까요? 예쁘게 제자리에 놓인 모습입니다. 선과 선이 서로 교차되는 자리, 바로 그 자리라면 어디에도 바둑돌을 놓을 수 있습니다. 아주 가끔 어떤 분들은 1도의 네모 안에 놓은 모습이 좋다고 떼를 쓰는 분들이 있는데, 절대 그렇게 하면 안 되겠지요?

바둑돌은 선과 선이 만나는 교차점이라면 어디라도 놓을 수 있습니다. 다만 서로 한 번씩 놓기 때문에 가장 효율적인 점을 찾아야 하겠지요.

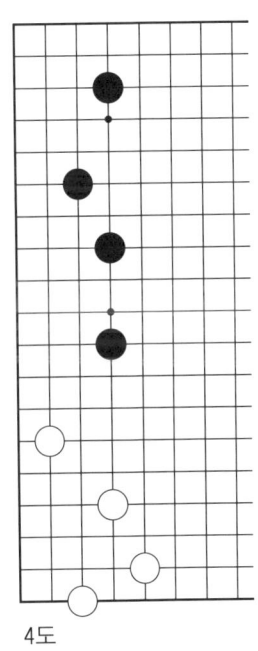

4도

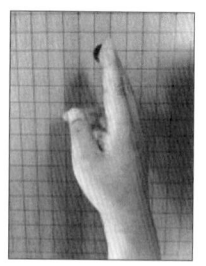

그림 1

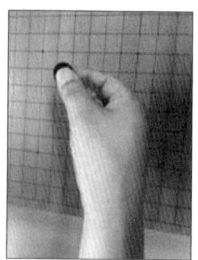

그림 2

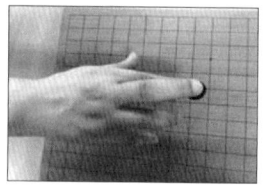

그림 3

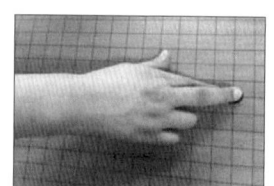

그림 4

### ●돌을 쥐는 법

대국을 할 때 바둑돌을 잡고 바둑판 위에 놓게 되는데요. 바둑을 처음 배울 때 참으로 많은 방법으로 바둑돌 쥐는 모습을 보게 됩니다. 돌을 쥐는 법에 있어 규칙을 별도로 정해 놓은 것은 없습니다. 그렇더라도 우리는 돌을 쥐는 방법을 꼭 배워야 합니다.

먼저 **그림 1**과 2는 돌을 잘못 잡은 모습입니다. 일단 이런 모양으로 잡으면 안 된다는 것을 먼저 얘기하겠습니다.

**그림 3**과 4를 보세요. **그림 3**은 돌을 바르게 잡은 모습입니다. 검지와 중지 사이에 돌을 끼워야 합니다. 이렇게 잡고 **그림 4**에서 보듯 바둑판 위에 살며시 내려놓는 것이 올바르게 돌을 쥐는 모습입니다.

처음에는 익숙하지 않아 어려움이 있겠지만 대국 수가 많아지면 차츰 멋진 모습으로 발전할 수 있습니다.

서로 실력이 같은 사람의 대국을 호선바둑이라고 합니다. 호선이라고 하는 것은 흑과 백을 동등하게 놓고 대국한다는 것을 말합니다. 그러므로 흑이 먼저 시작하는 이점이 있으므로 이때 흑을 잡은 쪽에서 '덤'이란 것을 미리 백 쪽에 줍니다. 현대바둑은 그 이점을 6~7집으로 정하고 있으며 비김을 방지하기 위해 한국과 일본은 6.5집, 중국은 7.5집의 덤을 제공합니다. 아래 바둑판 위의 흑1부터 13까지는 호선바둑의 좋은 예입니다.

또한 바둑이 좋은 것은 실력차이가 나더라도 누구라도 동등하게 대국을 할 수 있다는 것입니다. 우리는 이것을 접바둑이라고 하며, 보통 한 단계의 실력 차이에 따라 한 점의 돌을 미리 놓게 되는데요. 한 점의 치석(미리 놓는 돌) 효과는 보통 12~15집 정도의 가치가 있다고 합니다. 그럼 미리 돌을 놓는 방법을 다음 페이지에서 계속해서 보겠습니다.

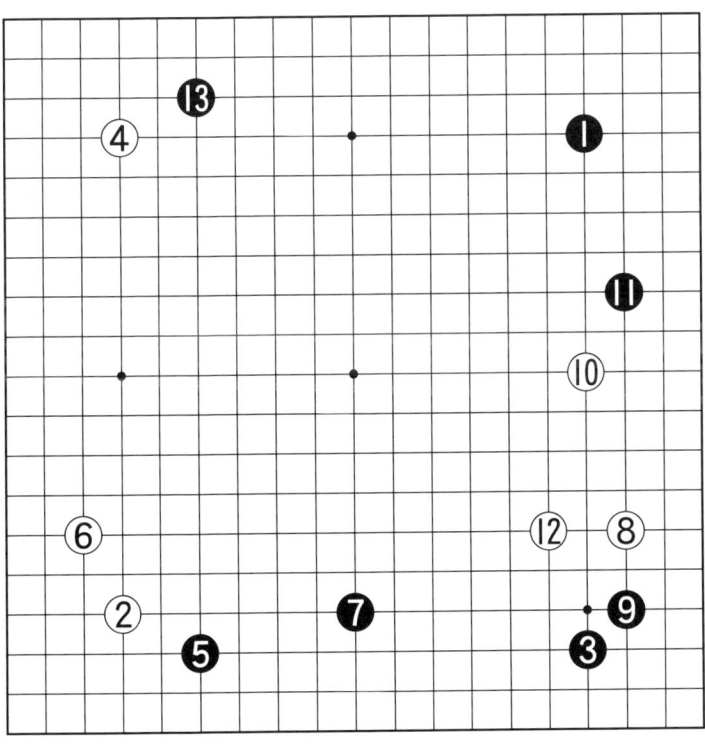

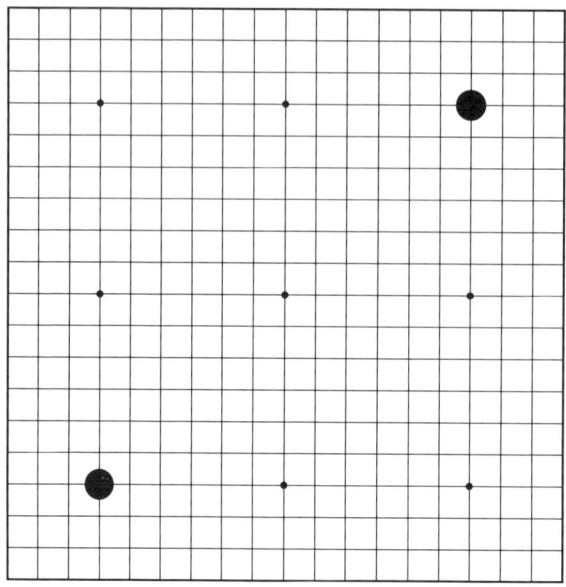

1도

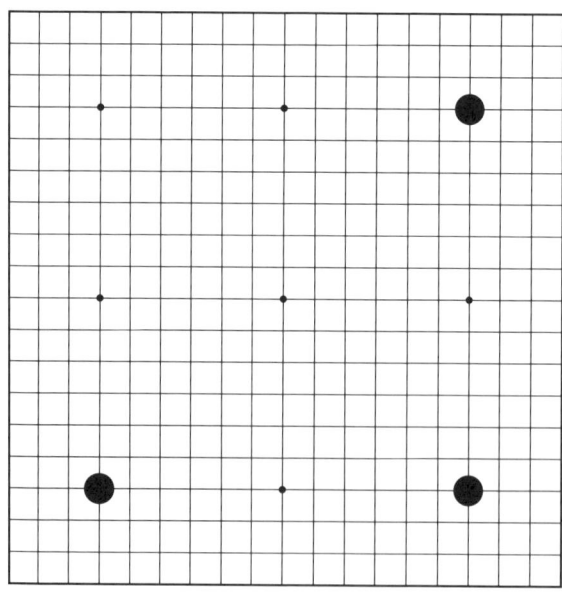

2도

### ●2점, 3점 접바둑

대국하는 두 사람 사이에 실력차이가 날 때는 그 차이에 따라 흑 쪽에서 대국 전 미리 돌을 놓고 대국을 합니다.

우리는 이런 방법을 '접바둑'이라 하며, 접바둑일 때는 돌을 놓는 방법이 있습니다.

1도는 두점을 먼저 놓았을 경우를 보여주고 있으며, 2도는 석점의 접바둑입니다.

반드시 상수 쪽의 화점 자리를 비워두어야 합니다.

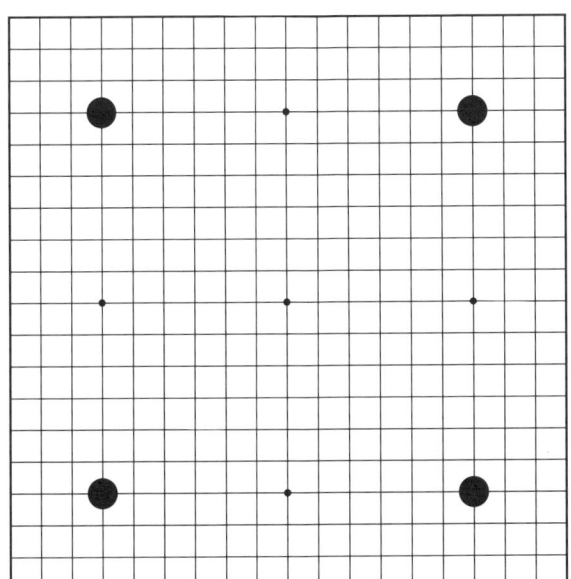

3도

## ●4점, 5점 접바둑

3도는 넉점의 접바
둑이며, 4도는 다섯
점을 미리 놓아본 기
본형입니다.

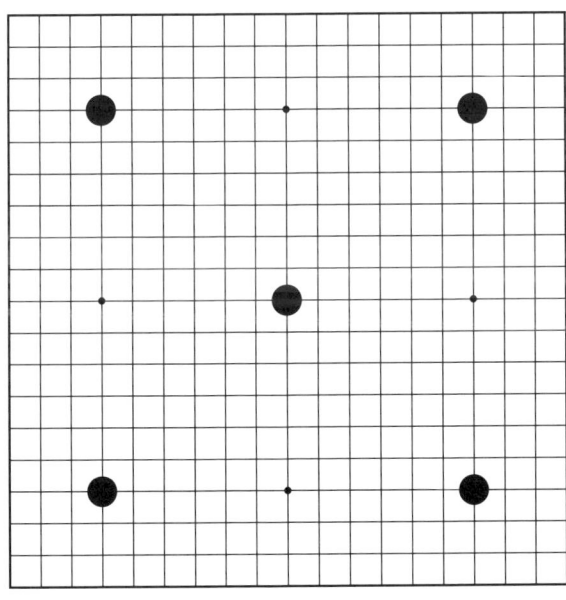

4도

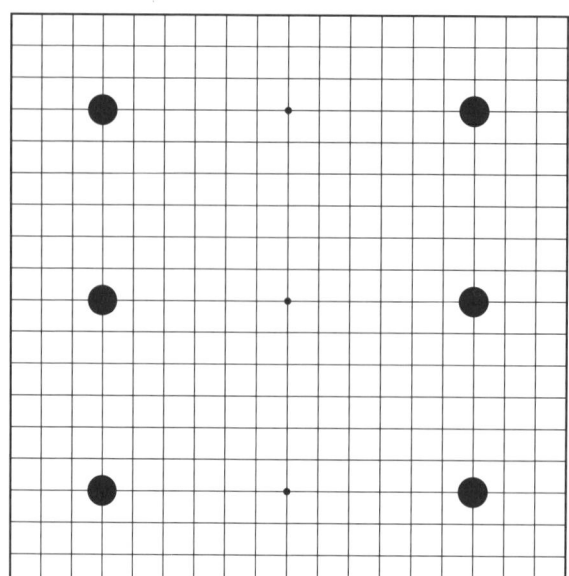

5도

## ●6점, 7점 접바둑

5도는 여섯점, 6도
는 7점 접바둑의 미
리 돌을 놓는 방법
입니다.

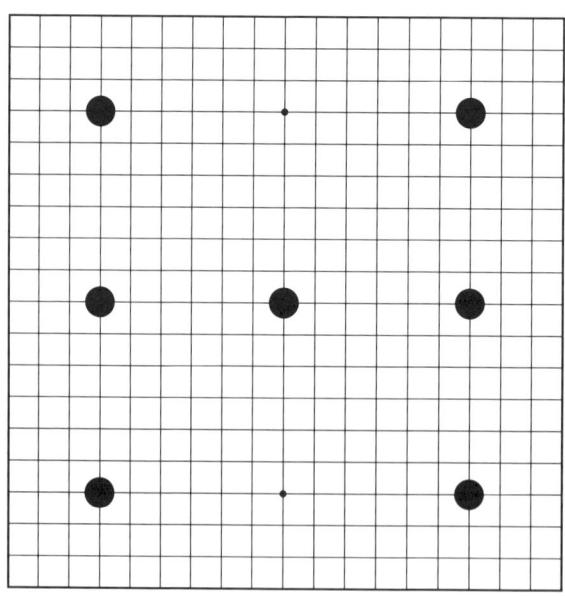

6도

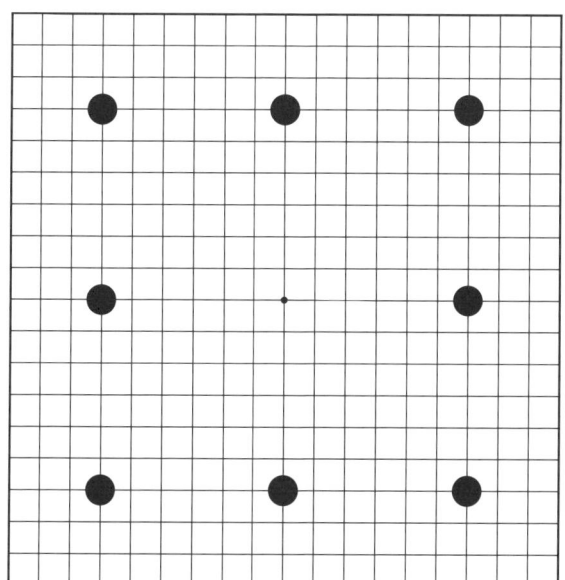

7도

## ●8점, 9점 접바둑

7도는 여덟점, 8도
는 아홉점 접바둑의
모습입니다.

　보통 한 점을 더
놓는 것에 따라 1급
정도의 차이가 있다
고 할 수 있습니다.

　가령, 5급과 9급
의 기력 차이가 있
을 때에는 약 넉점
의 접바둑으로 대국
을 합니다.

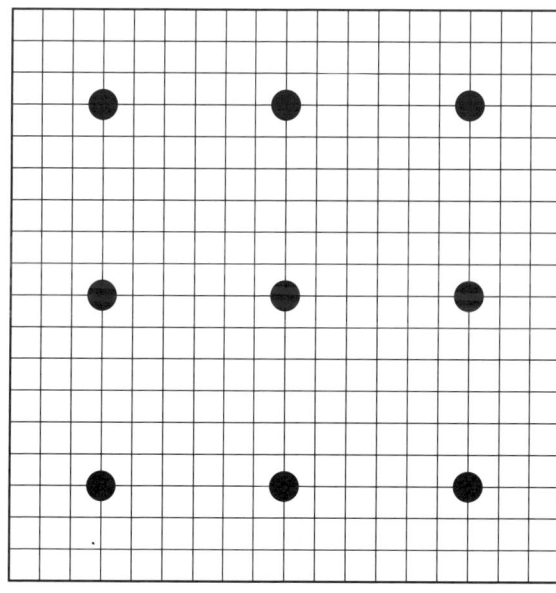

8도

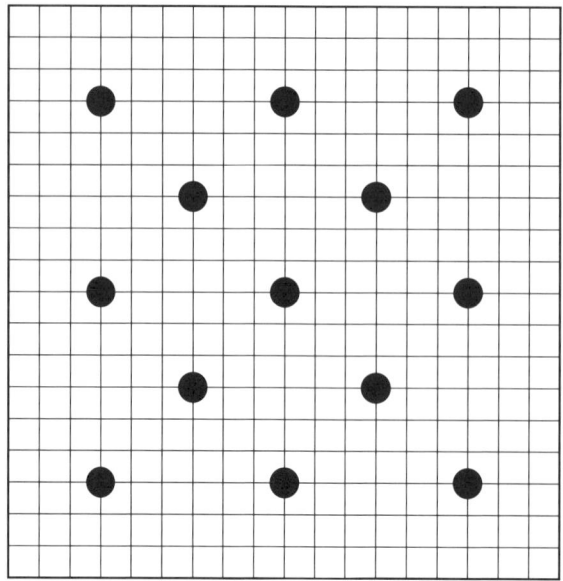

9도

## ●걸음마 단계

바둑을 처음 배울 때
는 아직 기본도 잘
모르고, 한점 두점
잡는 정도밖에 눈에
보이지 않습니다.

이때는 바둑을 조
금만 아는 상대에게
도 미리 돌을 많이
놓게 되는데, 그 예
로 9도는 13점의 돌
을 미리 놓은 모습을
보여주고 있으며 10
도는 25점의 접바둑
입니다.

25점의 접바둑일
경우는 이제 바둑 첫
걸음마를 뗀 후의 모
습일 것입니다. 이
때부터 바둑실력은
급속도로 빠르게 늘
어갑니다.

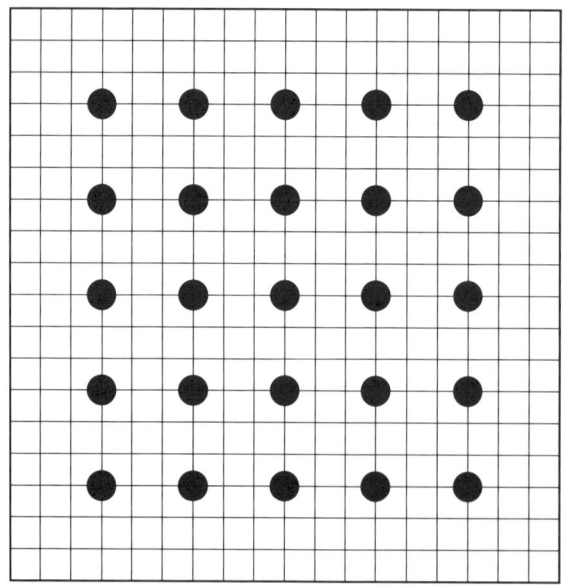

10도

앞에서 몇 번 설명했듯이 바둑은 두 사람이 두는 것이 원칙입니다. 하지만 이외 다른 대국 방법도 있다는 것을 알고 있어야 합니다.

상황에 따라 연기바둑(한 팀에 2명씩 총 4명이 대국)이 있습니다. 여기서 주의해야 할 사항은 착수 순서를 꼭 지켜야 하며 같은 팀이어도 수에 대해 얘기를 해서는 안 됩니다.

페어바둑(남녀가 한 쌍이 되어 대국)도 있습니다. 이 역시 자기 순번 때 착점을 해야 하며 대국 중 일체 대화를 해서는 안 됩니다. 이 외 상담대국(한 팀이 서로 상의해서 최선의 수를 찾는 방법), 단체대항전 등 예외적인 대국 방법도 대국 조건에 따라 재미가 있습니다.

프로의 페어대국 장면

## ▨ 알아두어야 할 기본 규정

☞ 바둑은 바둑판(盤上)의 선과 선이 만나는 교차점에 흑과 백이 서로 한 번씩 착수합니다.

　한 사람이 두 번 연속 착점할 수 없으며 바둑판 위에 돌이 놓인 순간 다시 떼어낼 수도 없습니다. 이런 행위를 '무르기'라고 하는데, 이런 일이 공식 대국에서 발생했을 경우에는 반칙패가 됩니다.

☞ 대국 전 치수를 정합니다.

　바둑은 실력 차이에 따라 핸디캡 치수를 정하게 되는데, 보통 한 치수에 따라 한 점을 먼저 착점한 후 대국을 하게 됩니다. 가령 3급과 5급의 기력 차이는 두 점의 돌을 먼저 놓고 시작합니다.

☞ 집(영토)의 많고 적음을 가려 승부를 결정합니다.

　집이란, 바둑판에서 흑, 백이 각각 차지한 만큼의 포인트(가로와 세로가 만나는 교차점)를 말합니다. 반상 위의 교차점은 모두 361개이며 그 가운데 많은 수의 집을 차지한 쪽이 승자가 됩니다.


## ▨ 알아두어야 할 기본 예의

☞ 대국 전 서로 상대에게 머리 숙여 예의를 갖추는 게 기본입니다.

☞ 대국 중 바둑 수에 대해 여러 가지 말을 해서는 안 됩니다.

☞ 대국 중 바둑돌 소리를 낸다거나 상대에게 불편함을 주는 행동을 해서는 안 됩니다.

☞ 시간을 적절하게 사용해야 하며, 매 수마다 상식을 벗어나는 장고(長考)를 해서는 안 됩니다.

☞ 대국이 종료되었을 때에는 승패와 관계없이 서로 예를 갖추어야 하며, 반상 위의 돌은 조용히 거둬 통속에 넣어야 합니다.

# 1장

## 왕초보
## 기본 기술

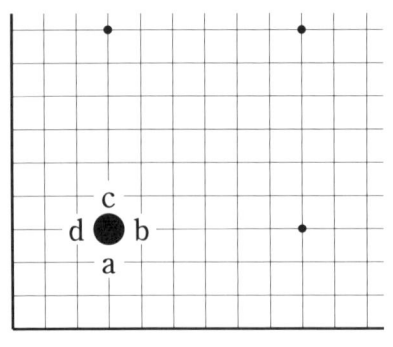

1도

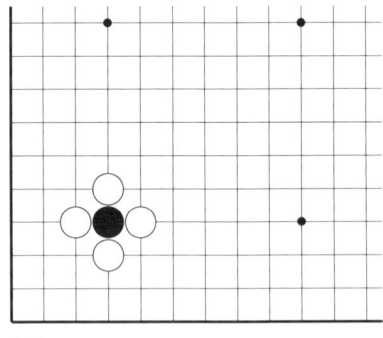

2도

● 호흡점에 대해

먼저 1도를 볼까요? 흑 한점이 있습니다. 이 흑은 4개의 호흡점을 갖고 있습니다. a, b, c, d입니다. 이 네 점은 흑이 살아갈 수 있는 길을 말합니다. 가령 2도 백이 이 활로를 모두 막았다면 흑 한점은 잡힌 모습입니다. 이런 모양이 되기 전에 흑은 재빨리 탈출해야겠지요?

3도 백이 따낸 모습을 한 번 볼까요? 백의 모습이 아주 당당하게 보입니다. 다시 한 번 강조하지만 이렇게 속절없이 흑 한점이 잡혀서는 안 됩니다.

그럼 흑이 살아가는 연습을 해봅시다. 바로 4도 흑1로 힘차게 나가는 것입니다. 완전히 포위되기 전 흑의 활로를 향해 시원하게 살아간 모습입니다.

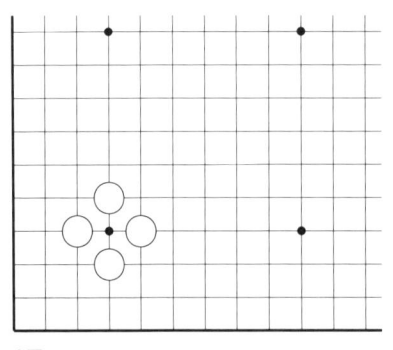

3도

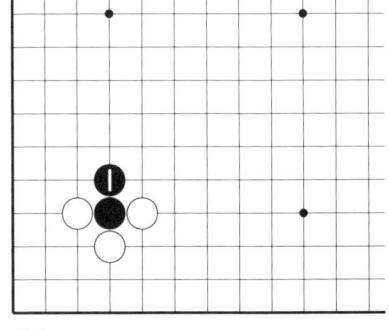

4도

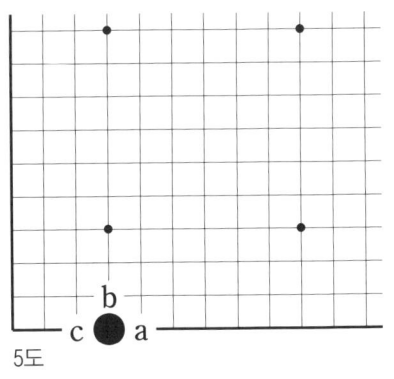

5도

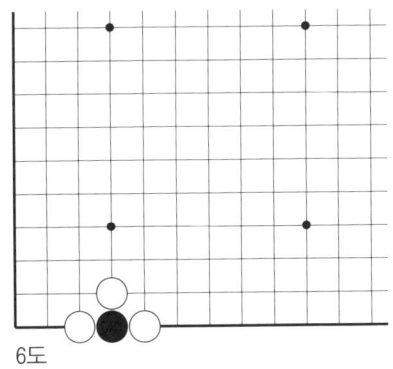

6도

### ● 변의 활로

5도는 변의 흑 한점에 대한 활로를 보여주고 있습니다. 이 한점의 활로는 a, b, c의 3개입니다. 즉 이것은 흑이 살아갈 수 있는 길이 세 개로 제한되어 있다는 뜻입니다. 이것도 6도에서 보듯, 백 석점이 흑 한점의 활로를 모두 막았다고 가정하면 흑 한점은 잡힌 모습입니다.

앞 페이지에서 보듯 7도와 같이 백이 따낸 모습을 보면 백의 위용이 엄청납니다. 이 역시 흑이 일방적으로 잡혀서는 안되겠죠? 자 8도에서 흑의 강렬한 모습을 한 번 감상해보시죠. 흑1의 활로 개척으로 오히려 흑의 모습이 아주 당당합니다. 분리된 백 두점만 초라한 모습이 되었죠.

그러므로 바둑돌의 활로는 아주 중요하며, 이 활로를 잘 활용하는 것이 기력향상에 큰 도움이 됩니다.

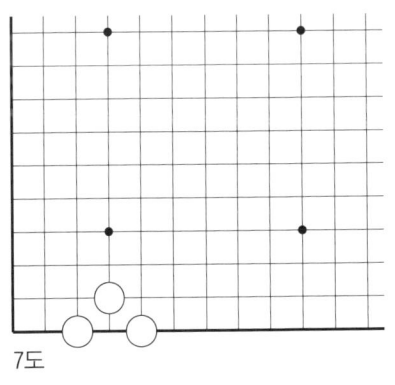

7도

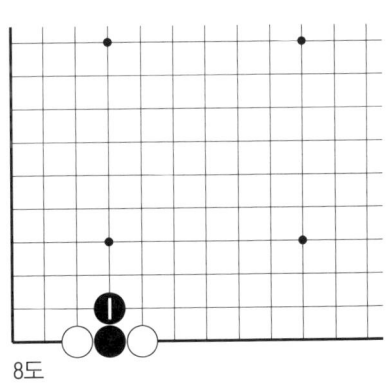

8도

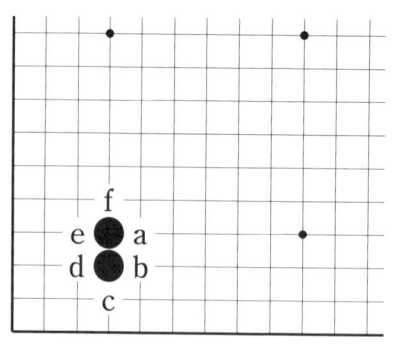

9도

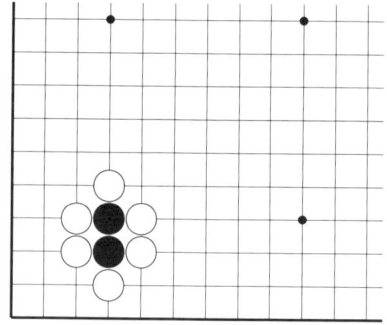

10도

## ● 두점의 활로와 단수

이번에는 흑 두점의 활로는 어떻게 되는지 확인해 보겠습니다. 9도 흑 두점의
활로는 a부터 f까지 6개입니다. 돌 두 개가 붙어있는 모습이 활로가 더 늘어
난다는 것을 확인할 수 있습니다.

그렇더라도 이 두점을 잡는 모습은 봐야 하겠지요? 10도 백으로 둘러싸여
흑 두점은 잡힌 모습입니다. 활로 6개가 모두 막혔지요. 이렇듯 활로를 모두
막게 되면 잡을 수 있다는 것을 알 수 있습니다. 그럼 잡히기 전 흑은 빨리 탈
출을 시도해야 합니다. 그 탈출한 모습이 11도 흑1입니다. 백이 6개의 활로를
막기 전에 흑은 빨리 살 수 있는 생각을 가져야 합니다.

백은 마지막 활로를 막기 직전의 모습, 즉 12도 백△로 막아갈 때의 모습을
'단수'라고 합니다. 단수를 당할 때는 꼭 살려야 한다는 마음으로 다음 수를 잘
찾아봐야 합니다.

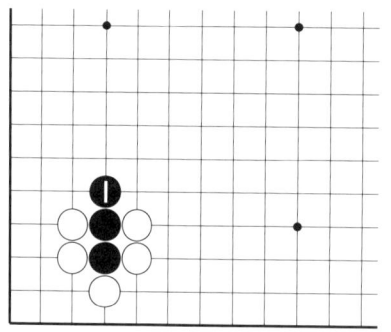

11도

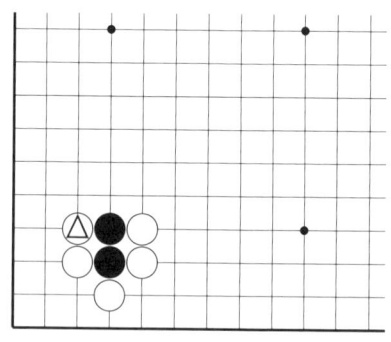

12도

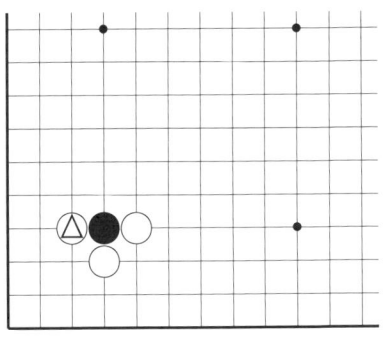

13도

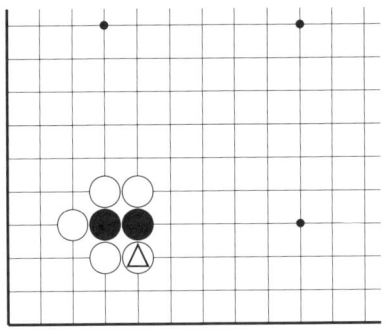

14도

## ● 단수의 몇 가지 형태

그럼 단수의 몇 가지 형태를 살펴볼까요?

13도, 14도, 15도, 16도는 모두 백△로 흑을 단수친 모습입니다. 즉 흑의 활로가 하나만 남았다는 의미이기도 하구요. 이렇게 흑이 단수로 몰렸을 경우 흑은 최선을 다한 구출 작전을 펼쳐야 합니다.

여기서 가장 중요한 것은 활로가 있다고 무조건 그 방향으로 나가는 게 상책이 아니라는 겁니다. 오히려 활로를 통해 탈출했다고 생각하는 순간 더 안좋은 결과를 초래할 수도 있습니다. 지금 가만히 참고도를 다시 한 번 살펴보세요. 14도와 16도는 같은 단수인데도 백△의 방향이 다릅니다.

이런 단수 형태는 앞으로 배워가기로 하며 지금은 먼저 단수의 형태만 눈여겨 봐두시기 바랍니다.

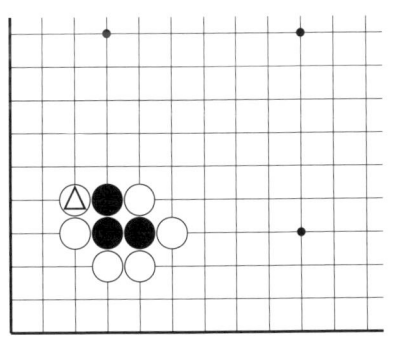

15도

16도

## 익힘 문제

▦ 다음 백의 활로를 흑이 모두 막아보세요.

문제 1

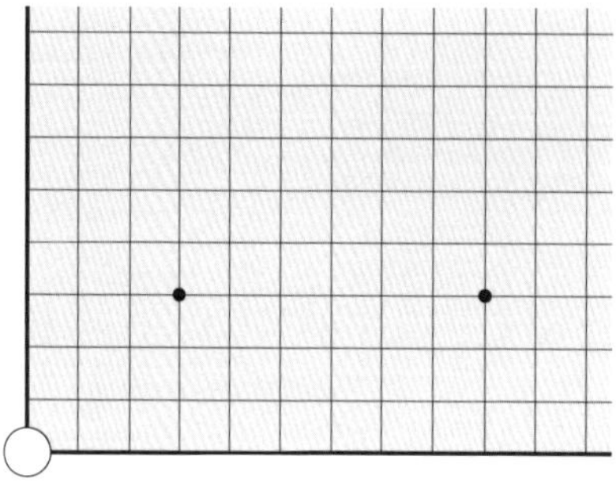

문제 2

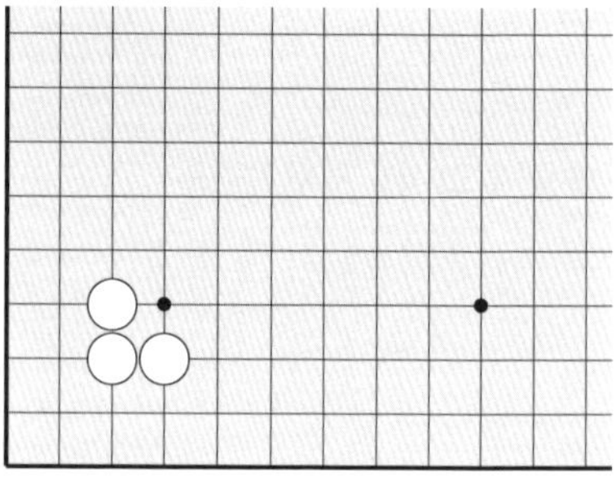

문제 3

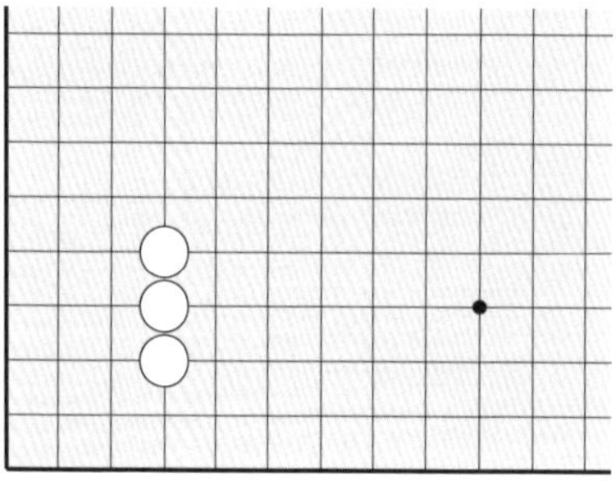

문제 4

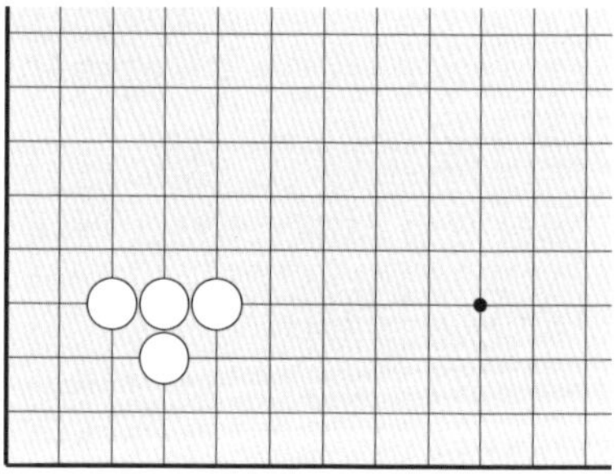

문제 5

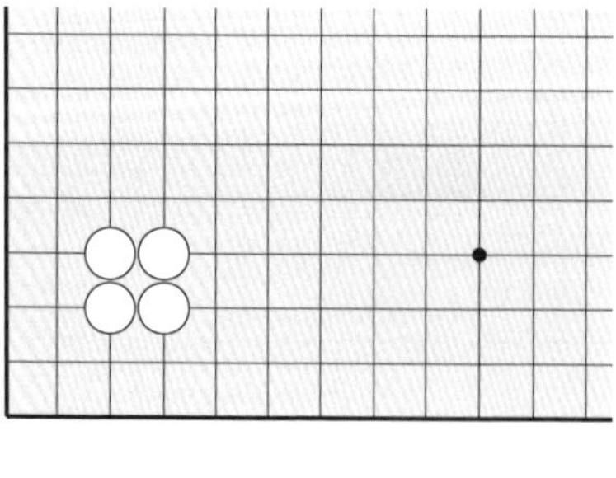

문제 6

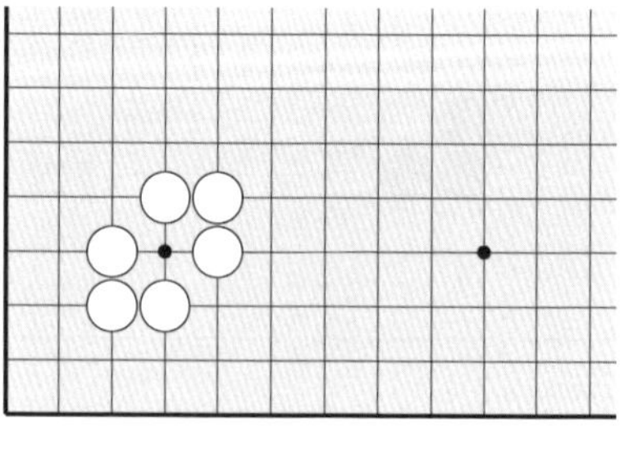

☞ **Tip** 백이 1선에 있을 경우에는 흑이 안쪽만 막아주면 됩니다.

**해답 1**

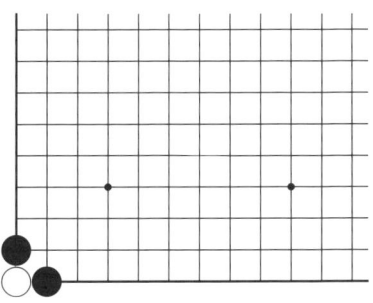

**해답 2**

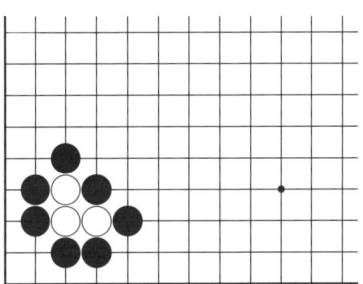

**해답 3**

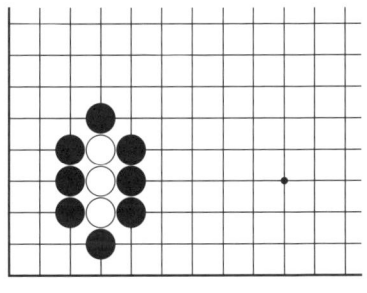

**해답 4**

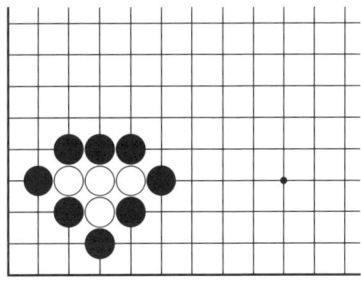

**해답 5**

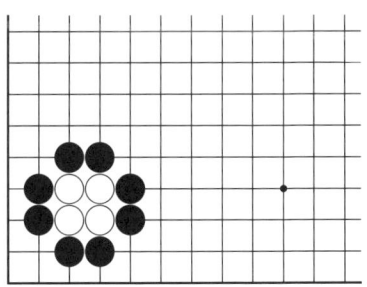

**해답 6**

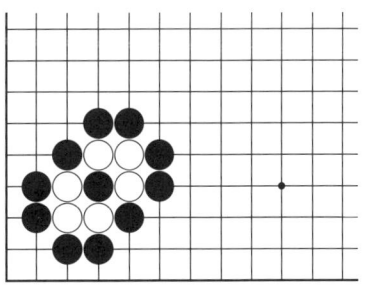

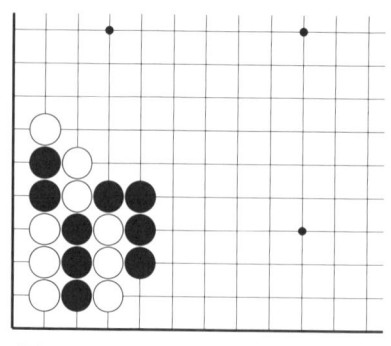

1도

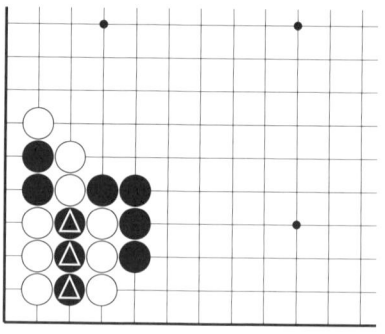

2도

### ● 돌이 여럿 있을 때의 단수 모양 찾기

반상 위에서 돌들이 부딪히고 얽히게 되면 단수가 눈에 잘 안들어 온다는 것입니다. 우리가 바둑을 잘 두기 위해서는 바로 그 단수가 눈에 잘 들어와야 하며 내 돌이 포위되었을 때 살릴 수 있는 힘을 키워야 합니다.

1도 흑이 단수되어 있는 모습이 보이나요? 어떤 그룹이 단수되어 있는지 한 눈에 들어온다면 이미 여러분은 고수로 가는 지름길로 들어섰습니다.

2도 흑▲ 석점이 단수된 모습입니다. 이렇게 돌들이 얽히고 설켰을 때는 흑의 단수 모양이 한 눈에 잘 안들어 옵니다. 3도의 모습에서 백△ 두점이 단수된 모습을 확인할 수 있으며, 또한 4도에서 보듯 흑1의 단수치는 연습을 통해 단수에 대한 이해를 높이기 바랍니다.

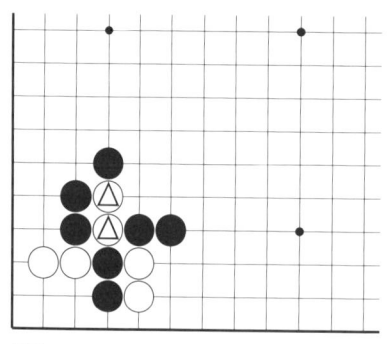

3도

4도

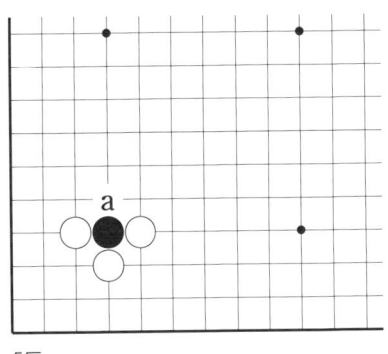

5도

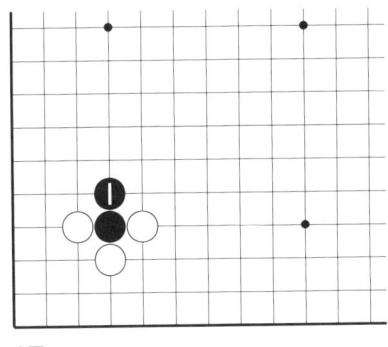

6도

## ● 단수와 단수된 돌을 살리는 방법

우리는 앞에서 단수에 대해 몇 차례 배워 왔습니다. 다시 한 번 얘기하지만 단수란 마지막 활로, 즉 호흡할 수 있는 길이 오직 하나 남아있을 때의 상태를 말합니다. 5도 흑 한점은 활로가 마지막 한 개, 즉 a의 곳만 남아 있습니다. 이 상태를 '단수'라고 하며 지금까지 봐왔던 모습입니다. 또한 이 흑을 살리는 방법도 배웠죠.

6도 흑1로 나가면 이 흑은 잡을 수 없습니다. 연결된 흑 두점이 아주 강한 힘을 발휘합니다. 7도 흑의 활로를 보시죠. 순식간에 a, b, c 세 곳으로 늘어나게 됩니다. 그러나 연결된 돌이라도 늘 안심해서는 안 됩니다.

8도 백△의 두 점이 놓이게 되면 흑 두점은 다시 단수 모양이 됩니다. 이때 흑은 다시 활로를 향해 연결을 해야 하는데, 이제 여러분들은 자신 있게 다음 수를 찾을 수 있겠죠?

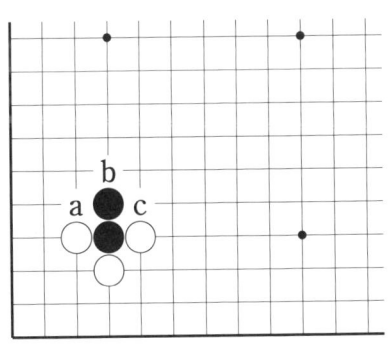

7도

8도

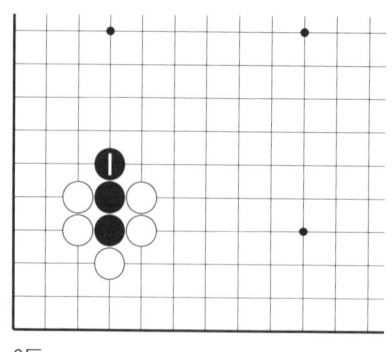

9도

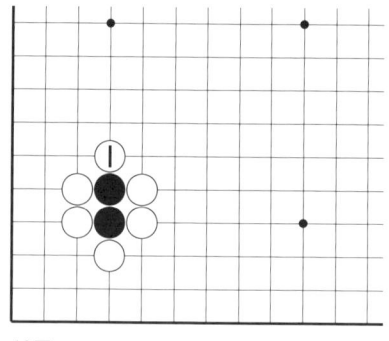

10도

## ● 활로가 다 막히기 전에 살려라

계속해서 흑이 단수에서 벗어나려면 9도 흑1로 나가야만 합니다. 만약 흑이 단수가 된 채 그대로 방치해 둔다면 10도 백1로 잡히고 맙니다. 흑 두점이 잡힌 모습을 한 번 상상해 보시죠. 11도 흑 두점이 잡힌 모양입니다. 백의 모습이 상당한 위력을 나타내고 있죠?

그러므로 한 개의 돌이든 두 개의 돌이든 활로를 메우면 잡힌다는 진리는 변하지 않습니다. 흑 석점이라고 해도 12도 백△가 놓이면 단수가 됩니다. 여기서 꼭 알아야 할 것은 돌이 아무리 많더라도 활로가 막히면 잡힌다는 것입니다. 우리는 마지막 활로가 막히기 전에 그 돌을 찾아 반드시 살릴 수 있는 지혜가 필요합니다.

앞으로 배우겠지만 단수를 맞았을 때 살릴 수 없는 돌들도 있고, 또 살리더라도 잡히는 것보다 오히려 더 나쁜 경우도 있습니다.

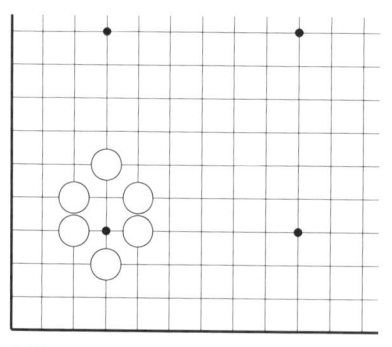

11도

12도

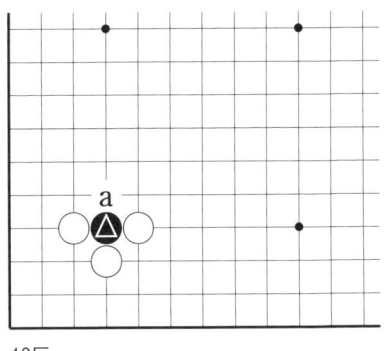

13도

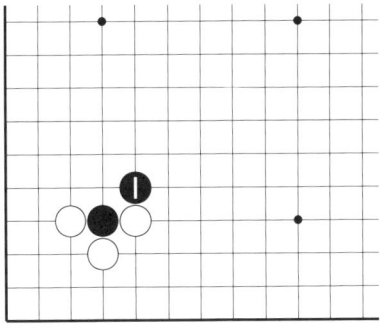

14도

## ● 잘못된 연결의 대표적인 예

그동안 우리는 13도 흑▲가 살아가는 방법은 오직 a의 한 자리뿐이라고 배웠습니다. 하지만 초보자들은 이 흑 한점을 살리는 방법에서 적지 않은 실수를 합니다. 14도 흑1로 나간다든지, 15도 흑1의 착각수가 대표적인 예입니다.

16도를 봐주세요. 흑▲에 돌이 있어도 백1의 빵때림이 시원합니다. 즉, 흑 한점이 잡힌다는 거죠. 14도나 15도 흑1은 나의 단수를 제대로 확인 못한 잘못된 연결 방법입니다.

처음 바둑을 배울 때는 연결의 의미를 잘 모를 뿐 아니라 단수 자체가 눈에 잘 안들어옵니다. 심지어 내 단수는 안보이고 상대방 돌을 잡는 것이 먼저 눈에 들어옵니다. 그러므로 우리는 학습을 통해 단수를 눈에 익히며, 단수의 여러 가지 모양을 알아가게 됩니다.

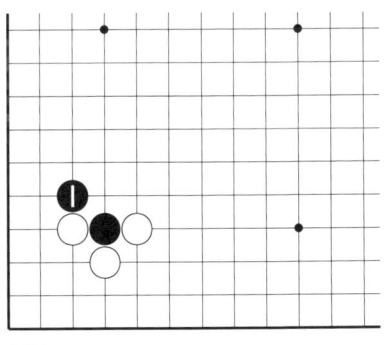

15도

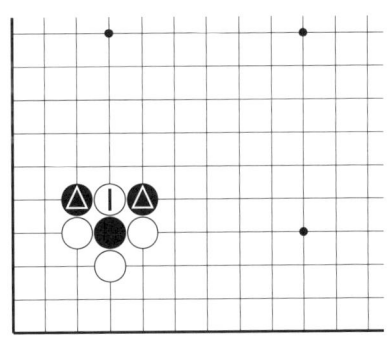

16도

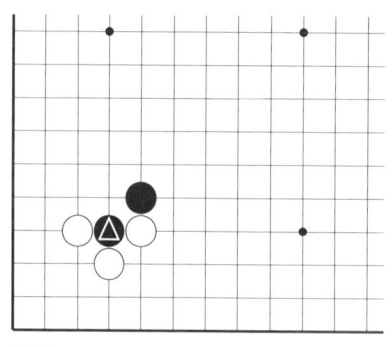

17도

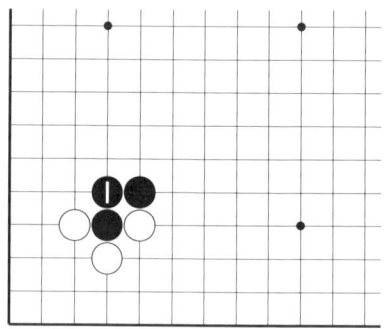

18도

## ● 단수를 제대로 파악하고 살려라

이제 마지막으로 17도 흑▲의 돌을 제대로 살리는 연습을 해보겠습니다. 우리는 앞으로 많은 연결과 돌을 살리는 방법을 배우게 되는데요. 지금은 가장 기본적인 연습을 하는 것입니다. 단수를 제대로 파악하고, 그 단수된 돌을 살려보는 연습이지요. 아주 기초적인 것이라고 보면 됩니다.

17도에서 흑의 단수가 눈에 들어오시나요? 그렇다면 18도 흑1로 바로 흑 한점을 살리겠지요. 올바른 연결입니다. 그런데, 19도 단수가 안보인다면 흑은 오히려 상대를 공격할지도 모르겠습니다. 흑1로 오히려 백 한점을 단수로 몰수 있습니다. 필자는 초보자들의 이런 모습을 수없이 봐왔습니다. 이런 실수를 해서는 안되겠죠? 20도 백은 1로 먼저 흑을 따내게 됩니다. 결국 흑은 한발 느려 잡힌 모습이죠. 단수를 못 본 대표적인 경우입니다.

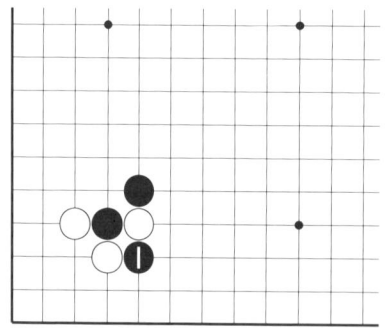

19도

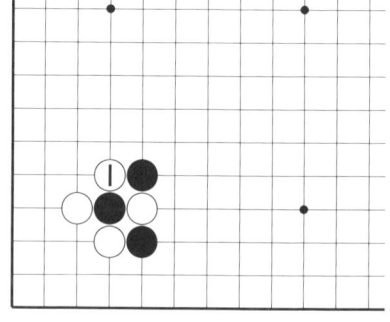

20도

# 익힘 문제

▦ 백의 일부분이 단수되어 있다면 ○표, 단수되어 있지 않다면 ×표 하세요

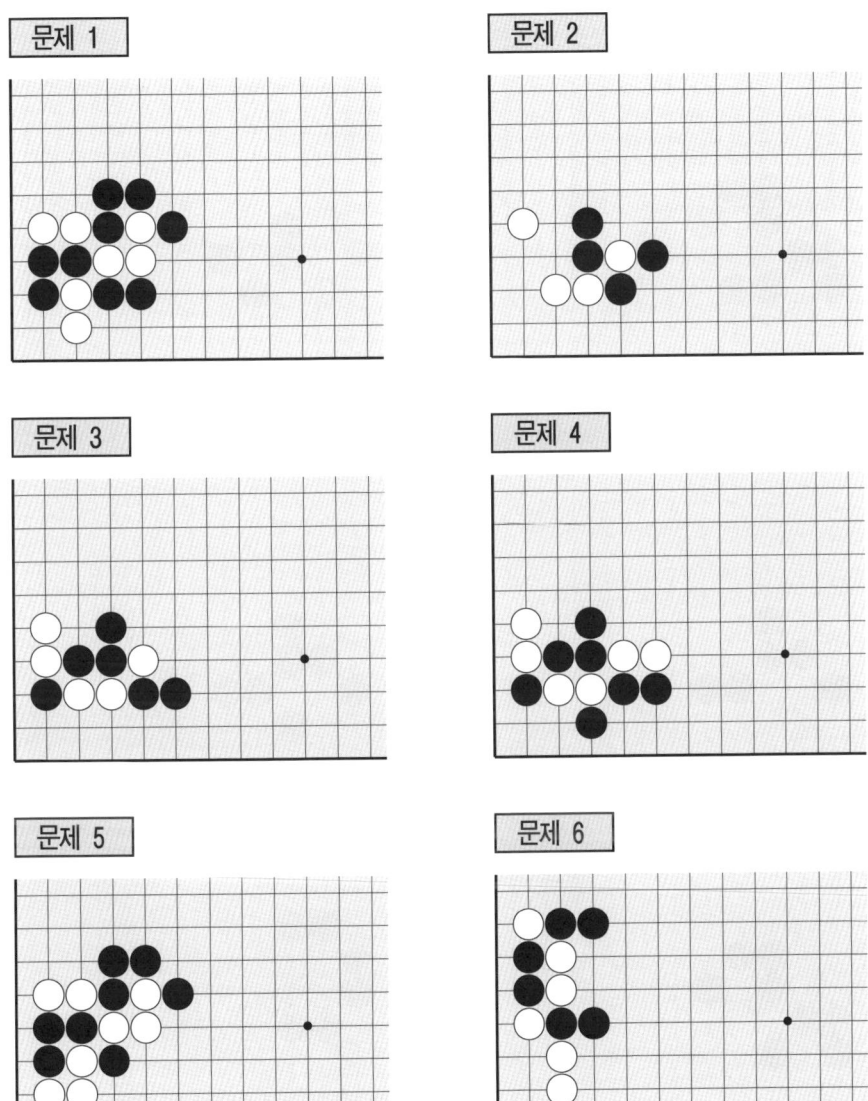

문제 1

문제 2

문제 3

문제 4

문제 5

문제 6

☞ Tip 활로가 1개만 남아있을 때 단수라고 합니다.

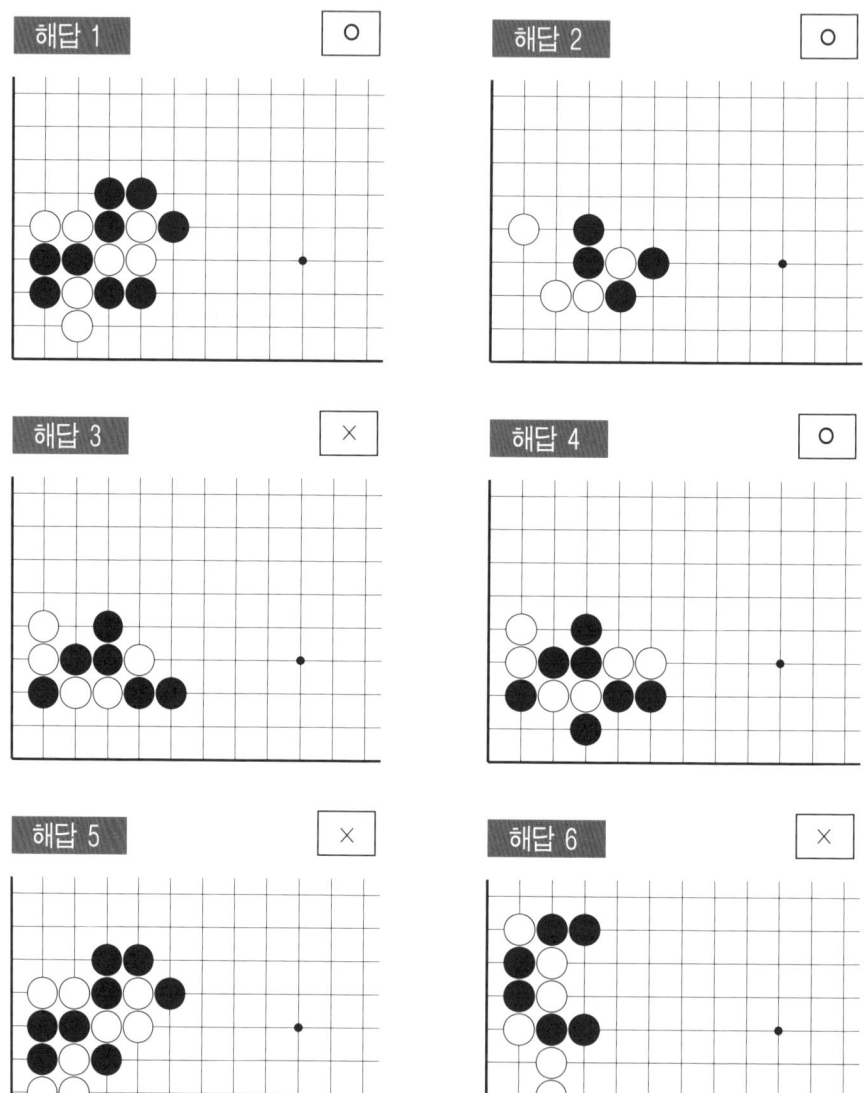

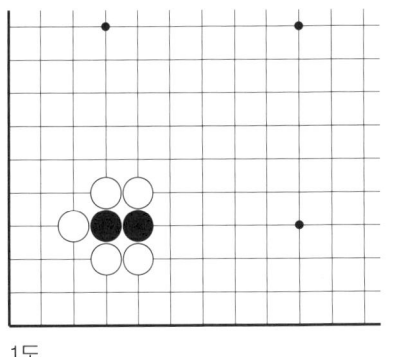

1도

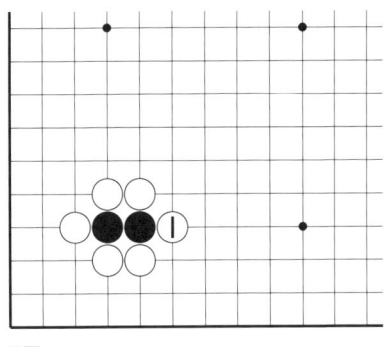

2도

### ● 따낸 돌은 판 위에서 들어내라

지금까지 여러분은 단수된 모양을 익혀왔고, 단수에 대해 학습했습니다. 마지막 활로가 채워지기 전, 바로 그때의 형태를 단수라고 알았으며, 단수가 되었을 때는 살리려고 하는 노력이 필하다는 것을 배웠습니다. 그럼 이제 본격적으로 상대의 돌을 잡는 방법과 살리는 법에 대해 공부해보겠습니다.

먼저 1도 흑 두점이 단수로 몰려있습니다. 이 두점을 따내는 방법, 너무 쉽죠? 바로 2도 백1이면 흑 두점을 따내게 됩니다. 3도 백의 따낸 모습을 확인할 수 있죠. 이렇게 따낸 돌은 판 위에서 들어내야 합니다. 따낸 돌을 '사석(死石)'이라고 하며, 이 돌은 옆에 놓인 바둑통 뚜껑에 담아 놓습니다. 흑을 살리는 방법은 다음에 자세하게 배우지만 4도 흑1, 이제 알고 있겠죠?

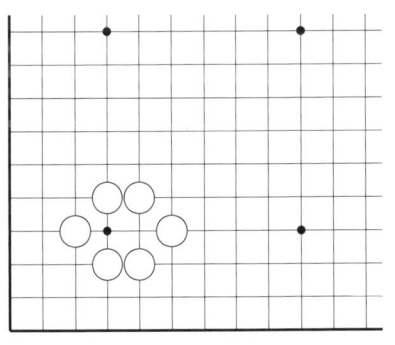

3도

4도

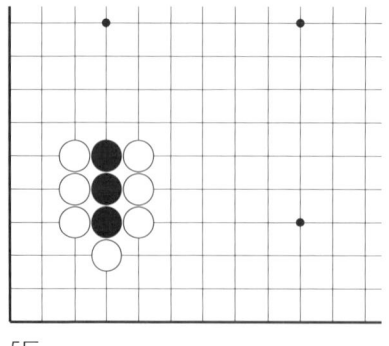

5도

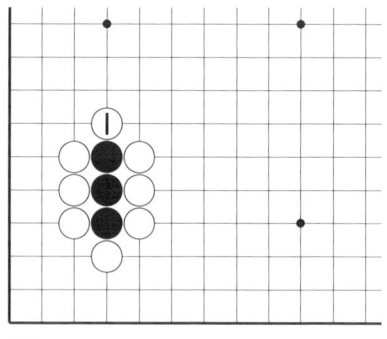

6도

## ●단수가 되면 다음 착점으로 따낼 수 있다

한 번 더 연습해보겠습니다.

5도 흑 석점이 단수로 몰려있습니다. 단수로 몰려있을 때, 우리가 꼭 기억해야 할 것은 바로 이 돌을 잡을 수 있다는 것입니다. 즉, 바로 다음 착점으로 따낼 수 있다는 뜻이죠. 활로가 마지막 한 개 남아 있다는 뜻이기도 하죠.

흑 석점의 활로가 막혀 있는 모습을 눈에 꼭 익혀두셔야 합니다. 6도 백1로 완전포획, 흑 석점은 사석이 됩니다. 이 석점을 들어내어 사석처리하면 됩니다. 이 잡은 돌은 향후 2권(완성하기 편)과 3권(바둑 두기 편)에서 배우겠지만 바둑이 끝났을 때, 집계산에 사용합니다.

7도 흑 석점을 잡은 백의 모습을 다시 한 번 감상해봅시다. 몇 번 강조했지만 백의 모습은 천지를 진동합니다. 이런 모습을 만들어줘서는 안되겠죠? 8도 흑1입니다. 탈출의 키포인트이죠.

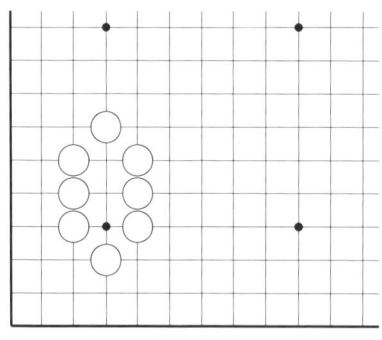

7도

8도

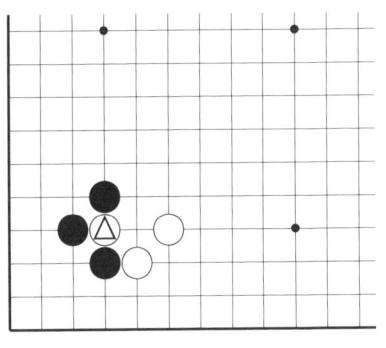

9도

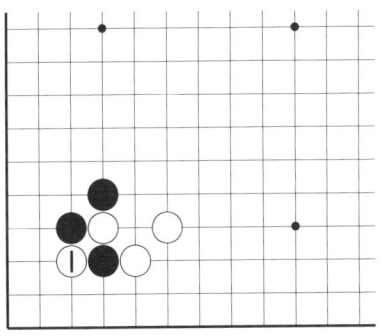

10도

## ● 돌이 서로 붙어있을 경우의 따내기

그럼 이제 약간 수준 있는 형태의 모습을 익혀볼까요? 돌들이 서로 붙어있어 단수는 눈에 잘 안들어 오는 형태입니다.

9도는 가장 기본적인 모습, 흑이 백△ 한점을 단수로 본 형태입니다. 그러나 이때 돌들이 얽혀있어 백의 단수가 눈에 잘 안들어올 수 있습니다. 그래서 백은 재차 흑의 단점을 노리고 공격을 해갈 수 있다는 것이죠.

10도 백1이 대표적인 모습입니다. 이것은 자신의 돌을 돌보지 않고 공격에만 집중한 나머지 일어나는 일입니다.

11도 흑1로 먼저 백 한점을 잡게 되면 10도의 백1 단수는 한 발 느리게 되어 엉망이 됩니다.

12도 흑이 백을 따낸 모습을 한번 보세요. 백의 실수가 너무 크다는 것을 확인할 수 있겠죠?

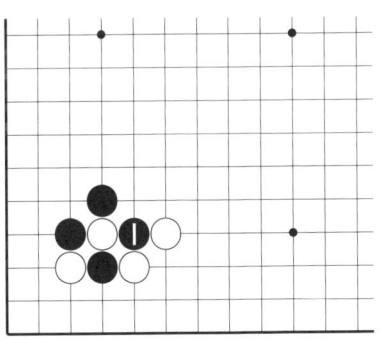

11도

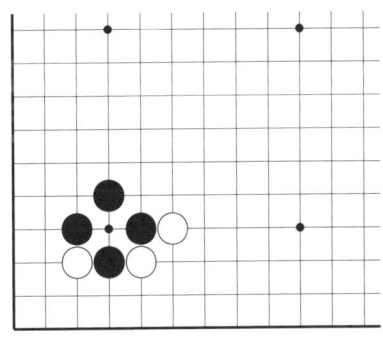

12도

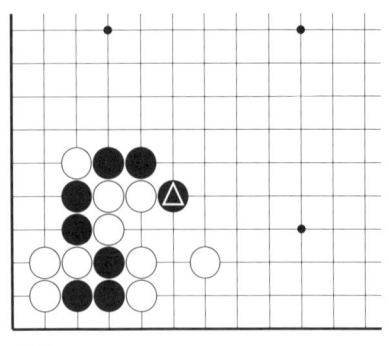

13도

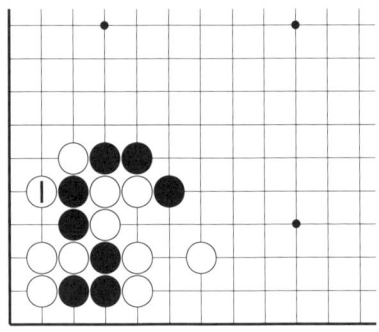

14도

## 나의 단점에 대해 먼저 살펴라

조금 복잡한 형태의 장면을 살펴볼까요? 지금 13도 흑▲로 단수친 장면입니다. 즉 백이 단수로 몰려있다는 뜻이죠. 이 사실을 백은 재빨리 인식하고 이에 대응해야 하는데, 상대의 돌을 잡는 데 더 공을 들이는 경우가 많습니다. 14도 백1로 흑 두점을 단수칠 수 있다는 것이죠.

　정말 이렇게 된다면 낭패를 볼 수밖에 없는데요. 15도 흑1로 백 석점은 속절없이 잡히고 맙니다. 16도 흑이 백 석점을 잡은 모습을 한 번 살펴보세요. 백은 사분오열로 엉망이 되었고, 흑은 탄탄하게 바둑판 전체를 지배하는 모습입니다.

　그러므로 바둑에서 단수는 상당히 중요하며 단수를 맞았을 때, 또 내가 단수를 칠 때 나의 단점에 대해 살펴보는 것이 아주 중요합니다.

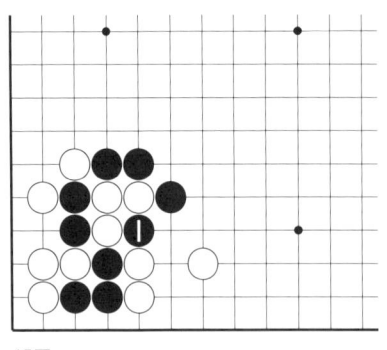

15도

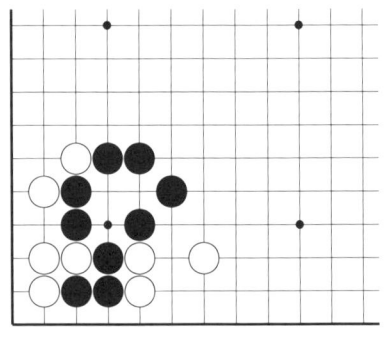

16도

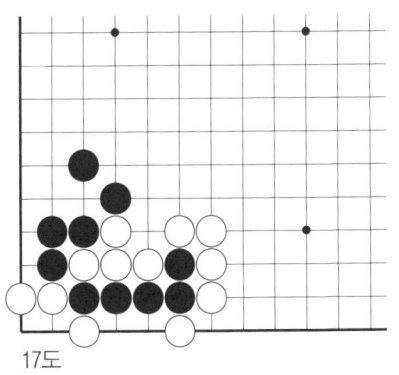

17도

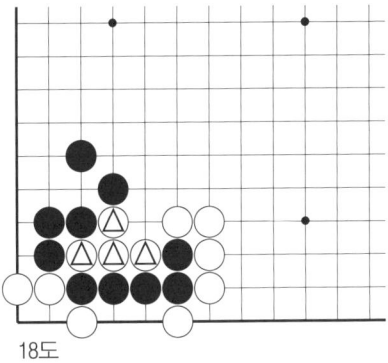

18도

## ● 복잡한 형태의 돌을 따내는 법

한 번 더 복잡한 형태의 돌을 따내는 법에 대해 알아보겠습니다.

　바둑을 처음 접할 때는 바둑판 위에 바둑돌이 많지 않은 경우를 주로 다룹니다. 일단 돌들이 많아지면 어렵게 느껴지니까요. 그래서 순간 단수를 착각하고 마지막 남은 활로, 즉 단수가 눈에 안들어옵니다. 지금 17도에서 단수되어 있는 백의 모습이 보이나요?

　18도 백△ 넉점의 단수가 눈에 들어온다면 정말 이제는 단수가 어느 정도 눈에 익은 실력을 인정받은 것입니다. 하지만 단수가 눈에 안들어온 왕초보 여러분들은 서둘러 19도 백1로 흑의 단수를 떠올릴 수 있습니다. 이것은 정말 낭패입니다. 20도 흑1로 백 넉점을 잡으면 백의 손실은 이만저만이 아니죠. 19도 백1로는 20도 흑1 자리에 이었어야 합니다. 백 넉점만 이었어도 흑 다섯점은 저절로 고스란히 잡힌 모습이죠.

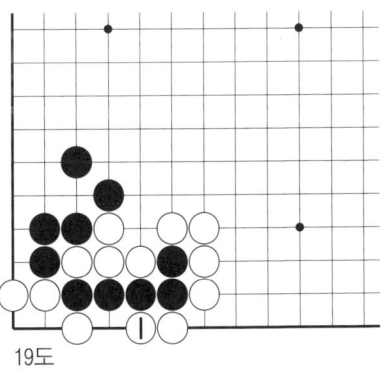

19도

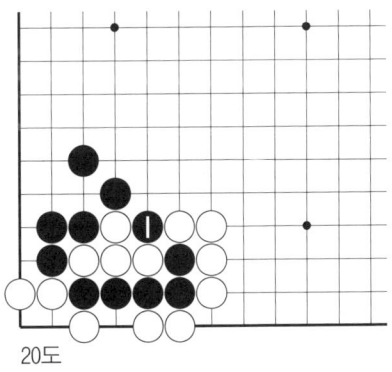

20도

## ● 한 눈에 단수된 돌 찾아내기

이제 바둑판 전체를 놓고 사방 네 귀에 있는 백의 단수되어 있는 돌들을 찾아 봅시다. 아래 그림의 백돌을 잡는 방법은 마지막 활로를 막으면 됩니다. a 곳을 찾으셨나요?

눈으로 a의 곳에 흑을 놓으면 백의 활로가 모두 막히는 게 보일 것입니다. 활로를 모두 막으면 그 돌들은 잡힌 모습이고 바둑판 위에서 바로 돌을 들어 낼 수 있습니다. 네 귀의 백을 들어낼 수 있는 곳, a의 자리에 머릿속으로 흑돌을 올려 놓아보세요. 그리고 들어낸 그 자리가 텅 비어 있다는 것을 느껴보세요.

이상으로 상대방 돌 따내는 법에 대해 쉽고 간단하게 배웠는데요. 다시 한번 강조하지만 내 돌이 단수로 몰렸을 때, 또 상대방 돌을 단수로 몰았을 때는 좀 더 신중하고 차분하게 대응해 나가는 전략이 필요합니다.

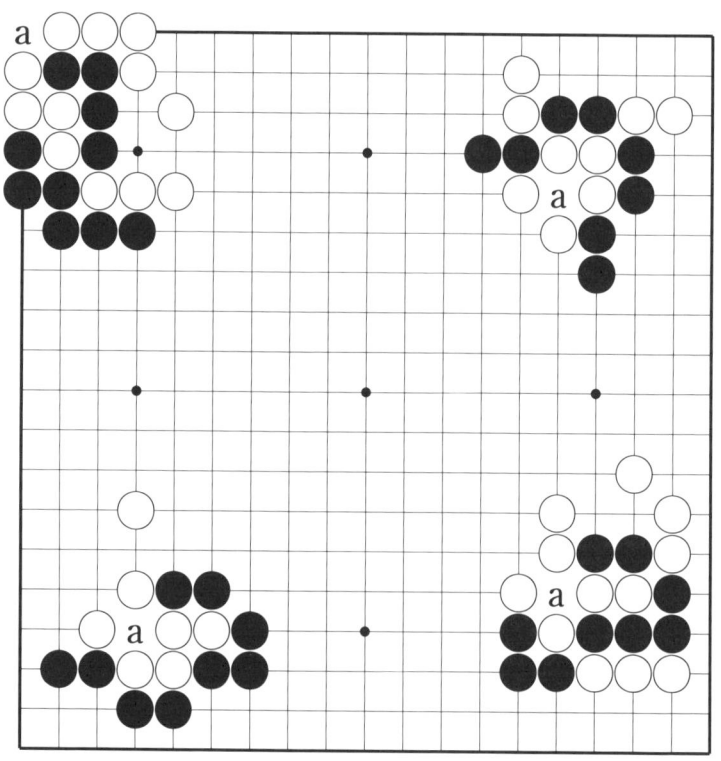

▦ 단수되어 있는 백돌을 잡아보세요

문제 1

문제 2

문제 3

문제 4

문제 5

문제 6

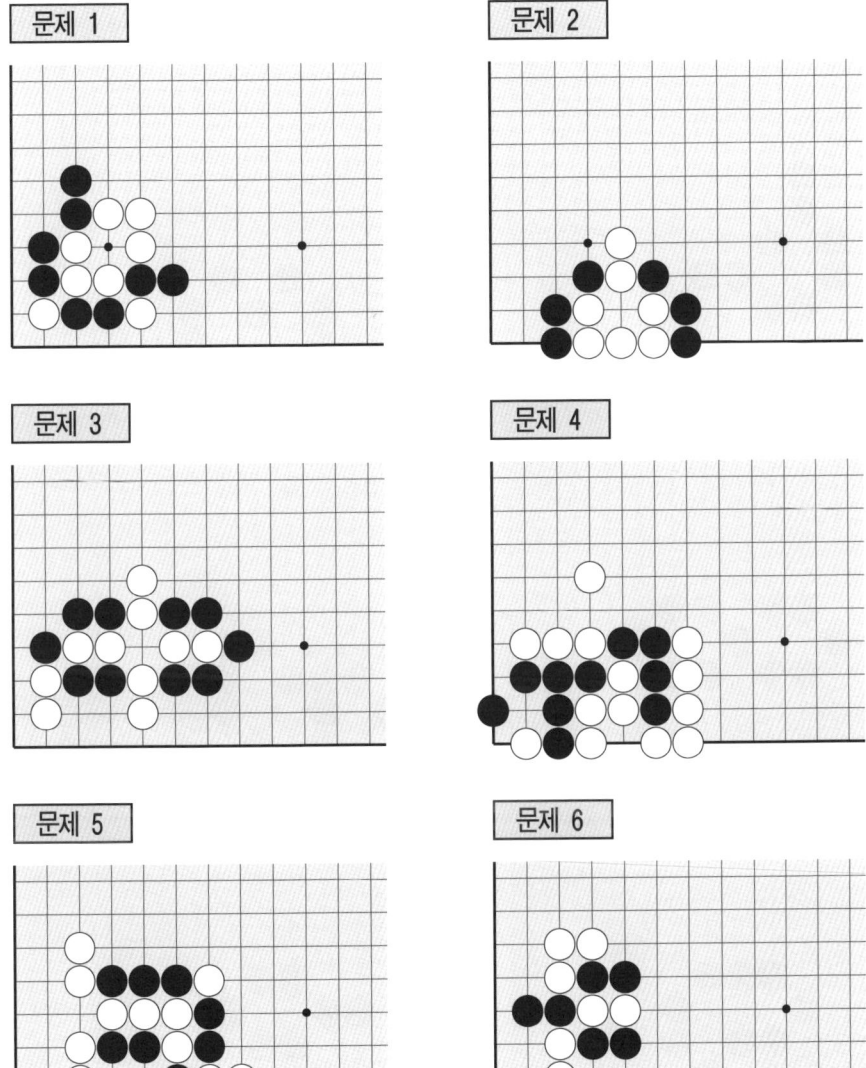

☞ Tip 마지막 남아있는 활로를 막아주면 잡을 수 있습니다.

해답 1

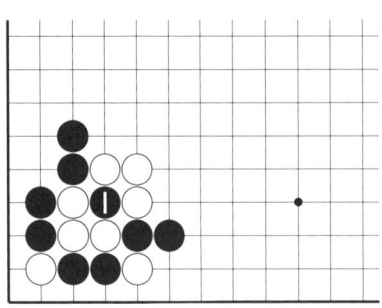

해답 2

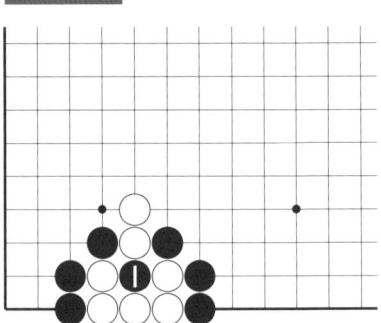

해답 3

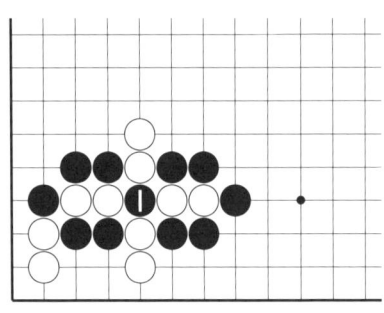

해답 4

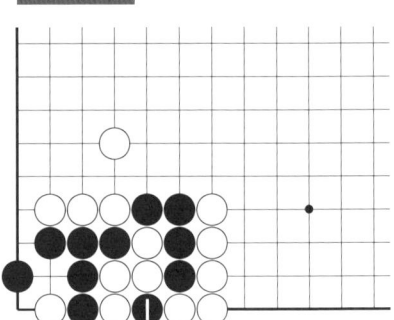

해답 5

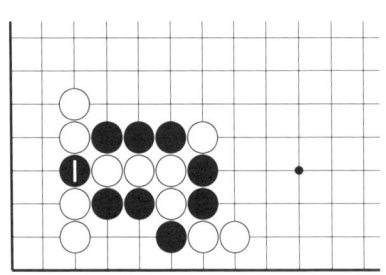

해답 6

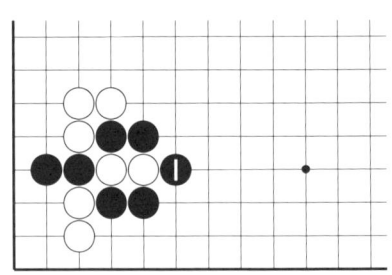

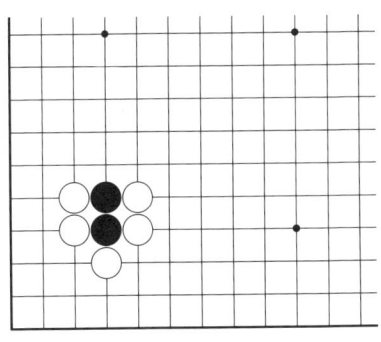

1도

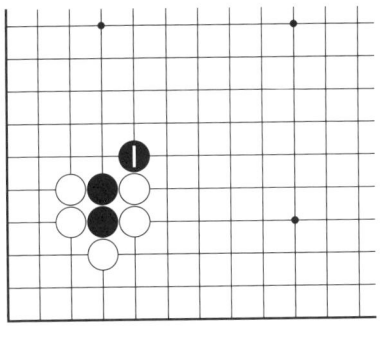

2도

### ● 활로를 늘려라

이제는 단수되어 있는 내 돌을 살리는 방법에 대해 공부해 보겠습니다.

1도 흑 두점이 단수되어 있는 것은 이제 알겠지요? 흑 두점의 활로가 오직 한 곳 남아 있습니다. 이 두점을 살리기 위해서는 활로를 늘려야 하는데, 많은 왕초보 분들은 2도 흑1로 나가는 것을 선택합니다. 아직 단수의 개념을 잘 모르고 있다는 것입니다. 흑1은 두점의 활로가 아닙니다.

3도 흑▲는 잘못된 응수로 백1이면 흑 두점이 잡힙니다. 그러므로 흑은 올바른 활로를 늘려야 하는데, 4도 흑1이 활로를 올바로 늘린 모습입니다. 흑1이 놓인 순간 흑 석점의 활로는 a, b, c 세 곳으로 늘어났습니다.

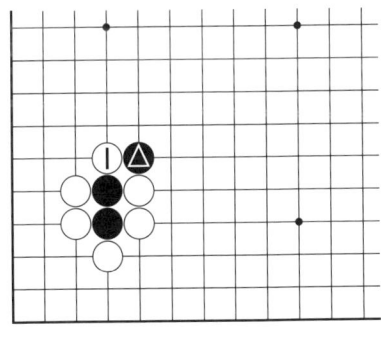

3도

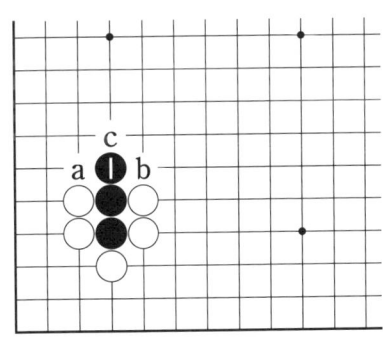

4도

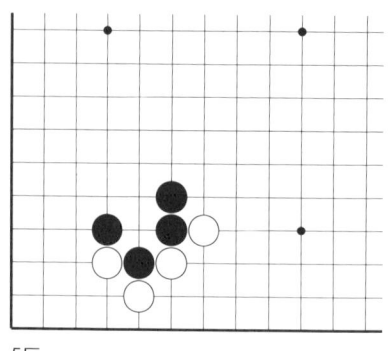

5도

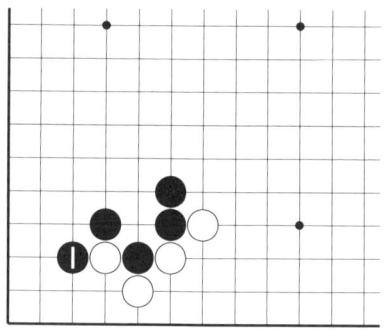

6도

## ● 활로의 의미를 제대로 이해하라

이렇게 내 돌이 단수로 몰렸을 때 활로를 늘려야 살아갈 수 있습니다.

여기서도 중요한 것은 '단수'의 모양을 정확히 익히고 있어야 한다는 것입니다. 그러기 위해서는 활로의 의미를 제대로 이해하고 있어야 하며 내 돌이 둘러싸일 때 조심해야 합니다. 돌들이 얽혀있을 때나 복잡할 때 바로 그 단수가 눈에 들어오는 것이 바둑실력이고, 이때부터 실력은 급성장하는 것입니다.

5도 흑과 백이 서로 부딪히고 있습니다. 흑 한점이 단수되어 있는 것이 보이나요? 이 한점을 한 눈에 살릴 수 있다면 이미 여러분의 실력은 업그레이드되었습니다. 여기서도 6도 흑1의 실수를 범하면 안되겠지요? 내 돌이 먼저 잡힙니다. 7도 흑1에 백2로 한발 앞서 흑 한점이 잡힙니다. 그래서 8도 흑1로 잇고 백도 2로 단점을 보강하는 것이죠.

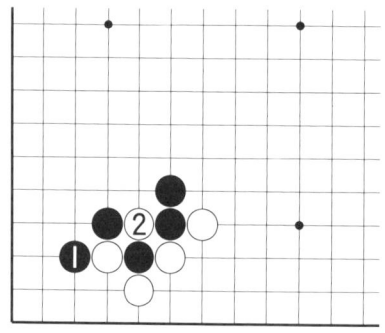

7도

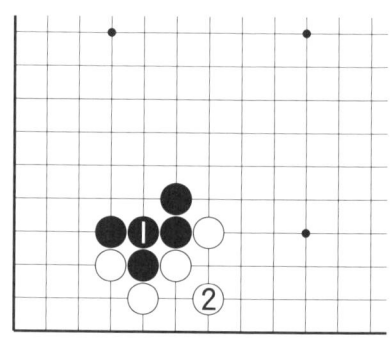

8도

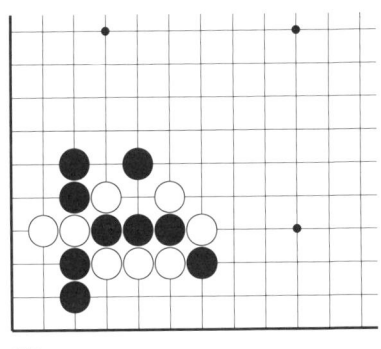

9도

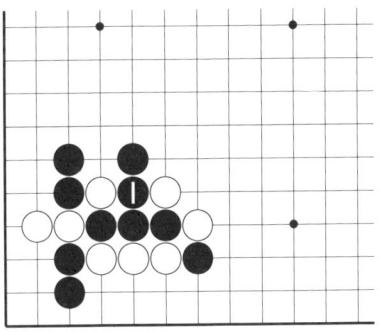

10도

## ●오직 단수를 찾아내서 활로를 늘려라

내 돌을 살리는 방법은 오직 단수를 잘 찾아내서 활로를 늘려주는 것입니다. 우리는 단수로 몰려 있는 여러 가지 형태의 모양을 익히게 되는데요, 어쨌든 이 절에서는 오직 내 돌을 살리는 데에만 집중해 주십시오.

9도 흑 석점이 단수로 몰려 있습니다. 이제 살리는 방법을 아시겠지요. 10도 흑1로 연결하는 게 올바른 응수법입니다. 흑 석점이 살아가면서 백은 아주 곤란하게 되었지요.

그런데 여기서도 11도 흑1로 자신의 단점은 돌보지 않고 상대를 공격하면 될까요? 안 됩니다. 백2로 당장 흑 석점이 잡힙니다. 이럴 때 흑은 황당하게 됩니다. 자신이 먼저 백 한점을 잡기 위해 단수로 몬 순간 흑 석점은 순식간에 판 위에서 사라지게 됩니다. 12도 백이 흑 석점을 따낸 모습을 한번 보세요. 이것이 한 판의 대국이라면 정말 비참해집니다.

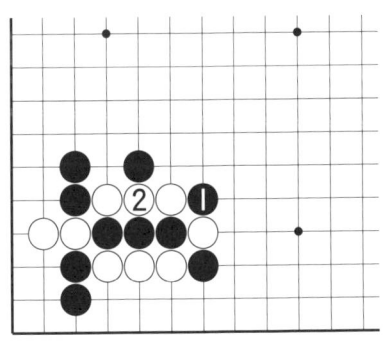

11도

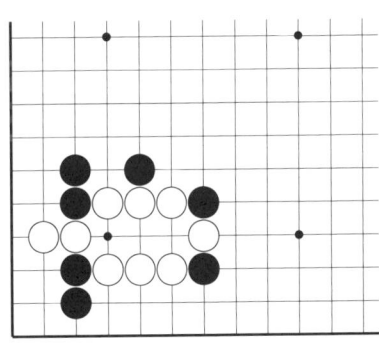

12도

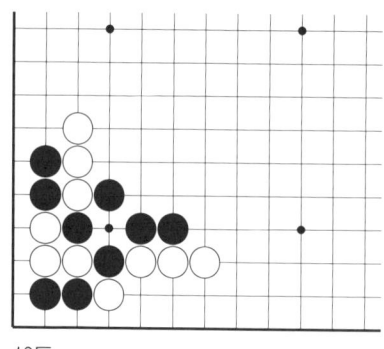

13도

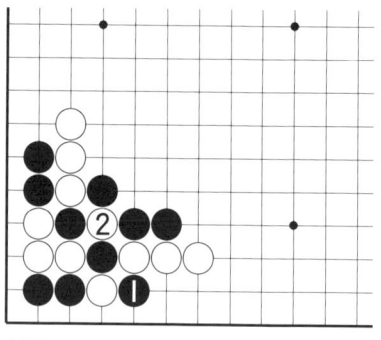

14도

## ●항상 자신의 단점부터 본 후 상대의 단점을 찾아라

13도 흑의 단수가 보이나요?

단수! 마지막 활로가 남아있을 때의 모양. 바로 그 모양을 찾아야 합니다. 아무리 돌들이 복잡하게 얽혀있더라도 그 단수가 눈에 들어와야 합니다. 항상 자신의 단점부터 쳐다보고 상대의 단점을 찾아야 한다는 것이죠. 지금도 14도 흑1로 백 한점을 잡는 것이 먼저 눈에 들어온다면 정말 큰일입니다.

백2로 흑 두점이 순식간에 먼저 잡힙니다. 흑1로 백 한점을 단수로 몰면서 내심 이 한점을 잡았다고 생각했겠지요? 바로 그 순간 흑 두점은 고스란히 바둑판 위에서 사라지게 됩니다. 15도 백이 흑 두점을 잡은 모습을 한번 보세요. 백의 모습이 어마어마합니다. 반면 흑돌들은 사방으로 갈라져 볼품없는 모습으로 변하게 되지요. 16도 흑1로 내 돌부터 먼저 돌봐야 하는 것입니다.

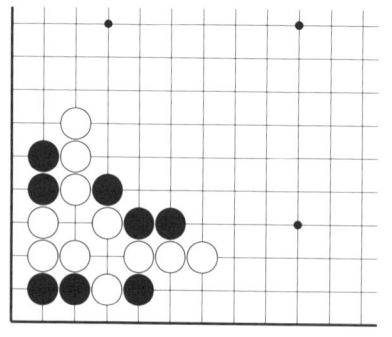

15도

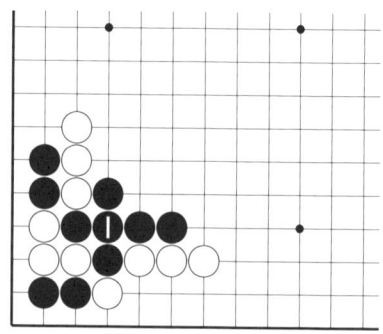

16도

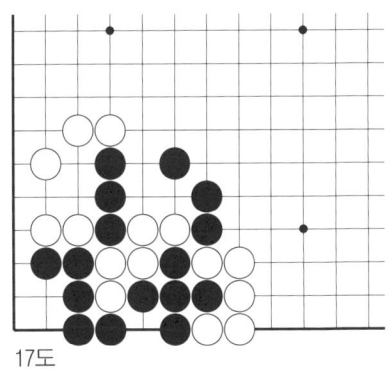

17도

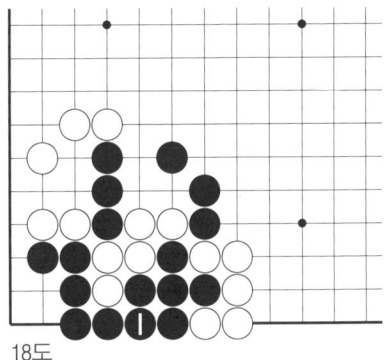

18도

## ●돌을 살리고 잡는 법, 그 출발은 단수이다

자기 돌이 단수로 몰렸는데, 그것을 파악하지 못했을 때의 모습을 한 번 더 살펴보겠습니다 아무리 강조해도 지나치지 않는 단수!

이 모양을 여러 가지 형태로 익혀두시기 바랍니다. 단수만 잘 파악하더라도 왕초보 시절에는 누구도 겁나는 게 없습니다. 돌을 살리고, 잡는 법! 바로 이 출발은 '단수'인 것입니다.

17도 흑이 단수로 몰려 있는 모습입니다. 돌이 너무 복잡하다구요. 사실 이 것은 아무것도 아닙니다. 바둑판 전체를 볼 때 이런 한 부분의 모습은 조금만 연습한다면 한 눈에 단수의 모습을 찾아낼 수 있습니다.

18도 흑1이 이 단수된 돌을 살리는 방법입니다. 19도는 그동안 여러 번 설명했던 잘못된 응수법이고, 20도는 그 엄청난 결과를 보여주고 있습니다.

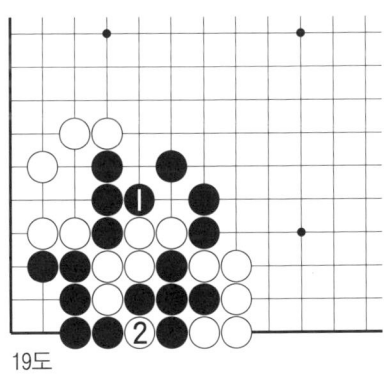

19도

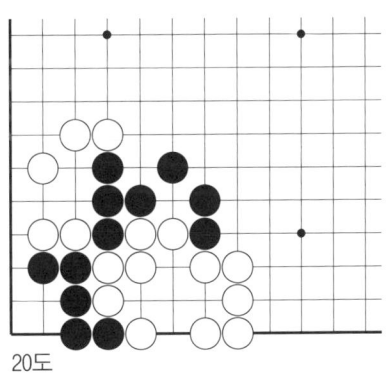

20도

## ●한 눈에 단수된 돌 찾아내기

이제는 내 돌을 살리는 방법입니다. 이 역시 한 눈에 단수된 돌을 찾아야 하는데요.

이 돌을 찾을 수 있도록 눈에 많이 익혀두어야 합니다. 여러 가지 형태의 단수된 돌을 찾아내 바로 살릴 수 있는 힘이면 바둑 강자의 미래를 엿볼 수 있습니다.

네 귀에서 단수된 돌은 바로 a의 곳입니다. 그 단수된 돌을 살려보면 주위 백이 어떤 모습인가를 확인할 수 있습니다. 흑의 강한 모습에 백은 초라하게 변합니다. 반대로 그 단수를 찾지 못해 백에게 잡히면 흑은 사분오열 그 자체로 엉망이 되어 버립니다.

네 귀에서 단수를 찾는 모양이지만 한편으로는 바둑판 전체를 놓고 바라본다고 생각하면 더 좋은 효과를 기대할 수 있습니다.

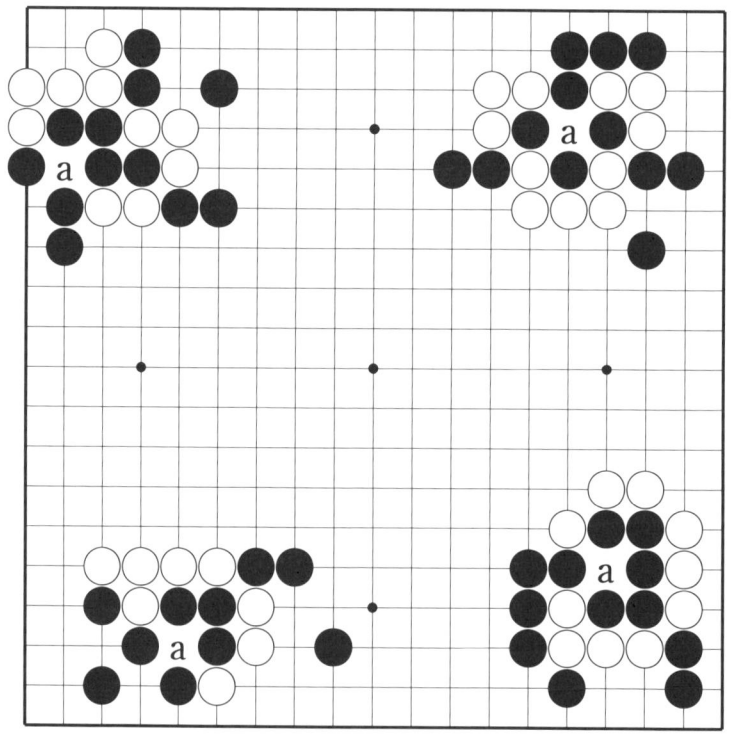

# 익힘 문제

▦ 단수되어 있는 흑돌을 살려보세요.

## 문제 1

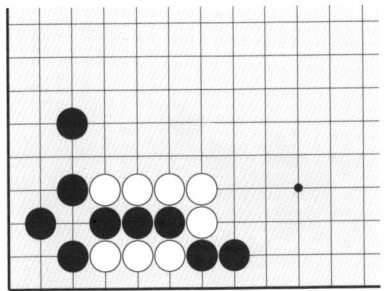

## 문제 2

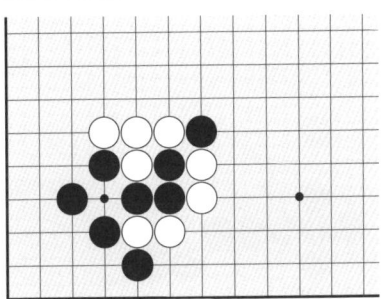

## 문제 3

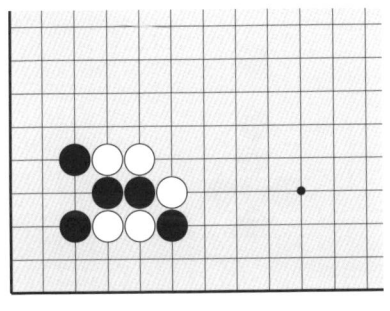

## 문제 4

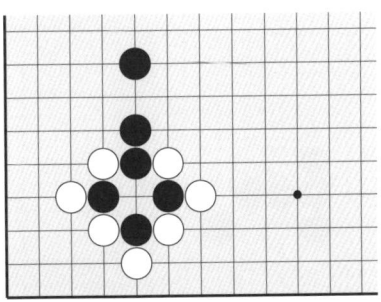

## 문제 5

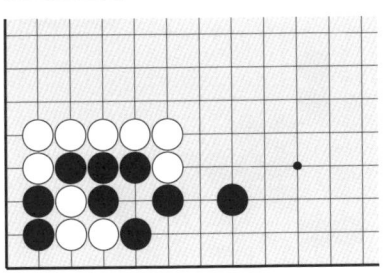

## 문제 6

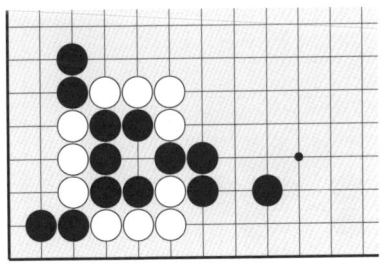

☞ Tip 마지막 남은 활로를 찾아내서 그곳을 둔다.

### 해답 1

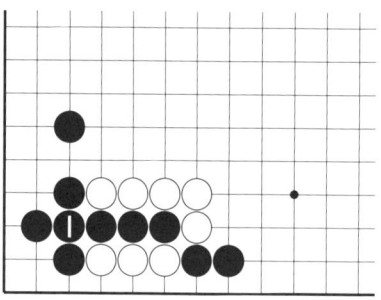

### 해답 2

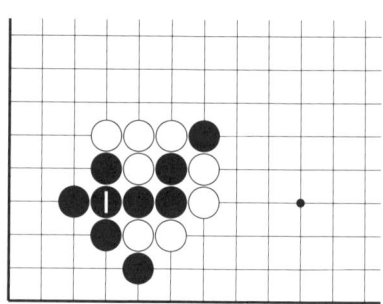

### 해답 3

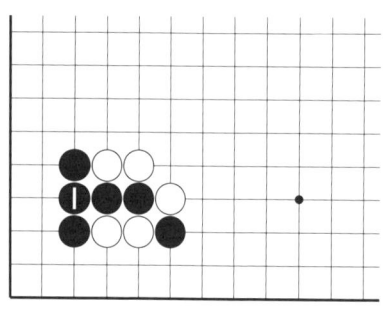

### 해답 4

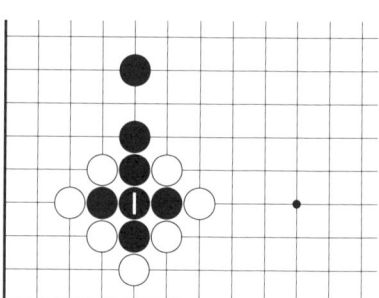

### 해답 5

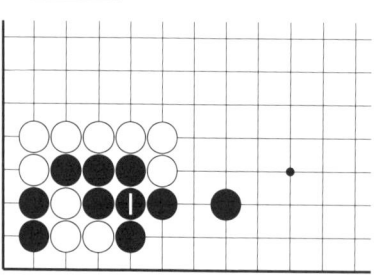

### 해답 6

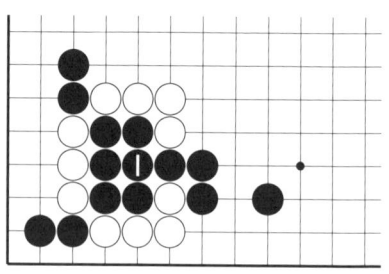

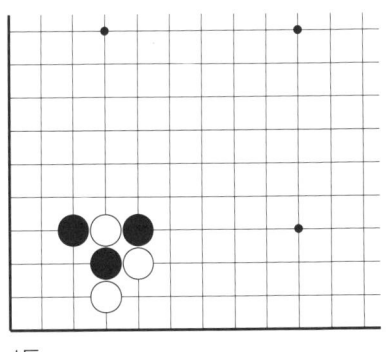

1도

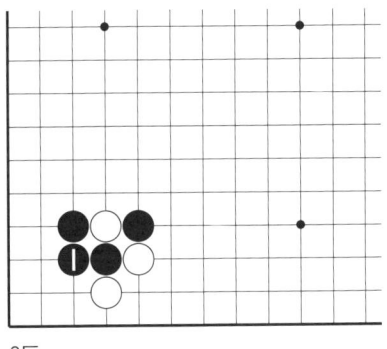

2도

## ● 서로 단수에 몰려있다면 먼저 따내라

1도를 먼저 볼까요? 흑 석점과 백 석점이 서로 얽혀 있는 형태입니다. 가만히 살펴보면 흑과 백이 각각 단수에 몰려 있는 것을 확인할 수 있습니다. 이것은 어느 한 쪽에서 단수를 인식하지 못하고 다시 상대를 공격한 장면이라고 할 수 있습니다. 서로 단수에 몰려 있는데요.

만약 흑의 입장이라면 절호의 찬스를 잡았습니다. 그러나 이 기회를 잡고서도 2도 흑1로 잇는 것은 돌을 살리는 것에만 신경 쓴 잘못된 응수입니다. 3도 흑1로 빵따내는 것이 정수입니다. 흑의 모습이 아주 웅장하죠?

또 백의 입장이라면 역시 4도 백1로 따내는 것이 올바른 대응입니다.

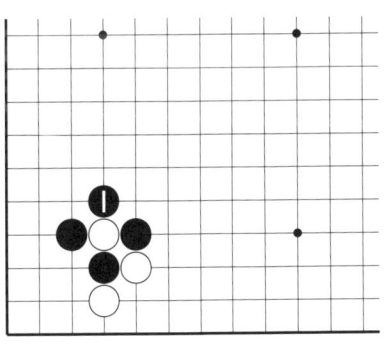

3도

4도

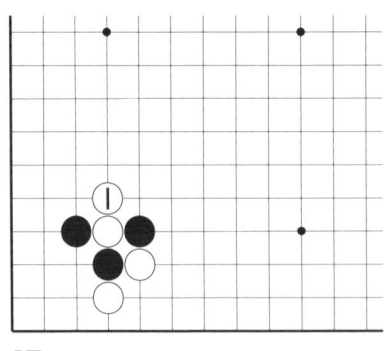

5도

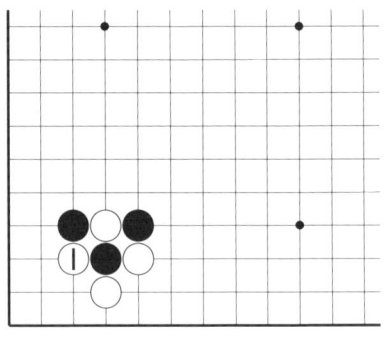

6도

## ● 서로 단수에서는 먼저 살리지 마라

백도 주의를 요합니다. 5도 백1로 이 한점을 살리는 것에 초점을 맞춘 것은 잘못된 응수입니다. 다시 한 번 강조하지만 6도 백1로 따내는 것이 최선의 방법입니다. 서로 단수가 되었을 때는 누가 먼저 단수를 찾아내고, 그 단수된 돌을 잡아낼 수 있느냐가 아주 중요합니다.

7도의 장면은 흑▲로 백 한점을 몰았을 때 백이 단수를 확인하지 못하고 다시 백△로 흑 한점을 몰았을 경우 나타난 모습 같습니다. 그러므로 백은 8도 흑▲ 때 백1로 침착하게 나가야 하며 공격을 서둘러서는 안 됩니다.

서로 단수는 어느 한 쪽이 단수를 확인하지 못했을 때 일어나는 경우가 많으므로 실전에 임할 때는 활로가 막혀 있는 형태를 눈여겨봐야 합니다.

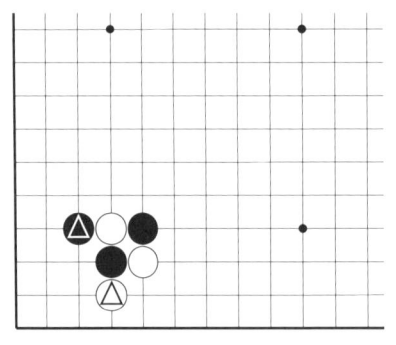

7도

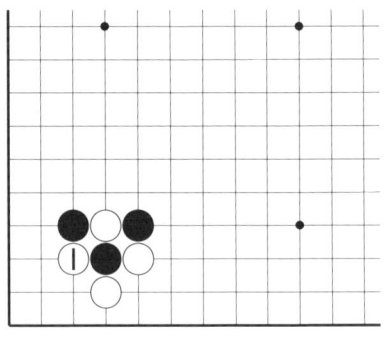

8도

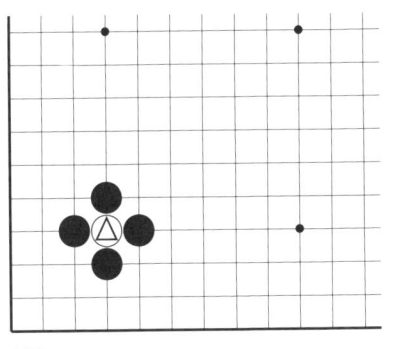

9도

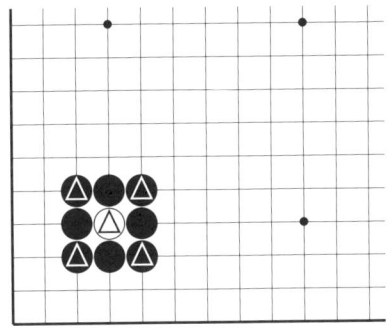

10도

## ● 활로와 관계없는 불필요한 곳

지금까지 살펴본 것과 같이 단수는 아주 중요하며, 이 단수를 잘 찾아내는 것
만 알아도 왕초보 여러분들은 누구도 무서워할 게 없습니다. 단수된 것 찾아
연결하고, 잡을 수 있는 실력을 확보하는 것이 지금 실력 향상에는 가장 도움
이 됩니다. 그러므로 단수! 즉, 마지막 활로가 한 개 남아 있을 때의 모습, 바
로 그 단수가 되는 과정을 좀 더 알아볼 필요가 있습니다.

　9도 백△ 한점을 잡는 데는 보는 것과 같이 흑돌 네 개가 필요합니다. 네 개
의 활로를 정확하게 막은 모습입니다. 그런데 여기에 어떤 왕초보 분들은 10
도 흑△ 부분까지 매우는 분들이 있는데요. 이것은 정말 불필요한 점들입니다.
11도 흑△로는 백△의 한점을 잡을 수 없습니다. 참고로 12도는 백 두점의 활
로를 정확하게 막은 모습을 보여주고 있습니다.

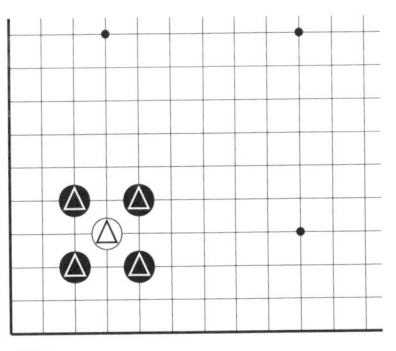

11도

12도

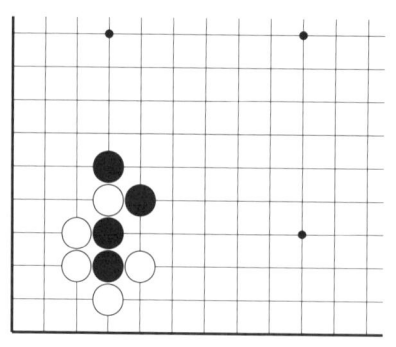

13도

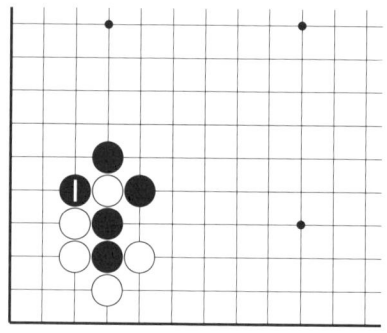

14도

## ● 흑 두점과 백 한점의 단수 모양에서

그럼 다시 중요한 서로 단수에 대해 좀 더 살펴보겠습니다. 13도 백 한점과 흑 두점이 서로 단수에 몰려 있습니다. 어느 한 쪽은 큰 상처를 입게 되는데요. 만약 흑의 차례라면 14도 볼 것 없이 흑1로 따냅니다. 따낸 자세가 힘차고 멋집니다.

혹시 내 돌이 단수라고 15도 흑1로 잇는 분은 안계시겠죠? 단수된 돌은 오직 활로를 늘려 살리는 것에만 몰두한 나머지 흑1로 잇는 분들도 많이 있습니다. 14도 흑1로 무조건 따내는 한 수입니다.

백의 입장이라면 당연히 16도 백1로 흑 두점을 잡는 게 올바른 대응입니다. 혹시 백 한점이 단수라고 생각해 a로 잇는 잘못은 범하지 않겠죠?

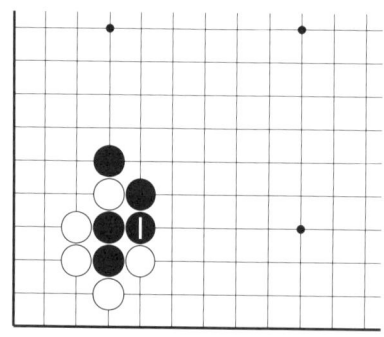

15도

16도

# 익힘 문제

▦ 서로 단수되어 있는 모양입니다. 흑의 최선의 수는 어디일까요?

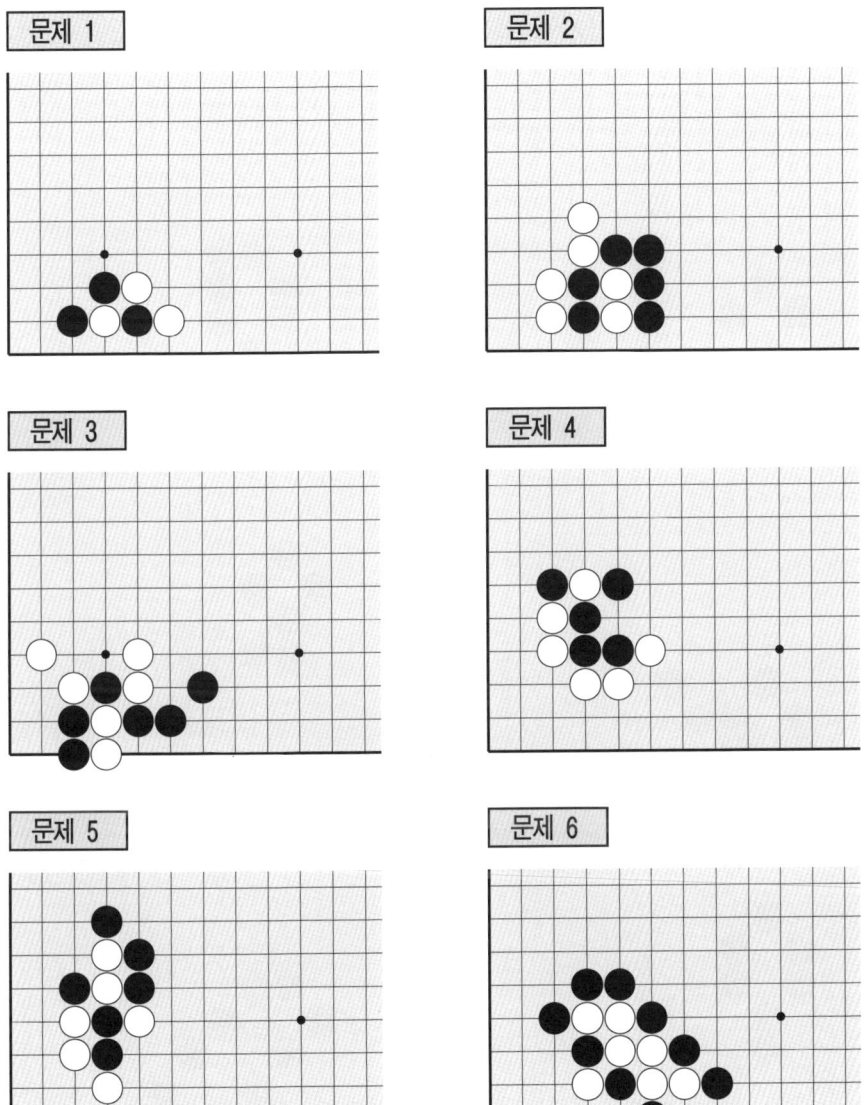

☞ **Tip** 서로 단수에서는 단수를 찾아내 먼저 따냅니다.

### 해답 1

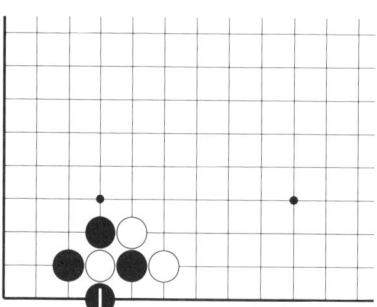

### 해답 2

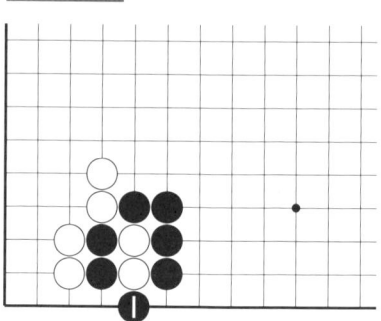

### 해답 3

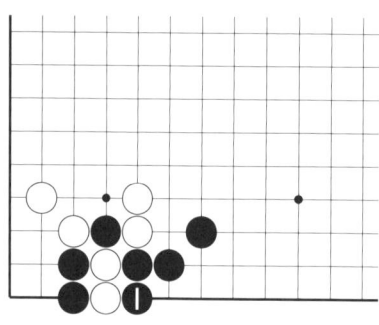

### 해답 4

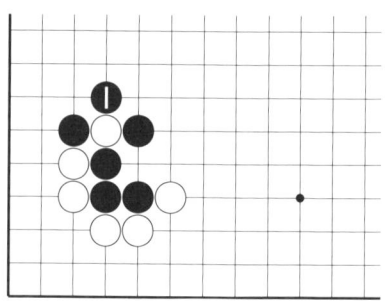

### 해답 5

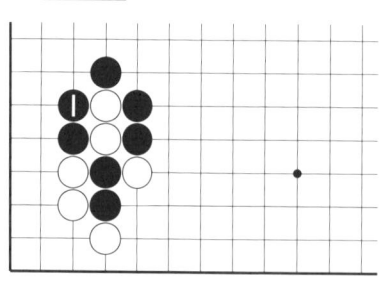

### 해답 6

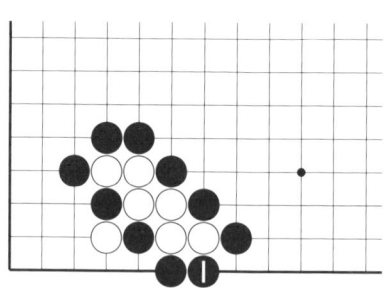

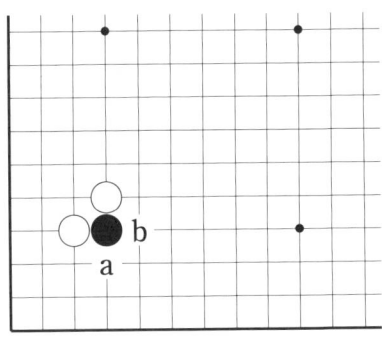

1도

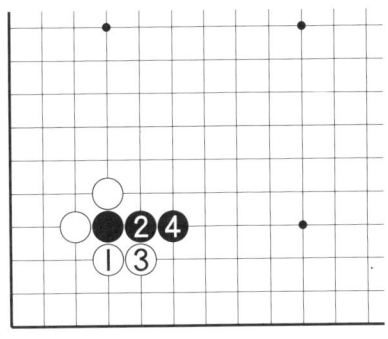

2도

## 06  단수치는 요령

### ● 단수의 효과

단수는 반드시 두 곳으로 칠 수 있습니다. 왜냐하면 남아 있는 활로가 두 곳이 있기 때문이죠. 두 곳 가운데 한 곳을 막으면 바로 단수가 되는 것입니다. 그러므로 단수치는 방향은 반드시 두곳이 있고, 우리는 이 두 곳 가운데 한 곳을 잘 선택해야만 좋은 결과를 얻게 됩니다.

1도 흑 한점을 단수치는 방향은 a와 b 두 곳입니다. 먼저 2도 백1쪽의 선택을 검토해보겠습니다. 이것은 흑4까지 흑은 완전 탈출한 반면, 백은 하변의 실리를 조금 얻는 데 그치고 말았습니다. 다음 3도 백1쪽은 어떨까요?

머릿속으로 그림을 한번 그려보시죠. 4도가 그 결과입니다. 백은 2로 막는 순간 우변이 두터워졌고, 흑은 귀에서 살 수 있을지도 모르겠습니다(사활 부분은 나중에 설명). 지금은 백 전체가 두터워졌습니다. 이것이 바로 단수의 효과이며 지금부터 그 요령을 배워보겠습니다.

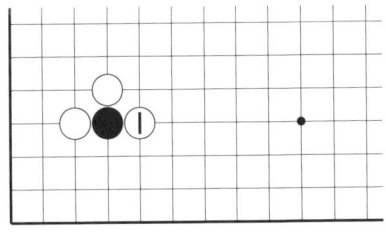

3도

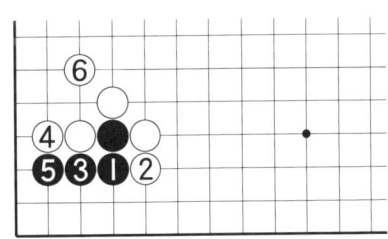

4도

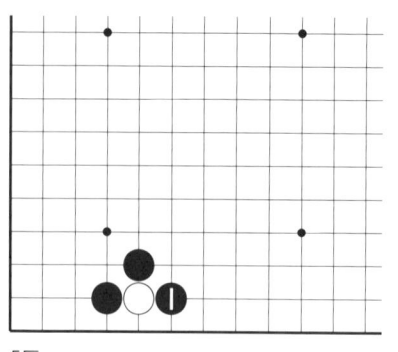

5도

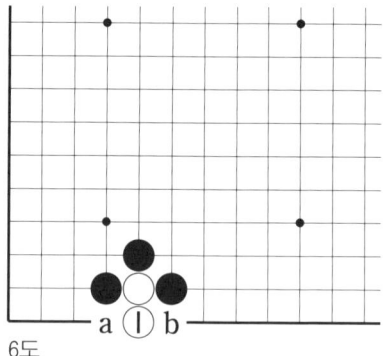

6도

## ●1선(사망선) 방향으로 단수

앞 페이지에서 단수치는 방향이 얼마나 중요한 것인지 살펴보았습니다. 그럼 지금부터 본격적으로 단수치는 요령에 대해 알아보겠습니다. 앞서 설명했듯, 단수치는 곳은 두 곳이라고 했습니다. 단수 이전 활로를 막는 곳이 두 곳 남아 있다는 뜻이죠.

단수치는 요령 그 첫 번째는 1선(사망선) 방향으로 단수치는 것입니다. 5도 흑1의 단수 보이시죠? 아주 간명하게 백 한점을 잡았습니다. 6도 백1로 활로를 늘려봐야 활로는 오직 두 곳, a와 b 뿐입니다. 이 백은 자체로 잡혀 있으며 흑은 손빼고 다른 곳으로 가도 상관없습니다.

혹시 단수치는 방향이 7도 흑1은 아니시겠죠? 왕초보 대국에서 흑1은 간혹 나오는 장면입니다. 7도는 잘못된 단수를 보여주고 있으며, 8도는 비슷한 형태에서 흑1의 간명하고 깔끔한 단수를 보여주고 있습니다.

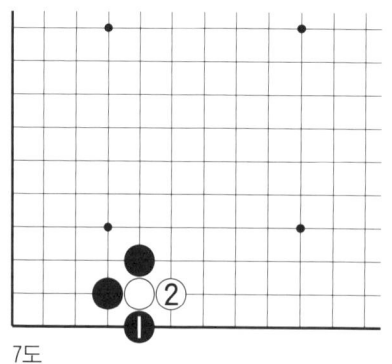

7도

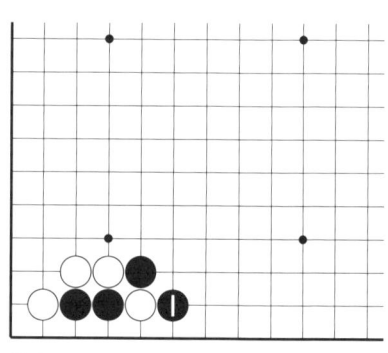

8도

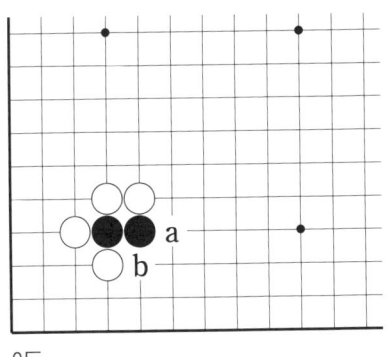

9도

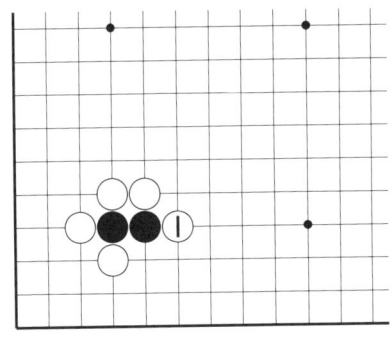

10도

## ● 두점을 단수치는 요령

9도 흑 두점의 단수치는 곳은 a와 b 두 곳입니다. 이 두 곳을 머리에 그리고 그 결과를 한 번 생각해보세요. 약간 어렵겠지만 반복해서 이런 연습을 하는 것은 기력향상에 많은 도움이 됩니다.

바로 10도 백1의 단수가 정수입니다. 이 한 수로 흑 두점은 고스란히 잡힌 모습입니다. 혹시 11도 백1에 흑이 계속해서 버티고 나온다면 그 결과는 아주 비참해집니다. 백7까지 완전하게 잡힌 모습이죠. 이 수순은 약간 복잡하므로 그냥 참고만 하세요. 나가면 이렇게 잡힌다는 결과만 알고 있으면 됩니다. 이후 점차 배워가면서 아주 자세하게 알게 됩니다.

설마 12도 백1쪽에서 단수치는 실수를 범하지는 않겠죠?

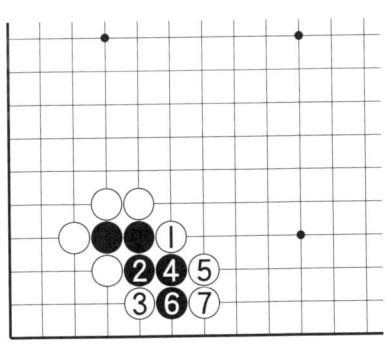

11도

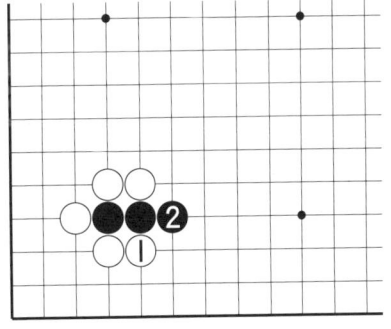

12도

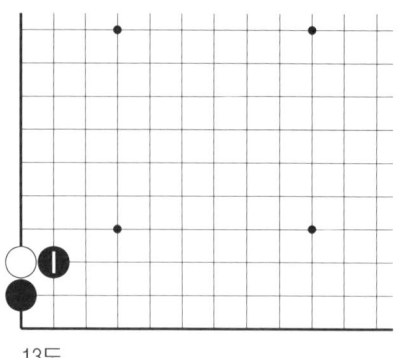

13도

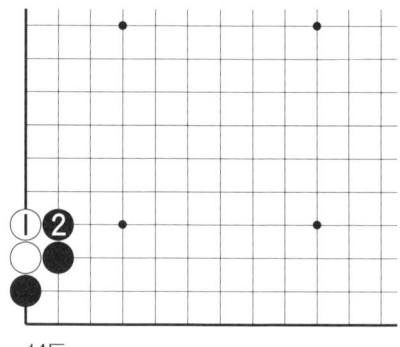

14도

## ● 1선으로 몰아가는 단수

이번에는 아주 쉽고 간단한 모양으로 연습 한번 해보겠습니다. 단순히 1선 방향으로 몰아가기만 하면 되는 형태이죠.

13도 1선에 있는 백 한점을 잡는 방법은 흑1로 단수치는 한 수입니다. 14도 백1로 나와도 흑2면 이 백은 살 수 있는 길이 없습니다. 그런데 잘 몰아가다가 15도 갑자기 흑1로 방향을 바꿔서는 안 됩니다. 순간 백2로 활로가 시원하게 뚫려 이 백을 한 번에 잡기는 어려워집니다. 오직 한 길밖에 없습니다. 16도 백이 계속해서 나온다면 흑은 꿋꿋하게 따라가기만 하면 됩니다. 끝까지 가면 결국 백이 잡힙니다.

집에 바둑판이 있는 분이면 판 위에 돌을 올려놓고 끝까지 따라해 보는 것도 좋은 방법입니다.

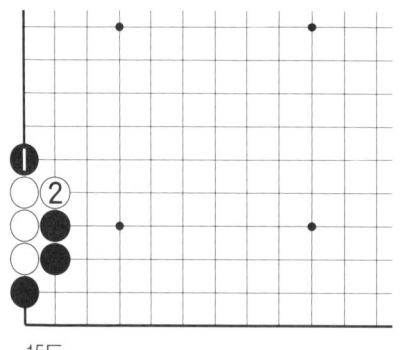

15도

16도

## ● 조심해야 할 주변 상황

여기서 한 가지 흑은 조심해야 할 부분이 있습니다.

17도 백△ 방면에 돌이 놓인다면 이것은 상황이 달라집니다.

18도 흑1로 우직하게 1선으로 몰아가는 것은 이제 백△가 말을 합니다. 백 6까지 바로 연결된 모습이죠. 흑은 닭쫓던 신세가 되고 맙니다. 더 이상 백을 공격할 수 없는 모습입니다.

그러므로 이때는 또 다른 생각을 해봐야 하는데요.

19도 흑1의 한칸 뜀입니다. 이 점으로 백은 더 이상 탈출할 수 있는 길이 없습니다. 이 부분은 약간 어려운 면이 있지만 이 백을 잡을 수 있다는 가능성을 보여주기 위한 것이니 참고만 하세요.

2장과 3장에서 좀 더 자세하게 배우게 됩니다.

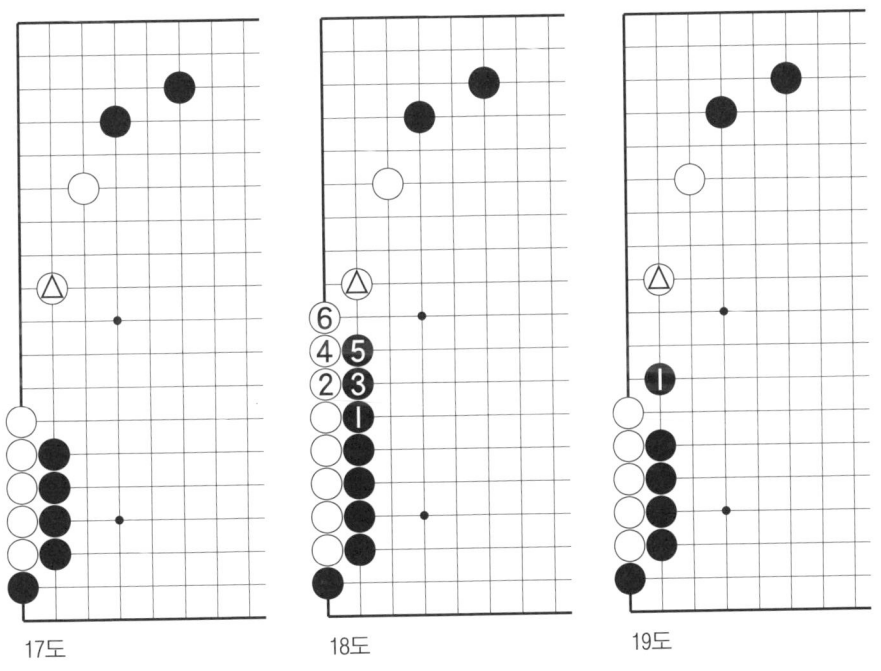

17도          18도          19도

## ● 1선 방향으로 몰면 활로가 늘지 않는다

20도 백△ 두점의 단수치는 요령은 흑1이 이제 눈에 들어옵니다. 왜냐구요? 1선 방향으로 단수치는 게 익숙해져 있으니까요. 아래쪽으로 몰면 살 수 있는 활로가 잘 늘어나지 않는다는 것을 알고 있습니다.

21도를 보시면 바로 확인할 수 있지요. 백1로 활로를 늘려봐야 흑4까지 두개 이상 활로가 늘어나지 않습니다.

이 백은 고스란히 잡힌 모습이고요. 만약 21도와 같이 되었다면 백의 손실은 꽤 상처가 깊은 모습입니다.

이런 좋은 결과를 마다하고 22도 흑1쪽에서 단수치는 분들도 간혹 보입니다. 이것이 안정적인 단수 같지만 실제로 백이 따라 나가면 좌변에 있는 백△ 한점이 아주 좋은 역할을 합니다. 21도와 비교하면 흑의 잘못을 이제 알겠죠?

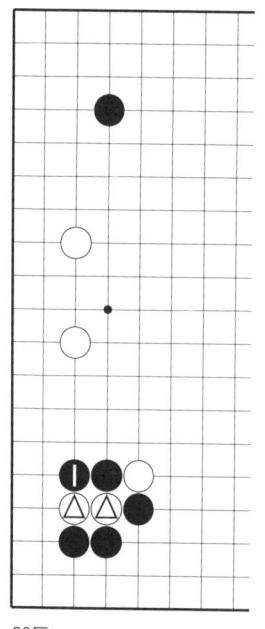

20도

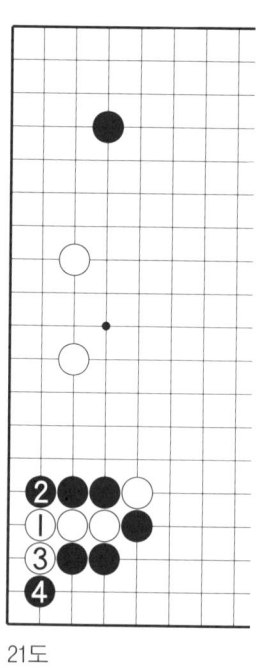

21도

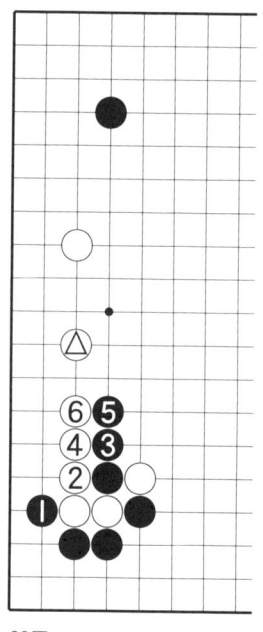

22도

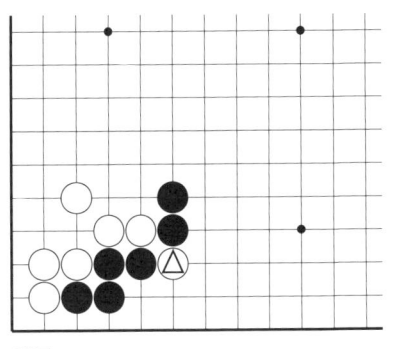

23도

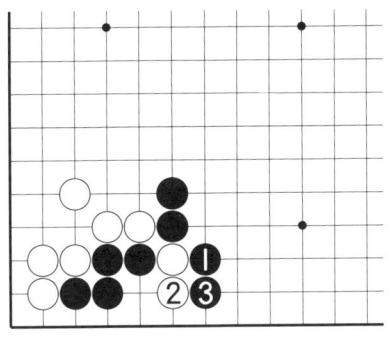

24도

## ● 주위 환경에 따른 올바른 단수를 찾아라

몇 가지 더 단수치는 요령, 특히 1선 방향으로 단수치는 것에 대해 좀 더 공부해 보겠습니다.

23도 백△의 끊음은 무리수라고 되어 있습니다. 이 한점을 잡을 수 있는 길은 즉각 단수쳐 몰아가는 방법입니다. 24도 흑1의 단수가 정수이며 이 한 수로 백은 자체로 잡힌 모습입니다. 백2로 활로를 늘려봐야 흑3으로 백 두점은 잡혔습니다.

25도 흑1의 단수는 아주 잘못된 단수 가운데 하나입니다. 26도 백1로 나가면 보는 바와 같이 24도와는 너무 많은 차이를 보여주고 있습니다. 여러 번 얘기하지만 단수치는 방법은 너무나 중요합니다. 주위 환경을 잘 살펴본 후 올바른 단수를 찾아 제대로 된 공격을 하는 것이 고수로 가는 지름길입니다.

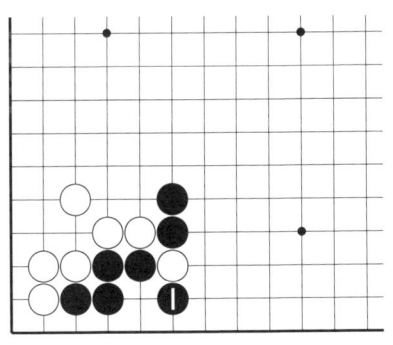

25도

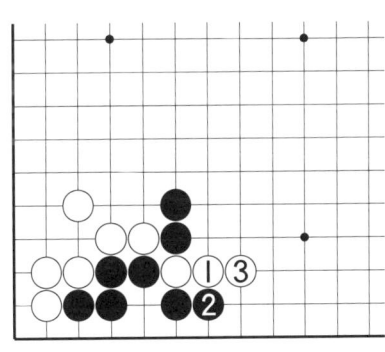

26도

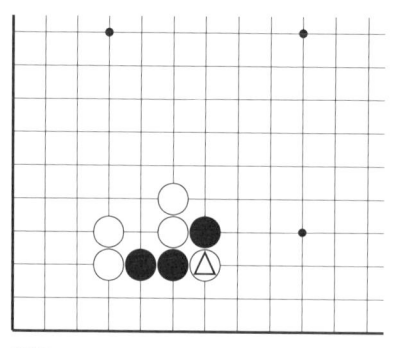

27도

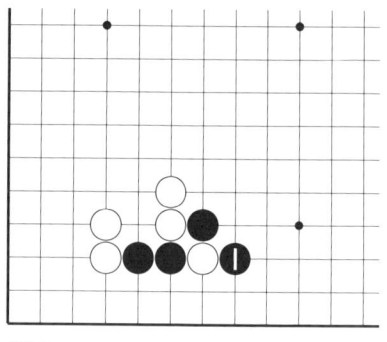

28도

## ● 각각의 활로를 천천히 세어보라

마지막으로 실전에 아주 많이 등장하는 정석 형태에서 골라보았습니다.

27도 백△의 끊음은 너무 강하게만 공격하려는 의도입니다. 여기서 흑은 단번에 이 한점을 제압하는 수가 있습니다. 28도 흑1로 몰아가는 게 최선의 대응입니다. 이 한 수로 백은 그대로 잡힌 모습이고, 혹시 29도 백이 나가봐야 흑2로 안 된다는 것을 알 수 있습니다.

30도 흑▲ 두점과 백△ 두점의 활로를 한번 각각 비교해보시기 바랍니다. 천천히, 아주 천천히 각각의 활로를 세어보세요. 흑은 활로가 3개 남아 있으며 백은 2개만의 활로가 있다는 것을 확인할 수 있습니다. 이 백 두점은 그대로 잡힌 모습입니다. 1선 방향으로 단수치는 것, 꼭 기억해 두시기 바랍니다.

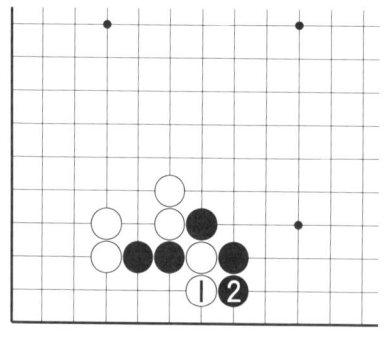

29도

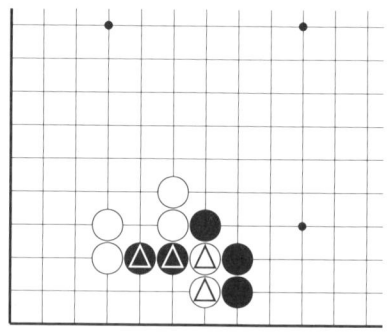

30도

# 익힘 문제

▦ 백을 단수칠 수 있는 곳이 있습니다. 올바른 방향으로 단수쳐 백을 잡아보
세요

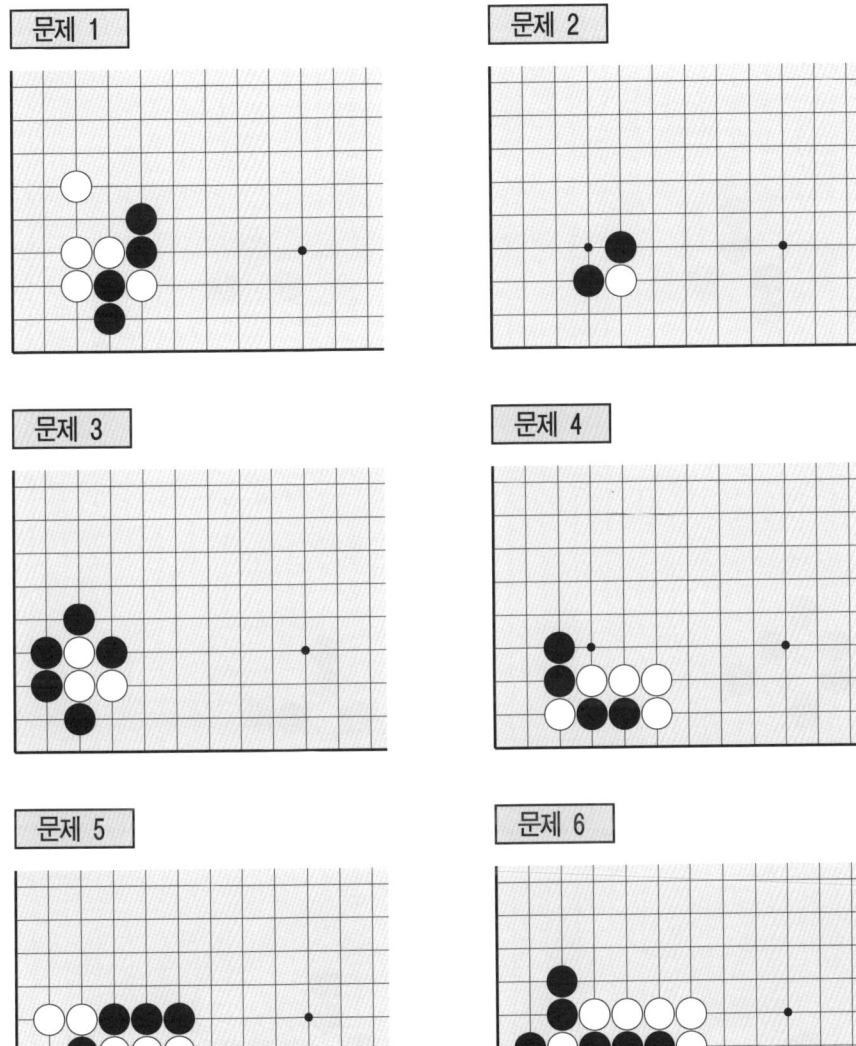

**문제 1**

**문제 2**

**문제 3**

**문제 4**

**문제 5**

**문제 6**

☞ **Tip** 1선 방향으로 몰아 활로를 줄입니다.

해답 1

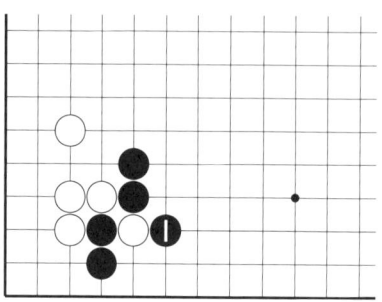

해답 2

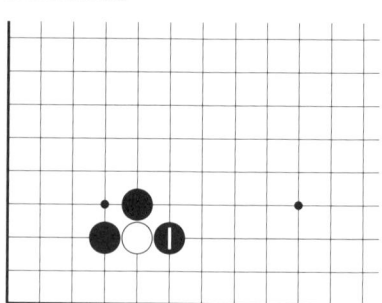

해답 3

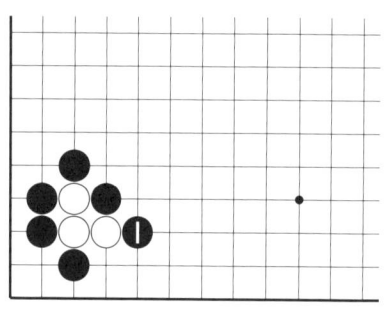

해답 4

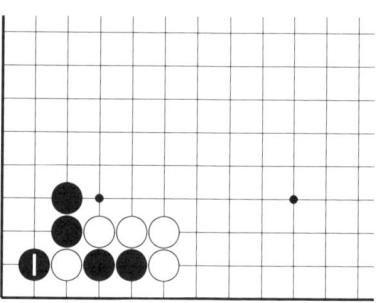

해답 5

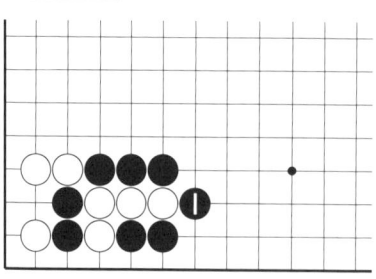

해답 6

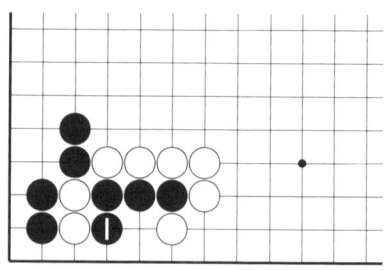

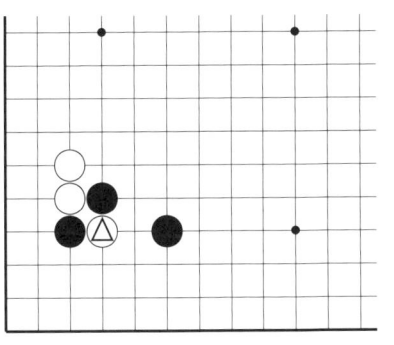

1도

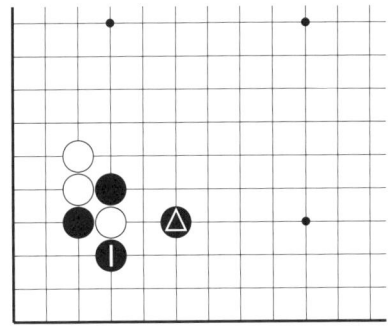

2도

## ● 우리 편 방향으로 단수

왕초보 시절에는 단수만 잘 알아도 누구라도 상대할 수 있다고 했습니다. 이번에 학습할 내용은 단수치는 방향입니다. 단수치는 자리는 두 곳. 그 가운데 하나를 잘 선택해 나에게 유리한 단수를 이끌어야 합니다.

1도 백△ 한점에 대한 단수를 생각해보면, 두 곳 가운데 하나. 과연 내게 유리한 단수는 어디일까? 이런 부분을 생각하며 단수를 쳐야 합니다.

2도 흑1이 정수입니다. 그 이유는 나에게 유리한 흑△가 있기 때문이죠. 3도 백1로 나와 봐도 흑△가 버티고 있어 백의 활로는 늘어나지 않습니다.

4도 흑1쪽의 단수는 좋지 않습니다. 백2로 나오면 활로가 늘어 복잡한 전투가 예상됩니다.

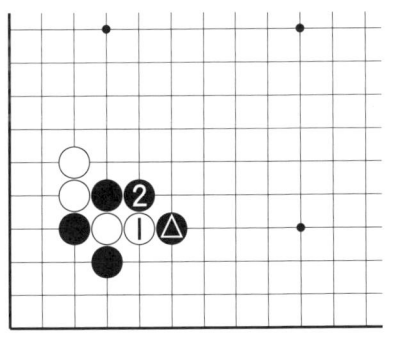

3도

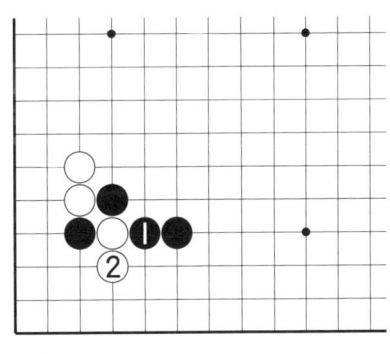

4도

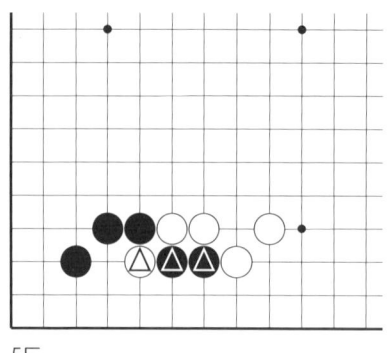

5도

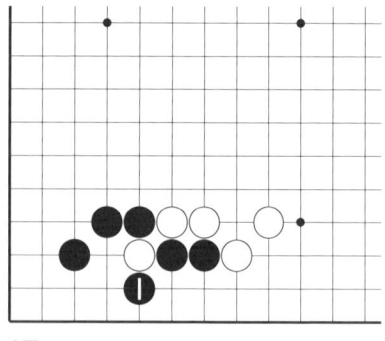

6도

## ● 상대의 활로를 생각하며 단수쳐라

단수칠 때는 자신에게 유리한 곳을 선택해야 합니다. 아주 간단한 문제일 수 있습니다. 단수치기 직전의 모습, 바로 활로가 두 개 남아 있을 때입니다. 그 가운데 하나를 머릿속으로 선택합니다. 그리고 단수쳤을 때 백이 활로를 늘린 모양을 생각합니다. 그 이후 형태가 자신에게 유리한 모양이 되는 곳을 선택하면 됩니다.

5도 백△ 한점과 흑▲ 두점은 활로가 각각 2개 남아 있습니다. 흑은 백 한점을 멋지게 단수쳐 잡아야 하는데, 남아 있는 활로 두 개 가운데 어디를 선택해야 할까요?

6도 흑1이면 백 한점은 꼼짝 못하고 잡힌 모습입니다. 이렇게 간단한 것을 7도 흑1로 단수치는 분들도 많습니다. 이런 실수는 절대 안 됩니다. 8도 백2로 빠지는 순간 흑▲ 두점이 오히려 잡히게 됩니다.

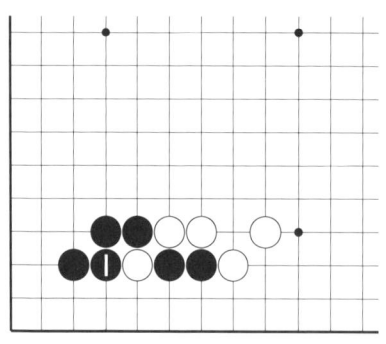

7도

8도

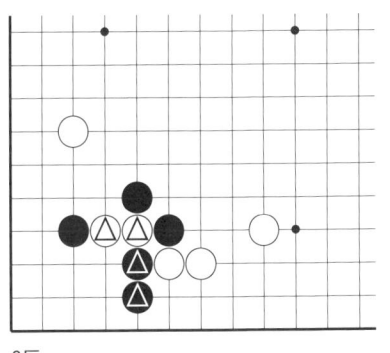

9도

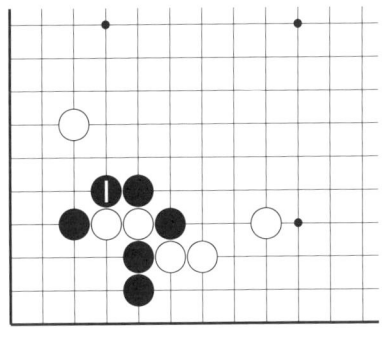

10도

## ● 우리 편이 어디인지 찾아라

9도를 볼까요? 단수치는 요령의 하이라이트입니다. 우리 편 방향으로 단수! 바로 흑▲들이 우리 편인 것입니다. 백△ 두점의 단수칠 곳은 두 곳! 그 중에 어디로 몰아야 할까요? 한 눈에 확 들어오나요?

10도 흑1로 모는 게 정수입니다. 더 이상 아무 수도 존재하지 않습니다. 자체로 백 두점은 잡혔구요. 이 결과를 잠시 음미하면서 흑 모양이 얼마나 좋은지 감상해봅시다.

11도 흑1로 단수치는 대악수를 범하지는 않겠지요? 이 선택은 지금 백△가 아주 적당한 위치에 있어 12도 백1로 나가는 순간 흑 전체가 이상해집니다. 도저히 싸울수가 없게 됩니다. 단수치는 방향이 잘못되어 흑은 순식간에 고전에 빠지게 됩니다.

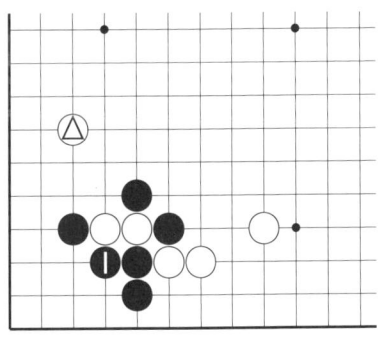

11도

12도

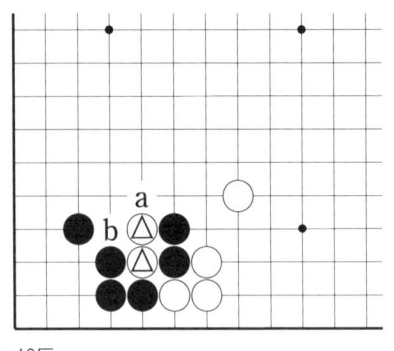

13도

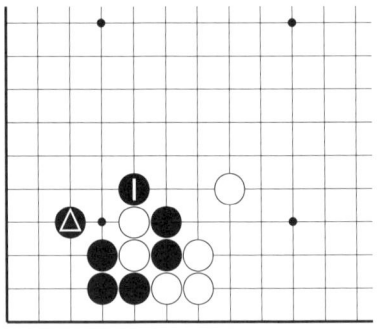

14도

## ● 두 개의 활로 중 나에게 유리한 곳을 선택하라

단수치기 직전 남아 있는 두 개의 활로 가운데 과연 어느 쪽을 선택할 것인가에 대한 몫은 전적으로 여러분의 판단입니다. 그 남아 있는 활로 가운데 하나를 잘 선택하면 좋은 결과를 얻을 것이며, 잘못된 판단을 한다면 엉망이 되고 맙니다. 아주 간단한 형태를 갖고 한번 살펴볼까요?

13도 백△ 두점을 단수로 몰아야 하는데요. 단수치는 방법은 a와 b, 두 곳입니다. 다시 한 번 강조하지만 단수치기 직전의 활로는 두 개 남아 있다는 사실, 꼭 머리에 각인시켜 주십시오. 14도 흑●가 유리한 곳에 있습니다. 흑1, 이단수로 백 두점은 잡혔습니다. 탈출할 길이 없는 것입니다. 우리 편 방향으로 몰아가는 단수입니다. 15도의 흑1 단수는 이제 잊어버리십시오. 16도 백2로 나가면 활로가 뻥 뚫립니다. 흑이 안 된다는 것을 한 눈에 알겠지요?

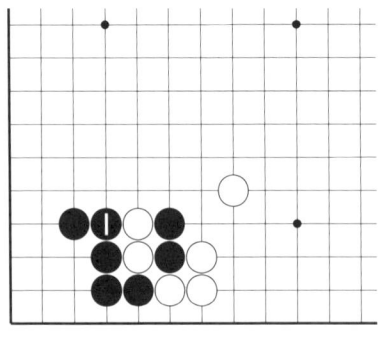

15도

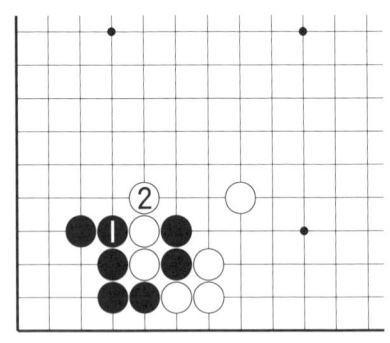

16도

● 실전에서의 활용

왕초보 여러분들이 실전대국을 할 기회는 거의 없겠지만 그렇더라도 대국을 접할 기회는 있겠지요? 실전은 거의 문외한이지만 우리는 우리가 배운 부분에 집중해 단수치는 요령을 확실하게 익혀두어야 합니다.

17도와 같이 그럴듯한 포석이 전개되고 있는데요. 갑자기 백이 △로 끊은 데서 문제가 발생한 겁니다. 이 부분에서 보여주고 있는 포석은 그냥 눈으로 감상하고, 문제의 백△에 집중해 주십시오.

여러분은 '우리 편 방향으로 단수'를 연습해 왔습니다. 지금도 그 원리를 적용시키면 됩니다. 백△에 대한 흑의 단수는 활로가 남아 있는 a와 b, 두 곳입니다. 18도 흑1이 우리 편 방향으로 몰아가는 정확한 단수입니다. 흑△들의 원정군이 기다리고 있습니다. 이 흑1로 백 한점은 꼼짝하지 못합니다.

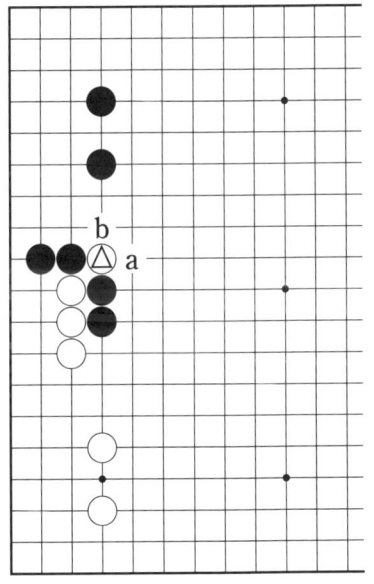

17도

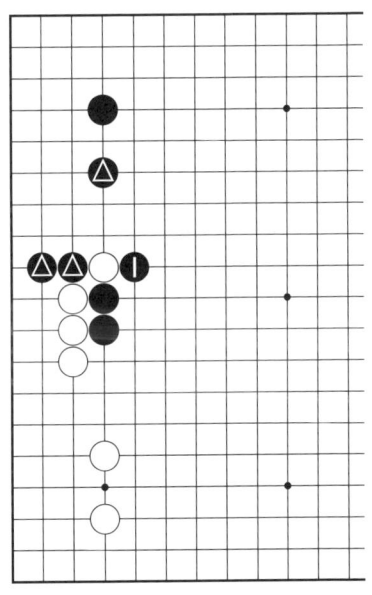

18도

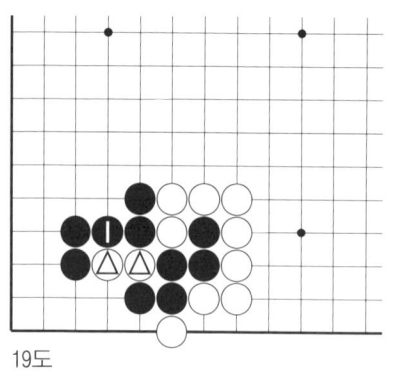

19도

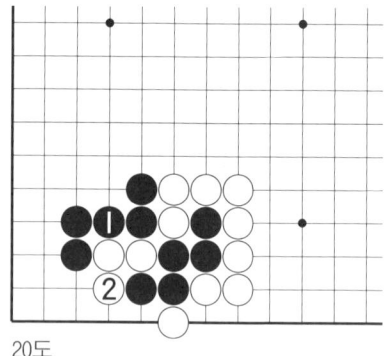

20도

## 1선 방향과 우리 편 방향이 겹쳤을 경우

단수치는 요령에서 우리가 배운 것 가운데 '1선 방향으로 단수'를 배웠습니다. 그래서 지금 19도 이런 형태에서 백△ 두점의 단수를 우리는 흑1로 선택할 수 있습니다. 하지만 지금 흑 다섯점의 활로를 봐주세요, 이 흑도 활로가 오직 두 개 밖에 없다는 것을 확인할 수 있습니다.

20도에서 그 결과를 확인하면 깜짝 놀랄 일이 벌어집니다. 백2로 나가는 순간 흑 다섯점은 바로 단수에 몰리게 됩니다. 흑 다섯점은 순식간에 갇혔으며 살 수 있는 길이 없습니다.

단수의 방향이 얼마나 중요한지 보여주는 장면입니다. 21도 흑1로 ▲들이 있는 우리 편 방향의 단수가 올바른 수입니다. 22도 혹시 흑1을 생각한 분들은 빨리 욕심을 버리시기 바랍니다. 백△ 한점까지 잡자고 한 발상이지만 이것은 백2로 오히려 흑이 잡히고 맙니다.

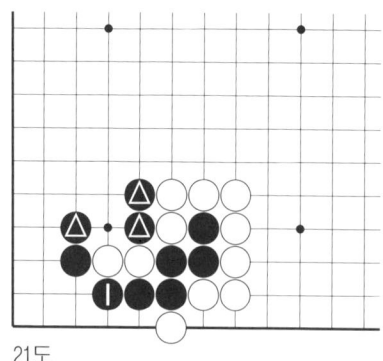

21도

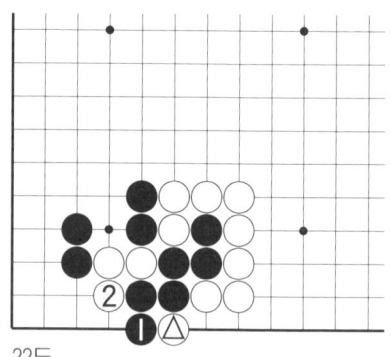

22도

# 익힘 문제

▦ 단수칠 수 있는 백을 찾아 우리 편 방향으로 단수쳐 보세요

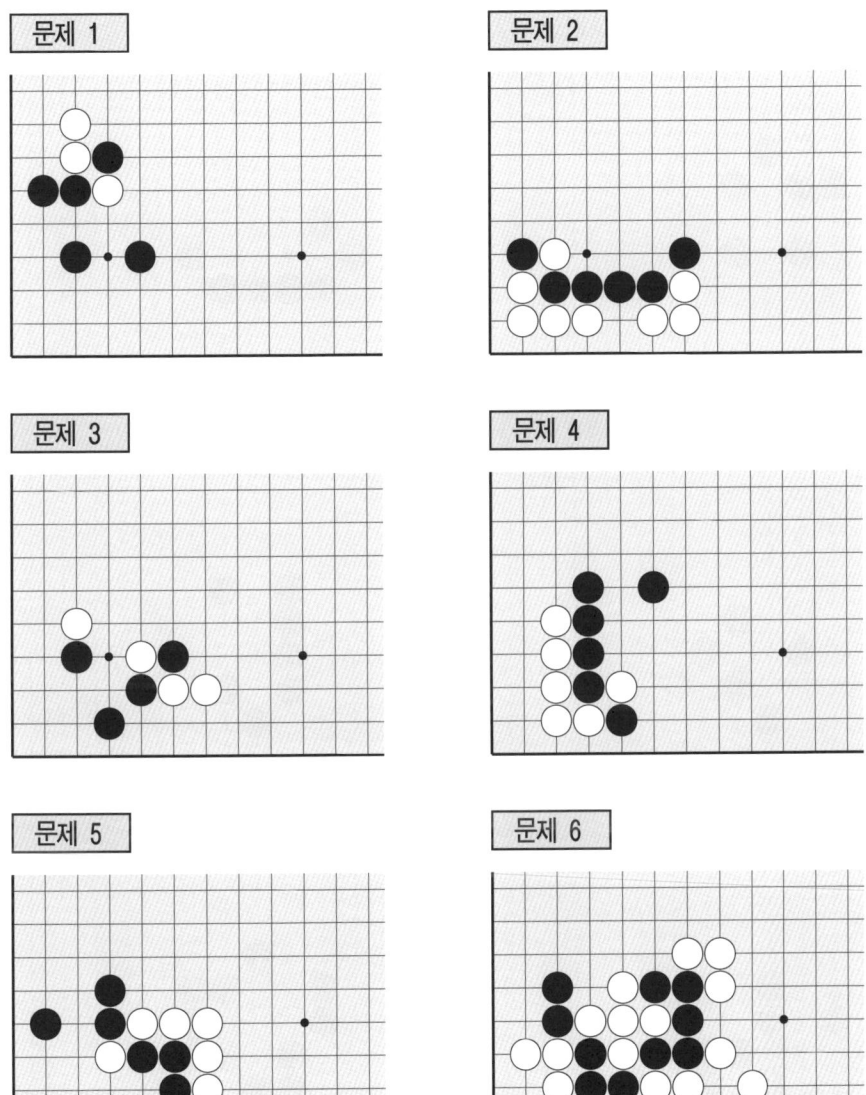

문제 1

문제 2

문제 3

문제 4

문제 5

문제 6

☞ **Tip** 1선 방향보다 우리 편 방향이 우선입니다.

**해답 1**

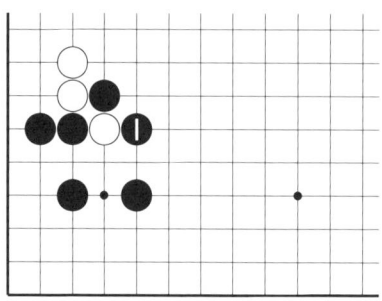

**해답 2**

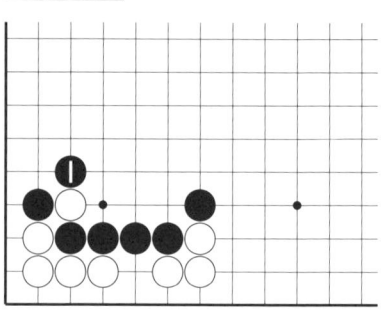

**해답 3**

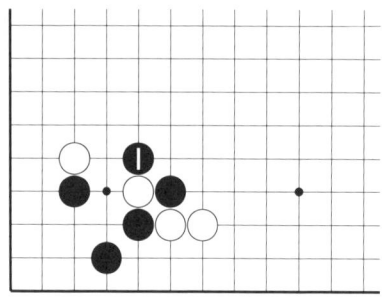

**해답 4**

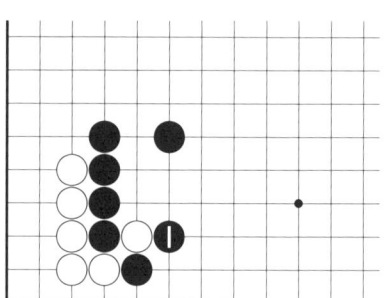

**해답 5**

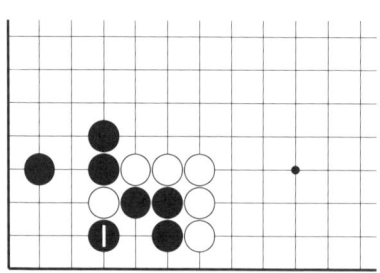

**해답 6**

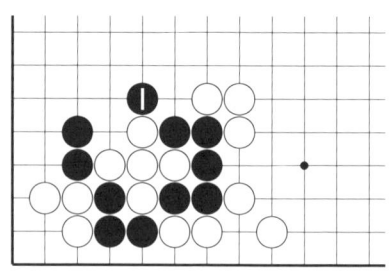

## ● 끊으면서 단수

끊으면서 단수란, 단수칠 수 있는 두 자리(두 개의 활로) 가운데 상대가 연결할 수 있는 곳을 끊으면서 단수칠 수 있는 형태를 말합니다. 즉, 상대 돌을 끊으면서 돌을 잡는 방법입니다.

1도 흑1이 끊으면서 단수치는 대표적인 형태입니다. 백△의 두점과 두점을 흑1이 끊으면서 단수친 장면입니다. 흑1로 백 두점은 잡힌 모습입니다. 단수칠 수 있는 두 곳 가운데 하나를 잘 선택한 모습인데요, 앞으로 이런 형태는 이제 한 눈에 들어오는 단수가 됩니다. 고민 없이 흑1의 단수를 칠 수 있어야 단수치는 실력이 완성되는 것입니다.

생각을 해보십시오 2도 흑1의 단수가 왜 안 된다는 것인지, 이제 확실히 알았겠지요? 바로 백이 살아갈 수 있기 때문입니다.

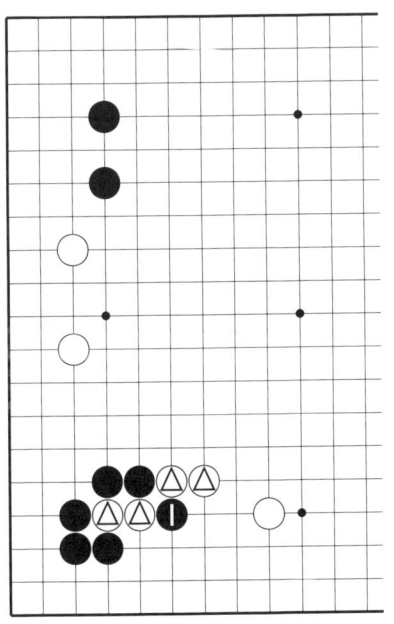

1도

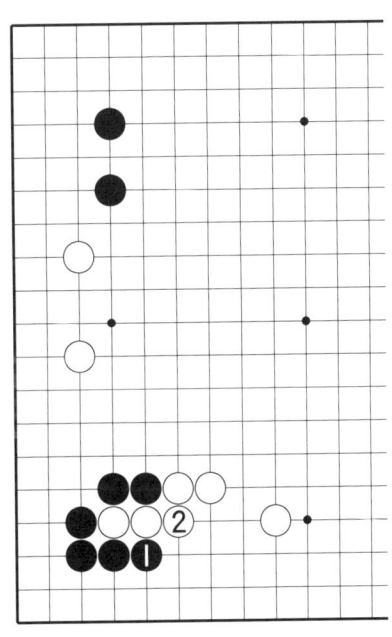

2도

## ●한 눈에 끊으면서 단수 찾아내기

이제 부분전에서 일어나는 '끊으면서 단수'되는 곳을 찾아 좀 더 확실하게 알아보겠습니다. 아래 그림은 바둑판 전체 네 귀에서 끊으면서 단수를 쳐서 백을 잡을 수 있는 형태입니다. 끊으면서 단수를 연습하기 위해 이렇게 모양을 만들어 봤는데요. 여러분도 찾아보세요.

네 귀를 천천히 둘러보면서 흑과 백의 모양을 살펴보고 단수를 찾아 어떻게 하는 것이 최선인가를 생각해야 합니다. 무신경으로 단수를 치고 그 이후 생각하는 것은 잘못되면 한발 늦어 오히려 궁지에 몰릴 수 있습니다.

a의 곳은 모두 끊으면서 백을 잡을 수 있는 모습입니다. 지금 흑이 백을 단수치기 전 흑의 단점은 무엇이며 어떻게 백을 단수쳐야 흑에게 유리할 것인지 꼭 한번은 생각하고 a의 곳으로 단수쳐야 합니다.

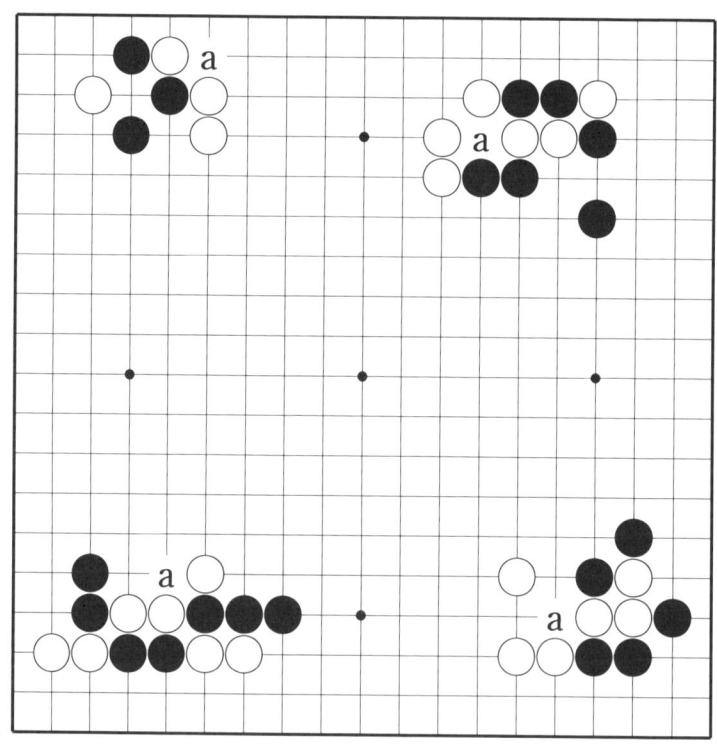

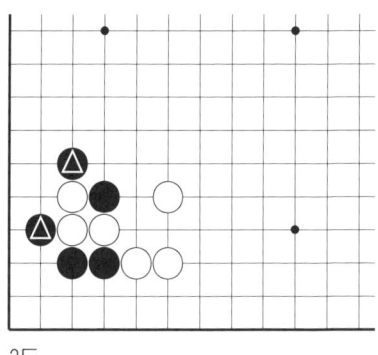

3도

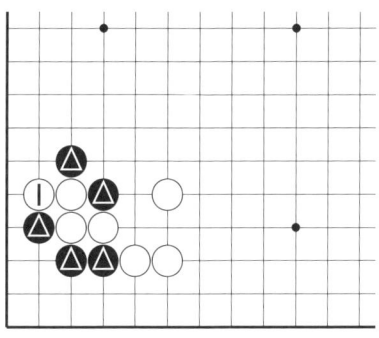

4도

## 생각을 갖고 단수쳐라

다시 한 번 앞 페이지의 한 문제를 갖고 조금 더 살펴보겠습니다. 왜 생각을 갖고 단수를 쳐야 하는지 알 수 있습니다. 3도 지금 흑▲는 끊어져 있는 장면 입니다. 가령 흑이 손을 빼 백이 둔다고 하면 4도 1로 빠지기만 해도 양분된 흑▲들은 아주 곤란하게 됩니다. 순식간에 폐석이 되고 맙니다.

그래서 다시 처음으로 돌아와 흑은 이 백 석점을 잡아야만 합니다. 단수치 는 요령이 이보다 더 중요할 수 없지요. 그래서 생각을 갖고 5도 흑1로 백 석 점을 잡아야만 하는 것입니다.

백을 끊으면서 단수쳐 석점을 잡으면 흑은 자동으로 연결될 뿐 아니라 백 석점을 잡은 흑집도 꽤 짭짤합니다. 6도 흑1쪽의 단수는 흑이 연결에만 급급 한 어리석은 단수입니다.

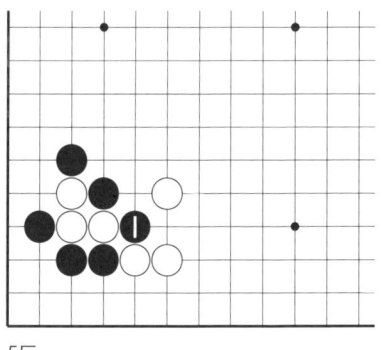

5도

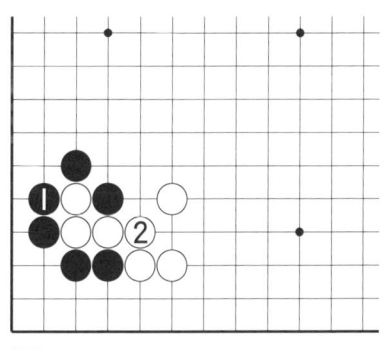

6도

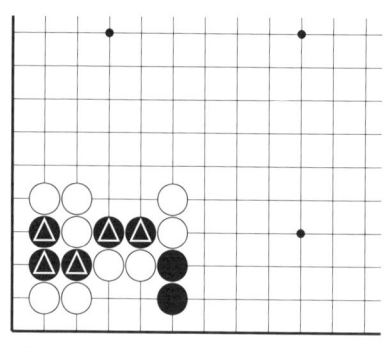

7도

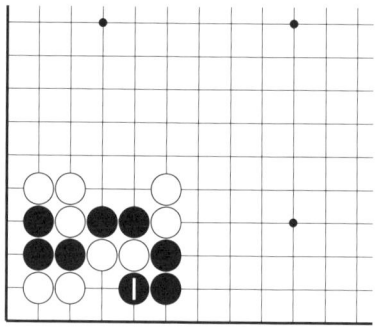

8도

## ●한수로 모든 문제가 해결되다

끊으면서 단수를 치기 전에 지금 7도 이 장면을 자세히 봐주세요. 현재 흑▲ 다섯점이 풍전등화가 되어 있다는 것을 알겠지요?

이런 장면에서 흑은 한수에 이 모든 것을 해결할 수 있는 수단이 있다는 것입니다. 지금까지 배워온 끊으면서 단수입니다.

왕초보 입문자들이 가장 실수하기 쉬운 부분이 바로 이 장면인데요. 8도 흑 1로 단수치는 것입니다. 바로 옆의 단수만 눈에 들어오는 경우가 많거든요. 이것은 9도 백2로 잇는 순간 흑▲의 다섯점은 모두 저절로 잡히게 됩니다.

10도 흑1로 백을 끊으면서 단수치는 게 유일한 방법입니다. 이 한수로 백 두점을 잡으며 흑은 전체가 연결된 모습입니다.

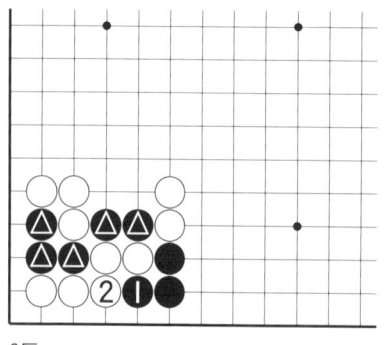

9도

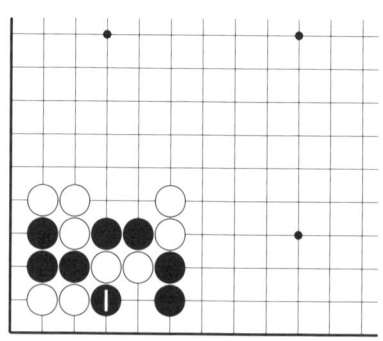

10도

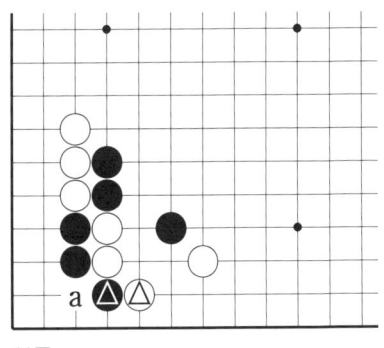

11도

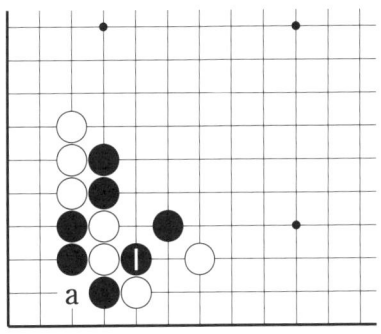

12도

## ● 먼저 상황 파악을 하라

바둑 실력이 향상되기 위해서는 먼저 상황파악을 잘해야 합니다. 내 돌의 상황과 상대의 약점 등을 판단해야 합니다. 11도 흑△로 젖히자 백은 노타임으로 ⓐ로 막았습니다. 백은 a의 끊음으로 흑을 잡을 수 있는 것만 생각하고 이렇게 막은 것입니다. 그러나 이것은 큰 착오가 있었습니다.

12도 흑1이면 먼저 백 두점이 잡히고 맙니다. 백은 a로 끊어 흑 한점을 잡을 타이밍이 없는 거죠. 백 두점이 잡혔으니 백a의 단수는 아무 소용이 없게 되었습니다. 백의 성급한 판단으로 바둑을 그르치는 겁니다.

13도 백이 강하게 1로 젖혔다고 흑2로 움츠러들면 안 됩니다. 백3으로 잇는 순간 흑은 끊어진 양쪽이 급해집니다. 흑백 간의 최선은 14도 흑△ 때 백1로 늦춰 받는 것입니다. 일단 백 두점을 살려 놔야 나중을 도모할 수 있습니다.

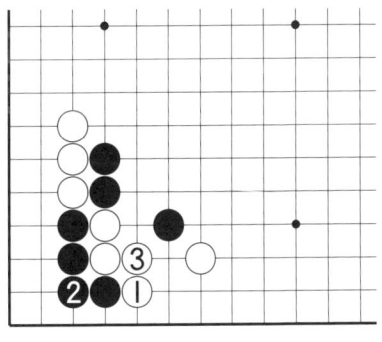

13도

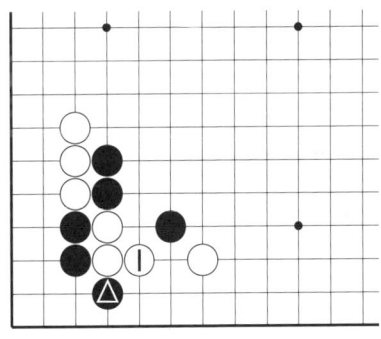

14도

## ● 실전에서의 활용

실전에 나왔던 내용으로 골라 보았습니다. 15도 지금 좌상귀 부근은 포석의
일부분이므로 참고로 봐주기만 하면 됩니다. 중요한 것은 지금 좌하귀 흑▲ 일
곱점이 양분돼 일촉즉발의 위험에 처해있다는 것입니다.

지금까지 배워온 방법대로 끊으면서 단수되는 자리를 찾아 이 위기를 탈출
하면 됩니다.

16도 흑1로 끊으면서 단수치는 게 최선입니다. 다른 방법이 없지요. 지금 흑
▲ 석점은 활로가 두 개만 남아 있으므로 당장 백을 몰아가지 않으면 안 됩니
다. 그래서 끊으면서 단수! 이 점을 꼭 기억하시기 바랍니다.

17도 흑1의 단수는 백2로 잇는 순간 백의 활로가 늘어나 흑▲ 석점이 오히
려 잡힙니다.

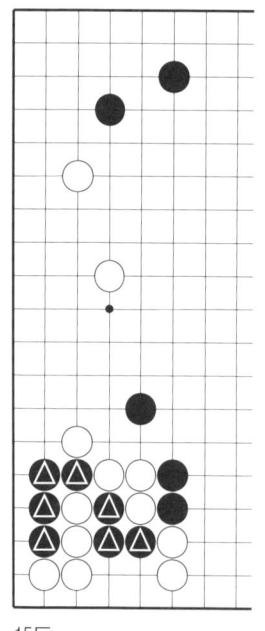

15도

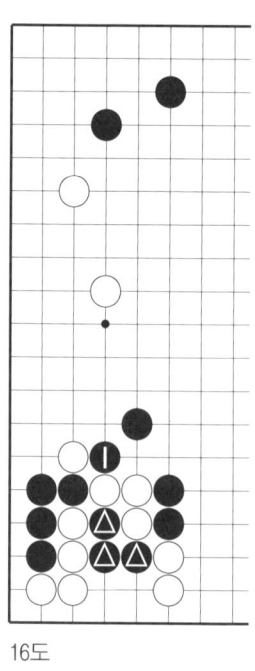

16도

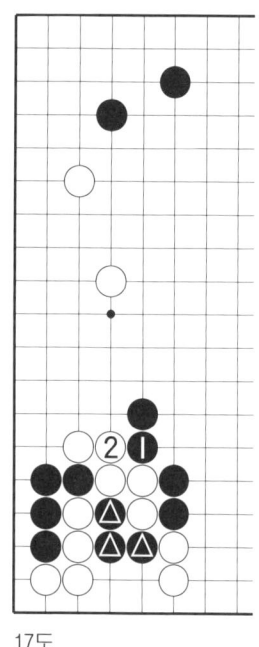

17도

▦ 다음 백의 단수되는 곳을 찾아 끊으면서 단수쳐 보세요

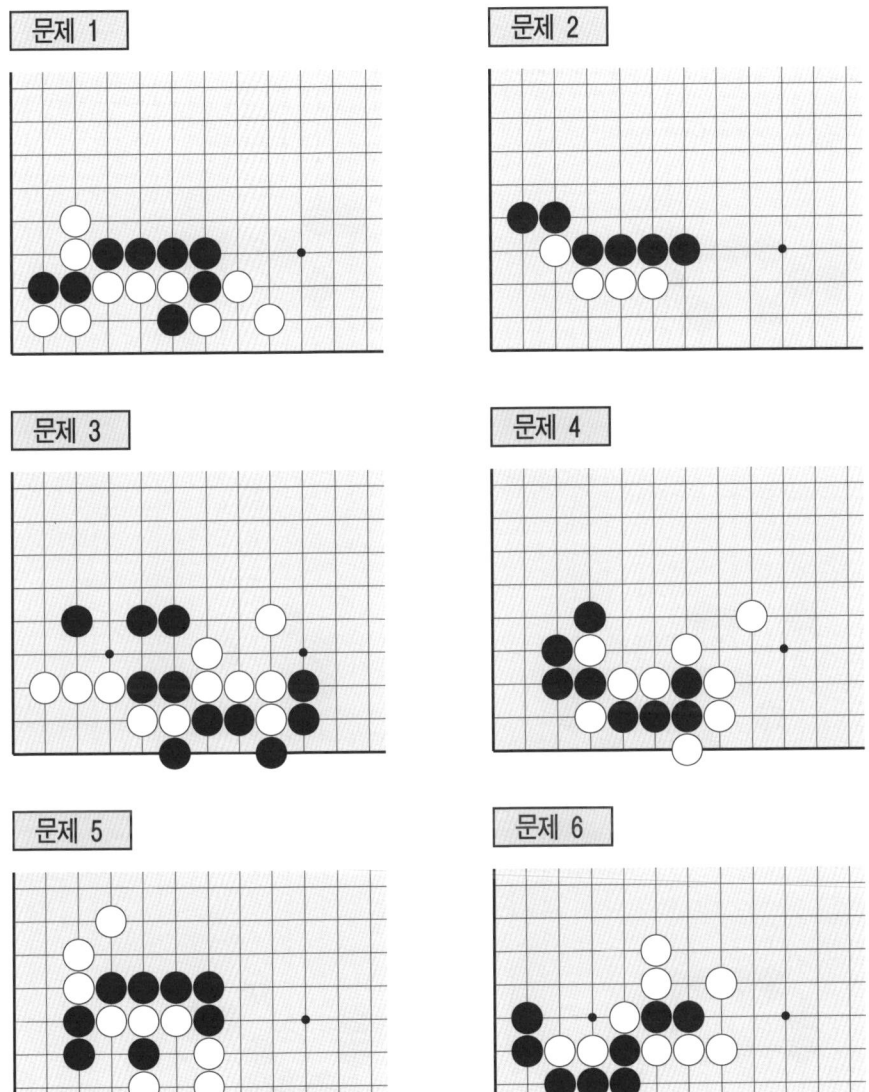

☞ **Tip** 상대를 양분시키는 곳이 끊음입니다.

**해답 1**

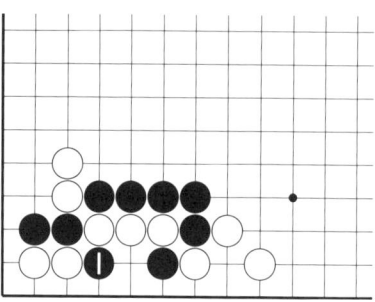

**해답 2**

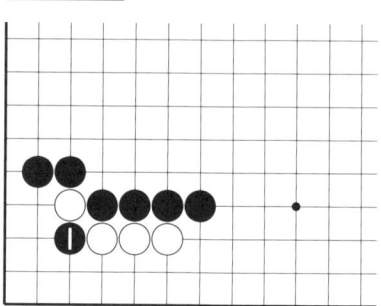

**해답 3**

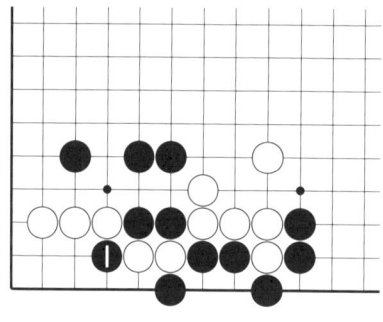

**해답 4**

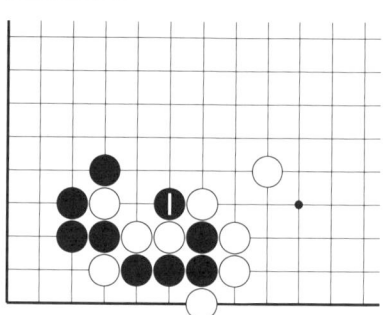

**해답 5**

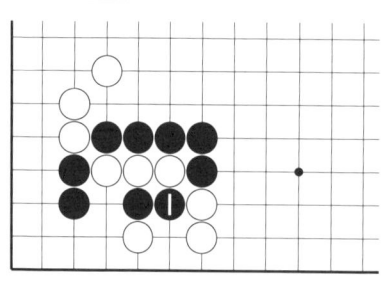

**해답 6**

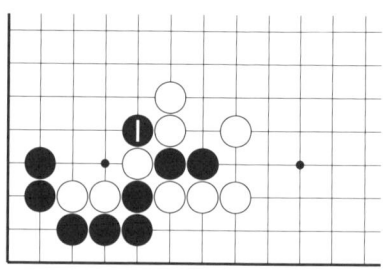

## ●양단수

양단수란, 한 수 착점으로 동시에 두 곳을 단수칠 수 있는 형태를 말합니다. 동시에 두 곳을 단수칠 수 있다는 말은 상대의 약점이 노출되었다는 의미이고, 상대가 무리하게 공격했다는 뜻이기도 합니다.

1도 흑1이 백△의 한점과 ◎ 두점을 동시에 단수치는 양단수의 자리입니다. 2도 백1로 이으면 흑2로 백 두점을 잡고, 3도 백1이면 이번에는 흑2로 나가 유리한 전투를 이끕니다. 지금은 a 자리로 백 한점을 잡는 것보다 지금같이 흑2로 나가는 게 유리합니다.

상황에 따라 돌을 따낼 때 유리한 게 있고, 그냥 활로를 늘리는 게 좋을 때가 있습니다. 약간 어려움이 있겠지만 지금은 그냥 참고만 하고 우리가 부분적으로 배워가는 단수에 집중하면 됩니다.

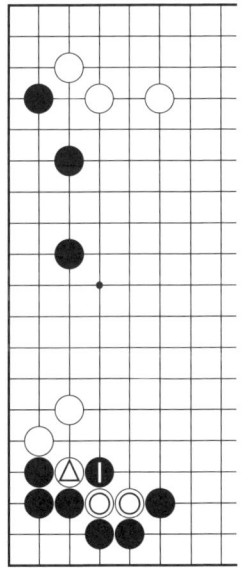

1도

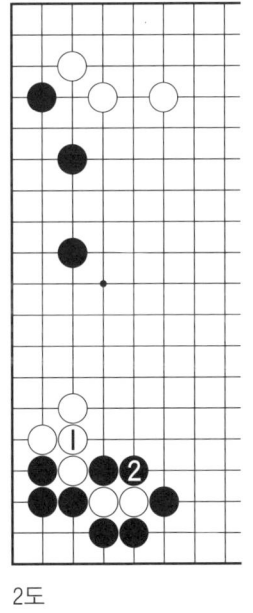

2도

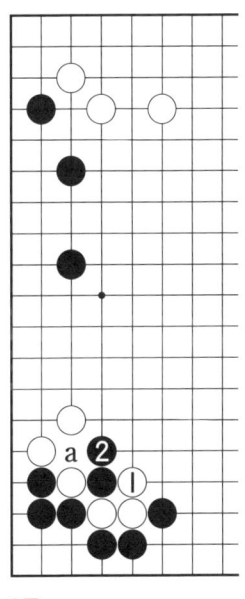

3도

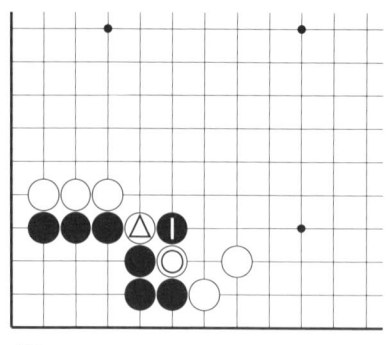

4도

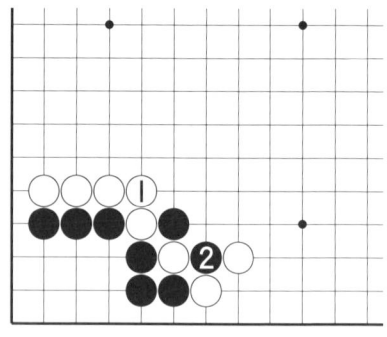

5도

## ● 처음부터 양단수 모양을 만들지 마라

4도를 봐주세요. 비슷한 맥락입니다. 흑1의 양단수가 △와 ◎의 백을 곤란하게 만들고 있습니다. 5도 백1쪽을 이으면 흑2로 따내고, 6도 백1이면 흑2로 백 한점을 잡습니다.

만약 실전에서 이런 상황을 만들었다면 흑이 많이 유리합니다. 그러므로 백은 처음부터 이런 양단수 당하는 모양을 만들지 않도록 노력해야 하며 자기 자신의 단점을 돌봐야 합니다.

가끔 왕초보들의 바둑을 볼 때면 자기 자신의 돌은 잡히는 것도 모르고 오직 상대만 공격하는 분들이 있는데, 정말 이런 습관만큼은 꼭 고쳐야 합니다. 기회가 될 때 자신의 단점을 보강해야 하며 7도 백1로 이어놓으면 백의 외세가 아주 두텁습니다. 5도나 6도에서 백 한점이 잡힌 모습과는 비교할 수가 없죠.

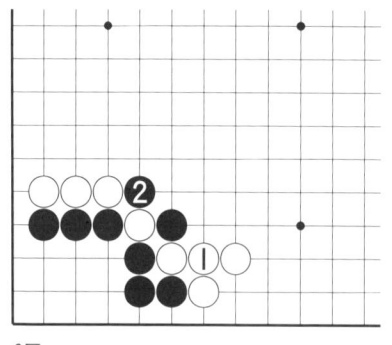

6도

7도

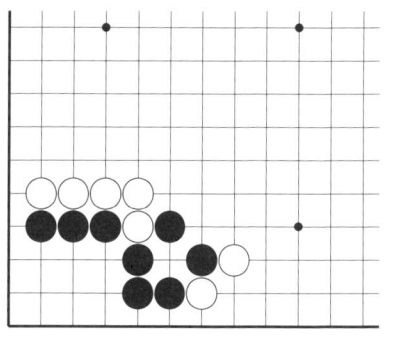

8도

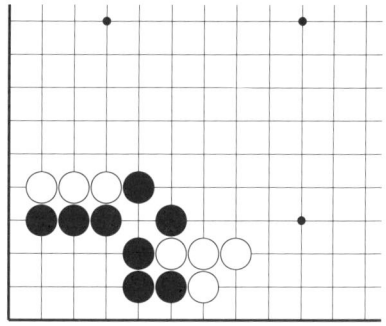

9도

## ● 양단수 당하면 유리한 쪽을 살려라

양단수를 당하면 아주 안좋다고 말씀드렸구요. 그래도 자기 실수로 양단수를 당했다면 그때라도 최선의 응수를 해야 한다는 것입니다. 즉, 양단수를 당할 때 어느 쪽을 살려야 할 것인가? 어느 한 쪽은 포기해야 하는데, 그 판단은 전적으로 본인의 생각에 대한 결과로 결정합니다. 한번 볼까요?

8도의 모습은 앞 페이지 5도의 결과인데요. 그래도 이 그림은 좌변 백이 약간은 두터워 불리하지만 견딜 수 있는 모습입니다. 9도는요? 앞 페이지 6도의 결과인데, 하변의 백도 엷어졌고, 좌변 백 석점의 모습도 빈약하기 그지 없습니다. 양단수에서 잘못 판단한 결과라고 얘기할 수 있습니다.

다시 한 번 보면 10도 흑▲로 양단수 당했을 때 백은 위쪽의 백을 살려야 한다는 것입니다. 이후 11도 백1·3으로 봉쇄하는 뒷맛도 있습니다.

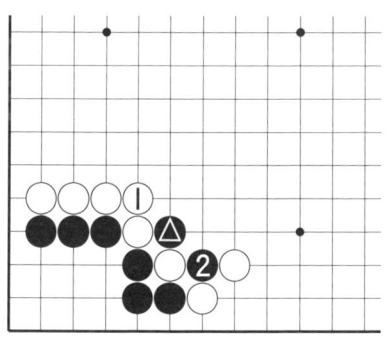

10도

11도

## ● 실전에서의 활용

12도는 실전에서 나올 수 있는 양단수 모양입니다. 이 형태가 어떻게 나왔냐는 것은 지금은 몰라도 좋습니다. 현재는 오로지 우리가 학습하고 있는 양단수 형태에만 집중하시면 됩니다. 13도 흑1이 백△를 공격하는 양단수입니다. 두 곳이 모두 동시에 단수당한 모습입니다.

여기서 백이 a에 이으면 흑b로 따내고, 백이 b에 이으면 a로 따냅니다. 그러므로 백은 이런 모습을 만들지 말아야 하고, 이런 형태라면 재빨리 단점을 보강해야만 합니다. 만약 백이 보강할 기회가 온다면 14도 백1로 잇는 것이 정수입니다. 이 수로 백은 흑의 양단수를 피할 수 있는 것입니다.

이제 단수의 형태에 대해 모두 마쳤습니다. 마지막 두 개의 활로가 남았을 때 그 가운데 하나를 막는 방법, 즉 단수치는 요령을 잘 익혀두시기 바랍니다.

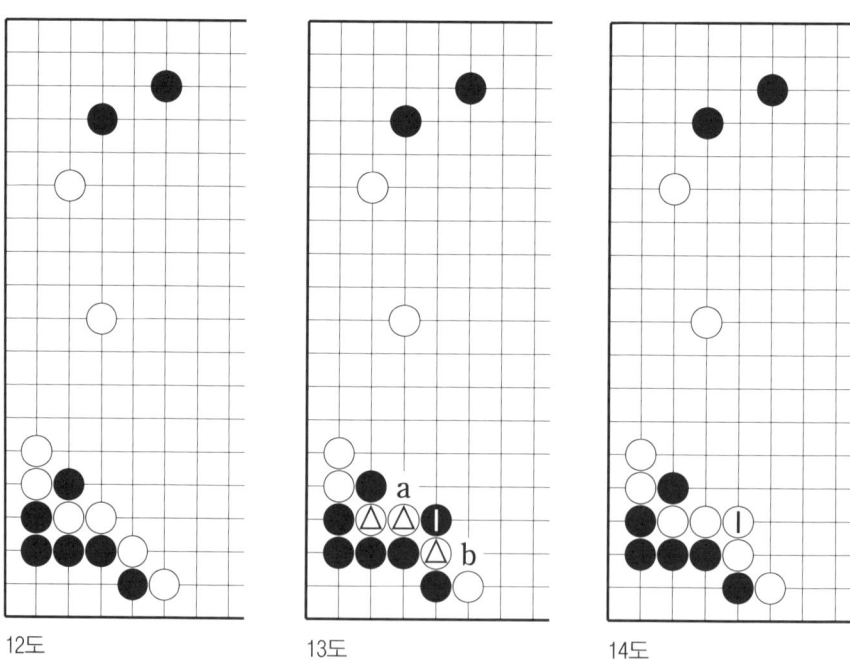

12도    13도    14도

▦ 흑은 백의 양단수 자리를 찾아 양단수 쳐보세요

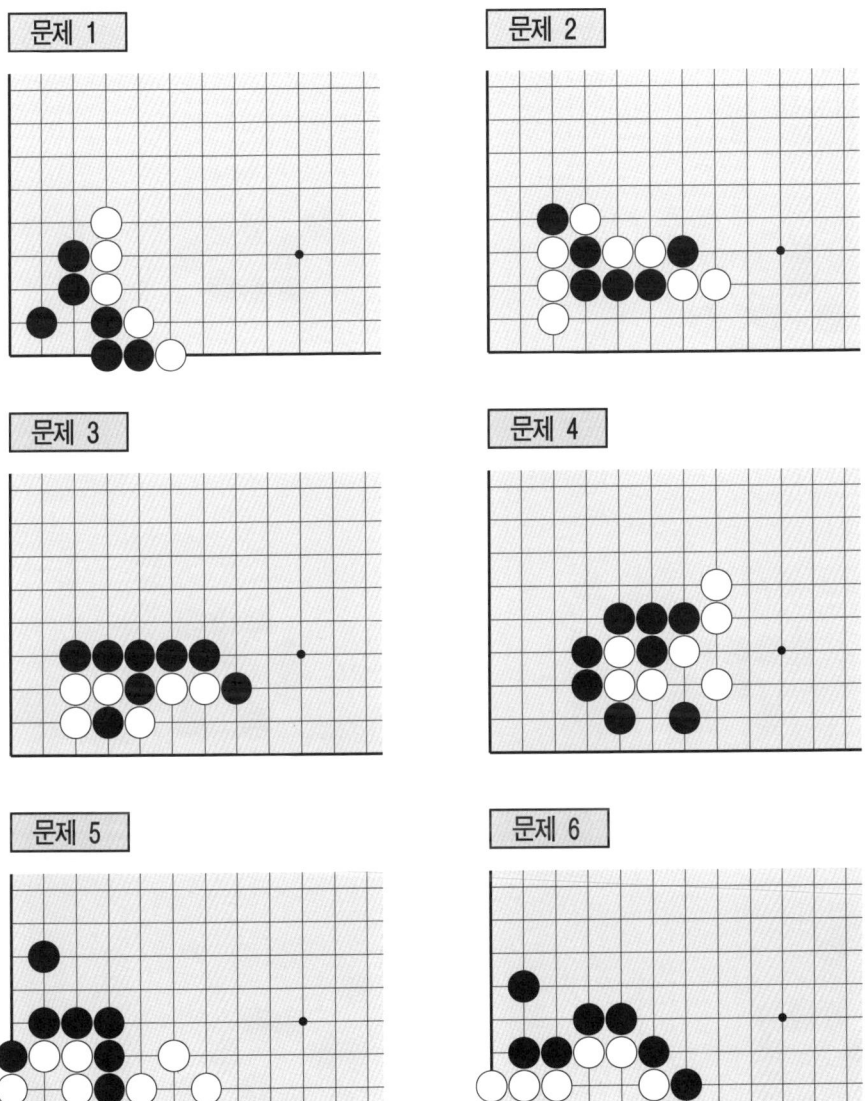

문제 1

문제 2

문제 3

문제 4

문제 5

문제 6

☞ Tip 양단수는 끊으면서 단수를 활용합니다.

해답 1

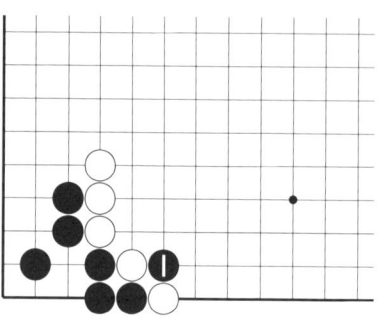

해답 2

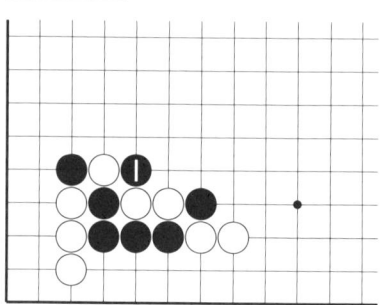

해답 3

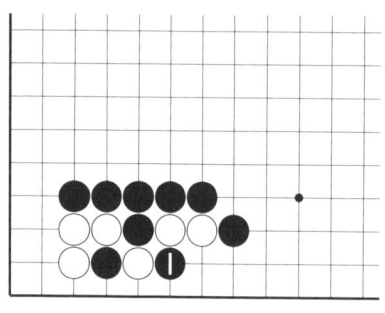

해답 4

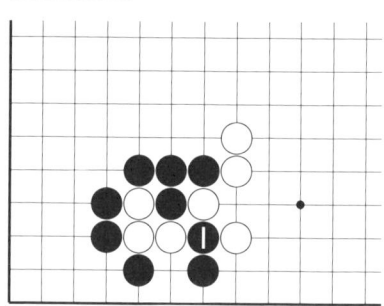

해답 5

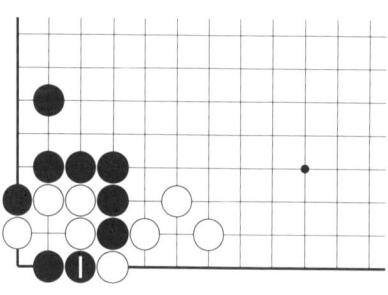

해답 6

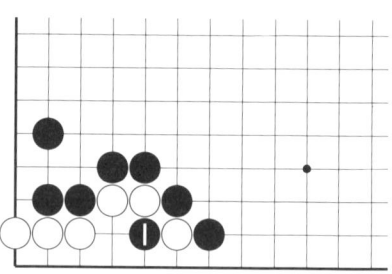

### ● 연결에 대해

먼저 아래 그림을 한번 볼까요? 흑은 1부터 15까지 넓게 벌려간 모습이고 백은 16까지 한줄로 연결한 모습입니다. 여러분은 흑과 백 어느 쪽을 선택하고 싶으세요?

이제 바둑을 막 배우기 시작한 분들은 집(영토)에 대한 개념이 잡히기 전이라 이해하기 조금 어려울 수도 있습니다. 지금의 장면이라면 당연히 누구나가 흑을 선택하려고 할 겁니다. 왜냐하면 '돌의 효용성' 때문이죠. 서로 한수씩 놓을 때 누가 더 효과적이고 좋은 점을 선택했느냐가 바둑의 승패를 좌우하거든요.

지금 이 장면은 연결의 기본을 보여드리고 있는 것입니다. 흑의 효율적인 돌의 연결과 백의 우직한 줄바둑 연결입니다. 계속해서 조금 더 볼까요?

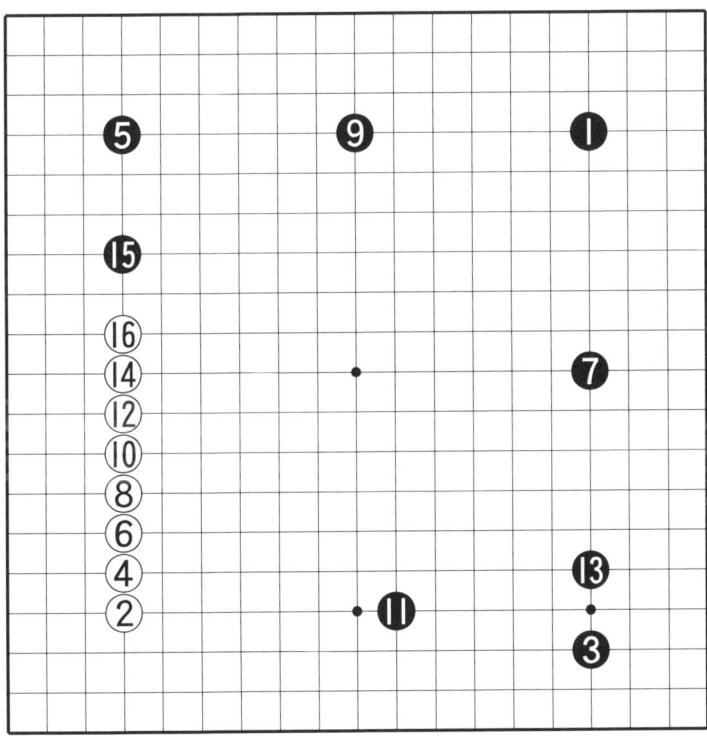

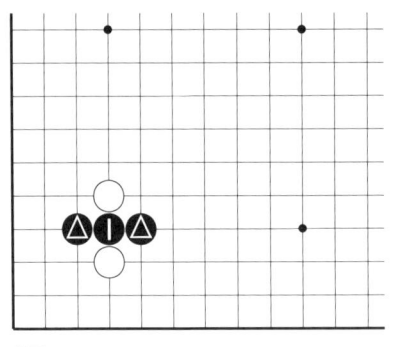

1도

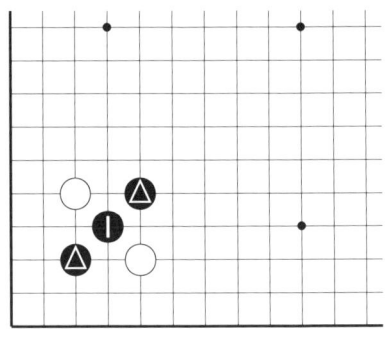

2도

## ● 연결의 기본

1도, 2도, 3도 4도는 연결의 가장 기본을 보여주고 있으며 흑▲와 ▲를 흑1로 연결한 모습입니다. 사실 앞 페이지 그림에서 백의 한줄 연결이면 돌이 끊어질 염려도 없습니다. 끊어지지 않는다면 잡힐 일도 없다는 뜻입니다.

그렇다면 바둑은 이길 수 있을까요? 절대 없겠죠? 왜냐하면 한줄씩 연결해서는 집을 짓는 데 너무 비효율적이거든요(나중에 알게 됨).

반면 앞 페이지 그림의 흑은 집을 짓는 데는 아주 효율적이라고 볼 수 있죠. 하지만 넓은 모습이라 약점이 있고 차단되는 단점도 있습니다. 그렇더라도 백의 한줄 연결보다는 아주 효율적이라는 겁니다. 그래서 효과적인 연결이 필요하고 지금부터 연결에 대한 가장 기본적인 연습을 익혀봅니다.

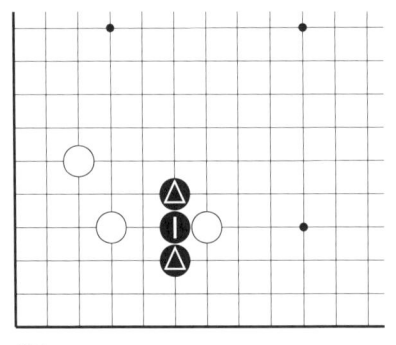

3도

4도

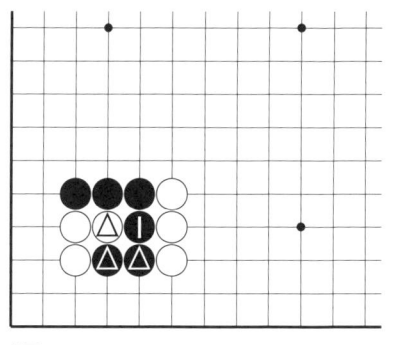

5도

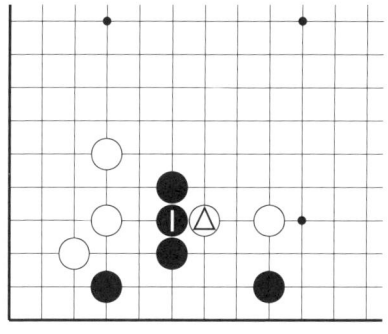

6도

## ●연결의 두 가지 성격

연결에는 당장 잡히는 돌을 살리는 연결이 있고, 상대방에게 끊길 때 공격당할 수 있는 돌들을 연결하는 게 있습니다.

　5도 흑1의 연결은 흑▲ 두점을 당장 살리는 연결이고, 6도 흑1은 이 곳이 끊어지면 흑이 분리되어 심한 공격을 받기 때문에 튼튼하게 연결한 것입니다. 그러므로 5도나 6도에서 백△로 흑을 끊어보자고 했을 때 흑1의 연결은 아주 좋은 선택입니다.

　그럼 흑이 손을 뺐을 때의 모습을 한번 볼까요?

　7도와 8도 백1의 모습을 한번 보세요. 흑은 아주 엉망이 되어버린 모습, 보이시죠? 7도는 흑▲ 두점이 잡혀버렸고, 8도는 흑▲가 분리되어 살기 바빠졌습니다.

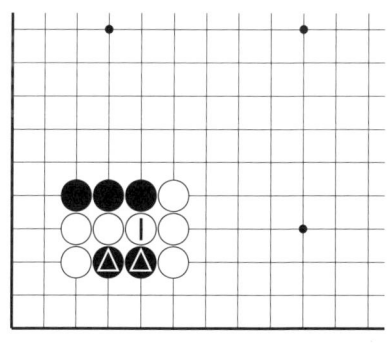

7도

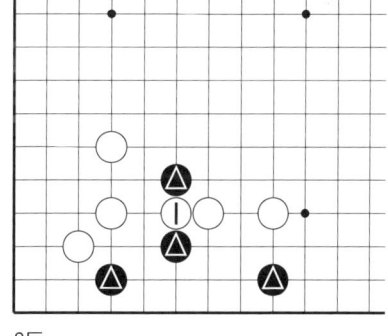

8도

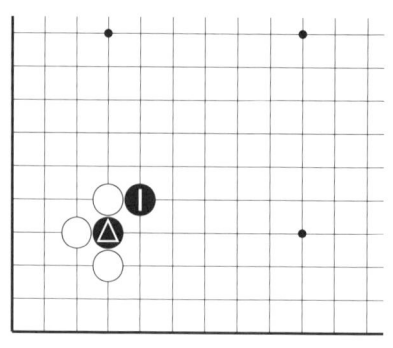

9도

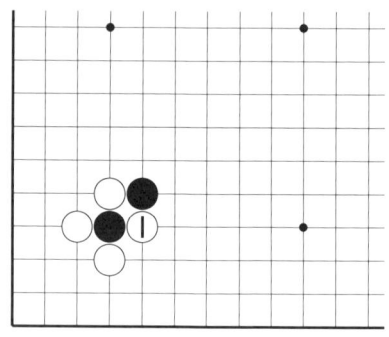

10도

## ● 연결하는 방법

그럼 이제 하나하나 연결하는 방법에 대해 알아보겠습니다. 앞에서 우리는 단수를 배울 때 돌을 살리는 방법에 대해 배웠습니다. 바로 그 돌을 살리는 방법이 연결의 아주 기본이 되는 것입니다.

9도 흑▲ 한점이 단수로 몰렸을 때 흑1의 마늘모로 나가는 것은 연결한 게 아니라고 배웠습니다. 10도 백은 바로 흑 한점을 빵따냅니다. 이 순간 흑은 깜짝 놀라게 되죠. 자신은 연결했다고 생각했는데, 순식간에 바둑판에서 내 돌이 사라질 때의 그 순간은 잊을 수가 없습니다.

11도 흑1이 흑▲ 한점을 살리는 방법이라고 배웠습니다. 그리고 지금 여기서 이 흑1이 흑▲와 아주 잘 연결한 모습이기도 합니다. 12도 이런 형태의 백1 때 흑2로 잇는 것도 흑 한점을 살리는 연결입니다.

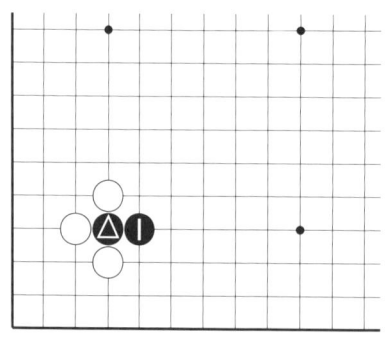

11도

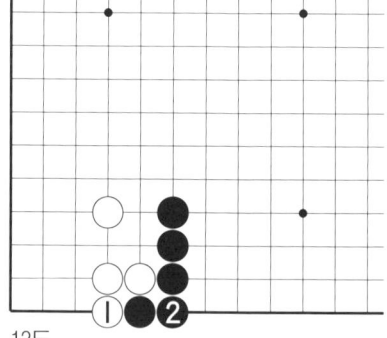

12도

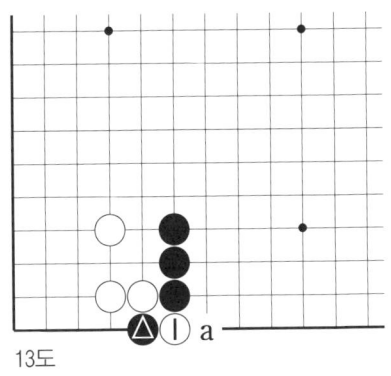

13도

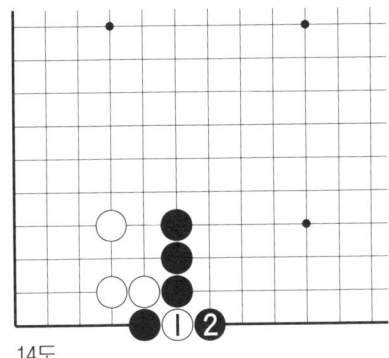

14도

## ● 연결의 중요성

13도 흑▲로 젖혔을 때 백1로 흑▲ 한점을 잡으려고 한다면 어떻게 될까요?

백1이 놓였을 때 백의 활로를 한번 보세요. 딱 한 곳, a의 곳입니다. 그러므로 14도 흑2로 먼저 잡히고 맙니다. 13도 백1은 무리이며 12도 백1로 막아 마무리하는 게 정수입니다.

15도 백▲는 흑▲에 대한 단수이고 만약 여기서 흑이 손을 뺀다면 백1로 흑 한점을 잡을 수 있습니다. 16도 백이 흑 한점을 잡은 모습입니다. 돌이 잡힌다는 것은 좋은 결과를 얻기가 어렵습니다.

지금은 아주 부분적인 문제를 갖고 연결에 대해 다루고 있지만 늘 돌과 돌이 부딪히면 연결과 끊음이 발생하고, 그 안에서 단수가 눈에 들어옵니다. 이때 누가 더 잘 보강하고 단수를 잘 치느냐가 승패를 좌우합니다.

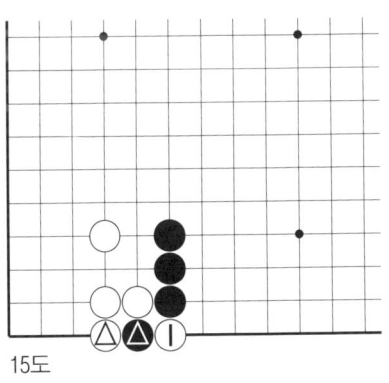

15도

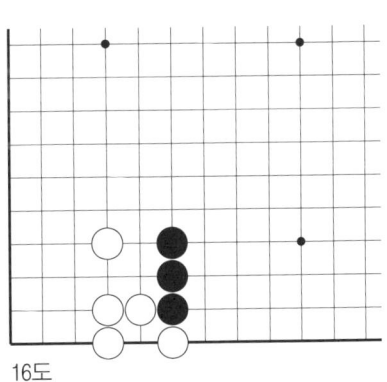

16도

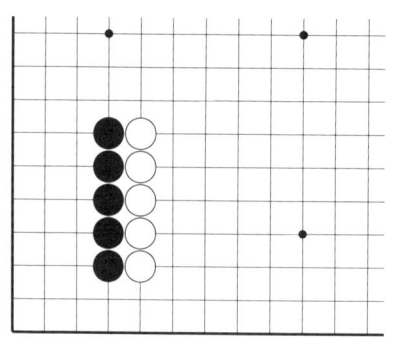

17도

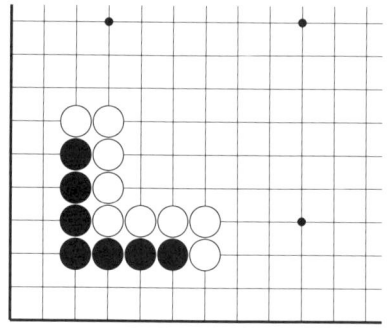

18도

## ● 연결의 서로 다른 모습

17도와 18도는 이미 잘 연결된 모습을 보여주고 있습니다. 흑과 백이 단점이 없죠. 끊을 수 있는 매듭이 보이지 않습니다. 흑, 백이 서로 완벽하게 연결된 모습입니다. 이런 모양은 연결에 대해 보여주기 위한 것이므로 실전에서는 잘 나타나지 않습니다.

19도 역시 연결이 아주 잘된 모습을 보여주고 있습니다. 흑a의 매듭과 백 b의 매듭이 보이지만 이미 이곳은 서로 침범할 수 없는 곳입니다. 20도 백1로 끊어봐야 흑2로 잡히고, 흑3으로 백을 끊어봐도 백4로 잡히게 됩니다.

그러므로 매듭이 남아 있어도 상대에게 잡히는 자리는 끊을 수 없는 곳입니다. 즉, 연결할 필요가 없다는 뜻이기도 합니다. 2권(완성하기 편)에서는 돌의 몇 가지 연결하는 방법에 대해 좀 더 알아보겠습니다.

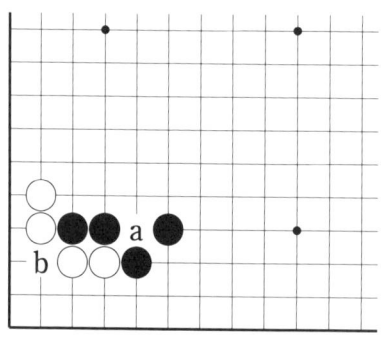

19도

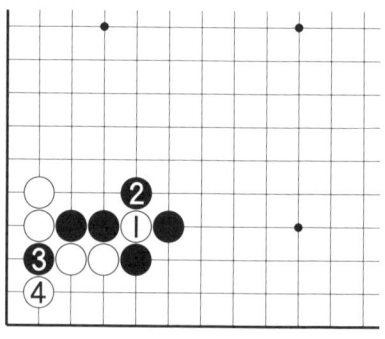

20도

🎞 흑은 끊어지는 자리를 찾아 연결해보세요.

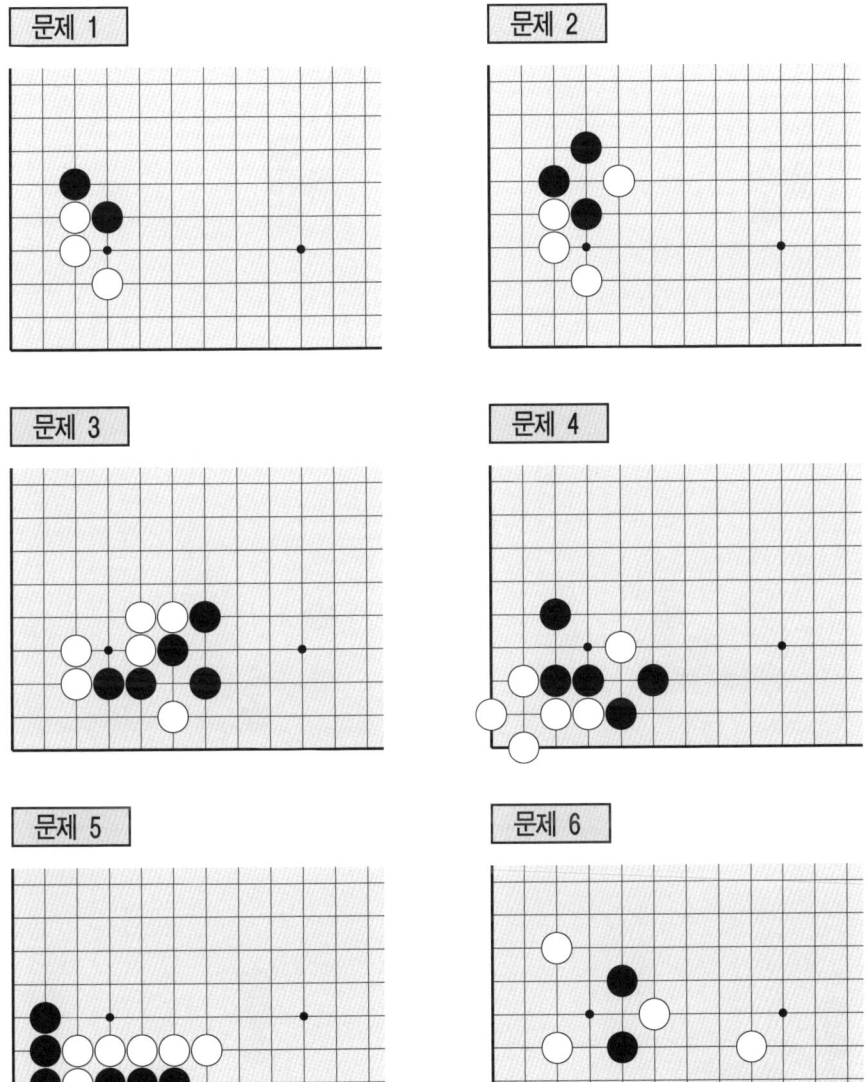

문제 1

문제 2

문제 3

문제 4

문제 5

문제 6

☞ Tip 매듭이 없도록 만들면 됩니다.

**해답 1**

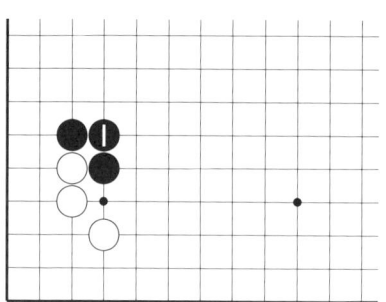

**해답 2**

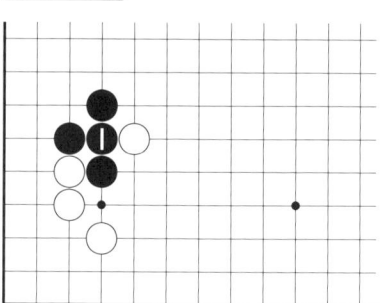

**해답 3**

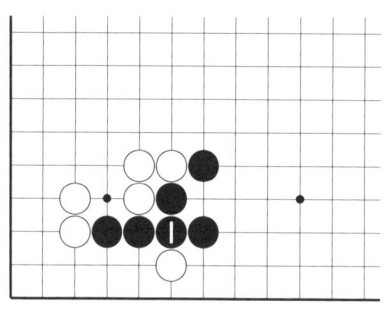

**해답 4**

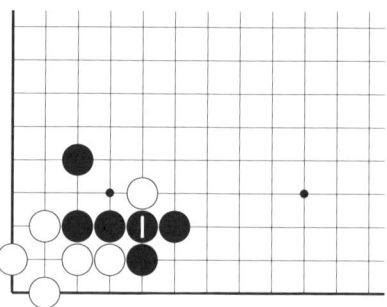

**해답 5**

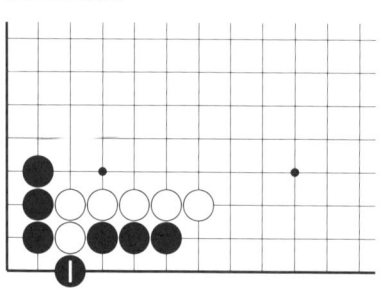

**해답 6**

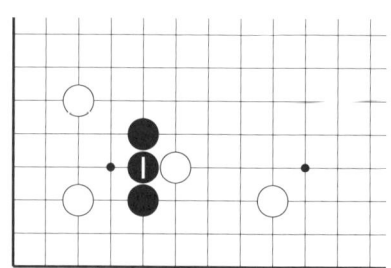

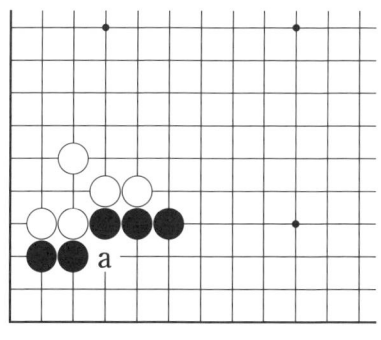

1도

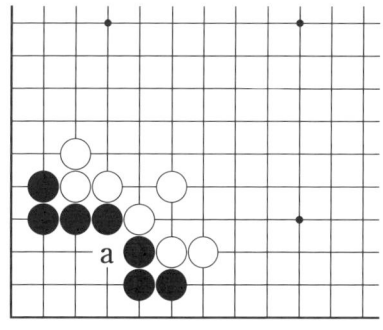

2도

## 🔵 끊을 수 없는 자리

끊을 수 있는 자리는 매듭이 있어야 합니다. 1도와 2도는 a의 곳에 매듭이 있지만 끊을 수 없습니다. 흑에게 잡히는 자리를 끊어봐야 의미가 없죠. 3도 역시 마찬가지입니다. a와 b, 두 곳에 매듭이 있고 끊을 수 있는 자리이지만 역시 흑에게 잡히는 자리이므로 끊을 수 없다는 것입니다.

4도 흑a의 곳도 마찬가지로 끊기가 어렵습니다. 흑에게 잡히는 자리이기 때문입니다. 그러므로 아무리 단점 같은 매듭이 있더라도 무턱대고 끊어서는 안 된다는 것을 보여주고 있습니다.

바둑에서 전투에 강한 사람이 주로 끊는 것을 좋아합니다. 지금부터 끊을 수 있는 몇 가지 형태를 살펴보겠습니다.

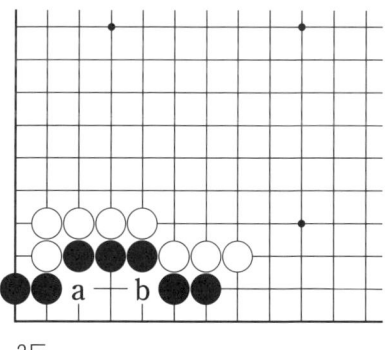

3도

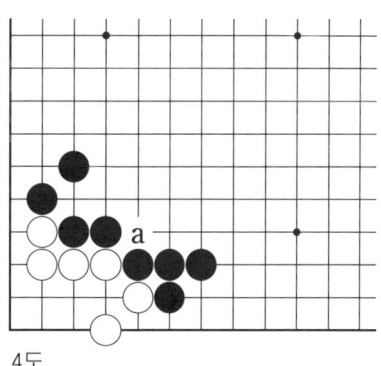

4도

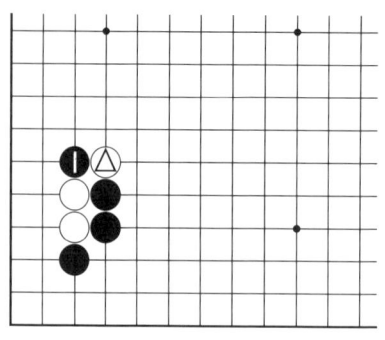

5도

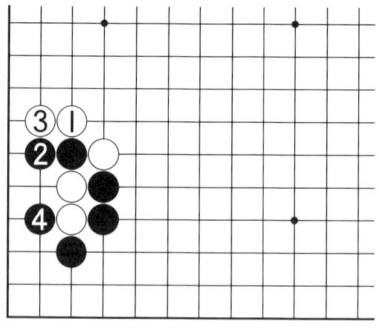

6도

## ● 끊을 수 있는 자리

백△로 젖혀왔는데요. 이제야말로 끊을 수 있는 찬스가 온 것입니다. 5도 흑1로 끊는 한수입니다. 백의 입장에서 흑 한점을 단수쳐 잡고 싶은 마음 이겠지만 그게 잘 안 됩니다.

가령, 6도 백1로 먼저 몰아볼까요? 그렇다면 흑2로 빠지는 순간 백 두 점은 살 길이 없어집니다. 백3으로 막아도 흑4면 잡힙니다.

그렇다고 7도 백1쪽에서 몰면 흑이 받아만 줘도 흑6까지 백은 2선(패 망선)을 기어가는 모습이고 흑은 바둑판 전체를 호령하고 있습니다.

6도와 7도의 단수칠 수 있는 두 곳이 모두 탐탁치 않다면 8도 그냥 단 순히 백1은 어떨까요? 이 역시 흑이 가만히 따라 나가 활로만 줄이더라 도 백이 안 된다는 것을 확인할 수 있습니다.

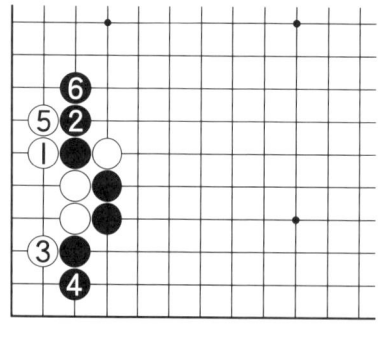

7도

8도

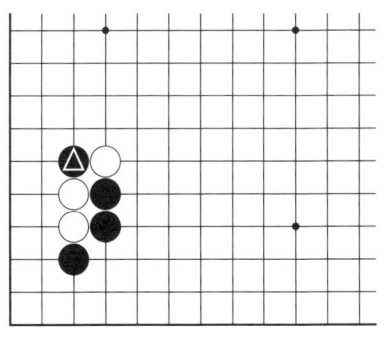

9도

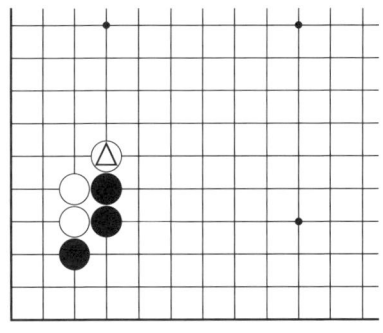

10도

## ● 끊음의 효과

그래서 9도 흑▲로 끊기는 순간 백은 곤란하게 되는 것입니다. 이런 장면에서 흑▲의 끊음이 단단히 효과를 보고 있는 장면입니다.

그럼 처음으로 돌아가 10도 백△의 젖힘은 무리수라는 것을 알았습니다. 그렇다면 백은 어떻게 대응해야 했을까요?

11도 백1로 늘어야 했습니다. 무조건 강하게 둔다고 좋은 것은 아닙니다. 백은 연결을 꾀한 후 힘을 비축해놔야 합니다.

여기서 흑이 한 가지 주의해야 할 사항은 12도 백△ 때 흑1로 받아주는 것입니다. 이 수는 너무 소극적인 선택으로 백2로 느는 순간 좌변 백집이 알토란 같이 부풀어 오릅니다. 흑1은 무조건 a로 끊어가는 한 수입니다.

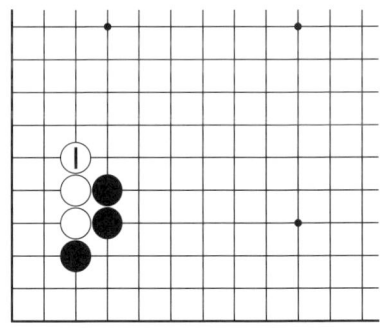

11도

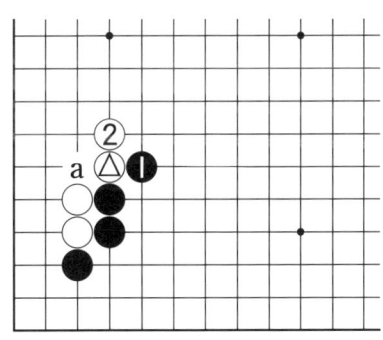

12도

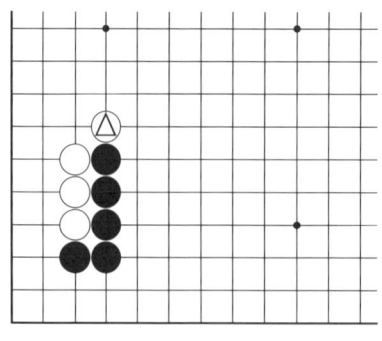

13도

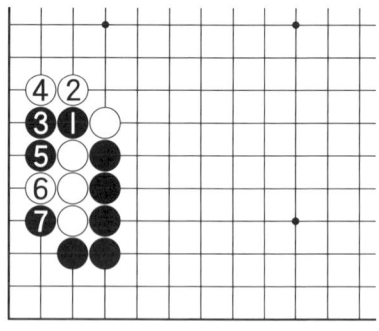

14도

## 🔵 끊을 자리는 끊어라

바둑 격언 가운데 "끊을 자리는 끊어라"라는 말이 있습니다. 사실 끊는다면 좋은 결과를 얻는 경우가 많습니다. 일단 끊고 나면 상대가 복잡해하고 어려워합니다. 그럴 때 실수도 나오고 때 아닌 횡재를 할 수도 있습니다. 그래서 일단 당장 잡히지만 않는다면 끊고 보는 사람도 많습니다.

13도 지금 백△로 젖힌 장면인데요 무리수입니다. 흑은 당장 14도 흑1로 끊어갈 수 있습니다. 백2로 몰아도 흑3 이하 수순대로 백이 잡힙니다. 또 15도 흑3 때 백4쪽에서 몰아도 안 되는 것은 마찬가지입니다. 백은 a의 단점이 있어 흑을 함부로 공격하지 못합니다.

결국 처음으로 돌아와 백은 16도 백1로 늘어 자중해야 하는 것입니다.

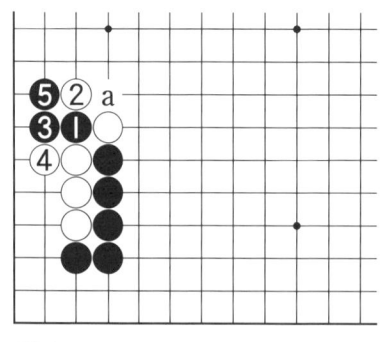

15도

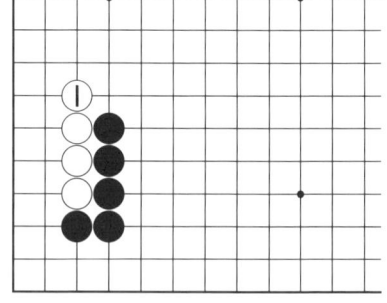

16도

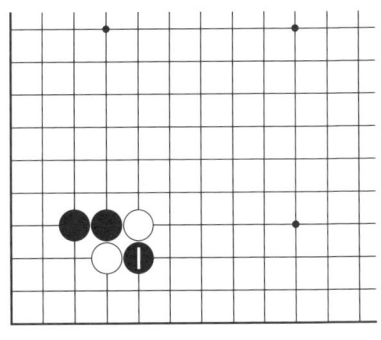

17도

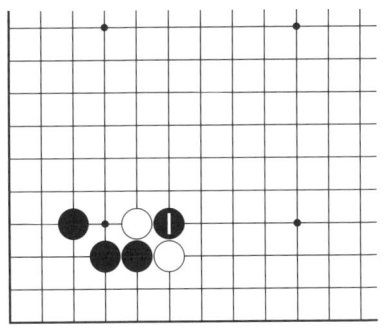

18도

## ● 여러 가지 끊은 모습

끊을 수 있는 자리를 끊는 것은 일단 강수라고 봐야 합니다. 끊은 후 한 방에 좋아지는 바둑이 아니라면 이런 경우 종종 전투 바둑이 되고 어지러운 싸움이 예상됩니다.

17도, 18도, 19도, 20도는 끊을 수 있는 자리이고, 실제로 이렇게 끊어야 합니다. 이곳을 끊게 되면 이후 전투에서 좋은 결과를 얻을 수 있다는 것입니다. 지금 이 형태는 모두 실전 모양에서 발췌한 것입니다. 조금이라도 친숙한 모양을 보여주기 위해 골라본 것입니다.

이후 아주 어려운 싸움이 예상되지만 이런 모습이 일단 끊은 모양이라는 것을 꼭 익혀두시기 바랍니다. 바둑에서 일단 끊을 수 있다면 바둑의 의미를 조금은 알아가고 있다는 방증이기도 합니다.

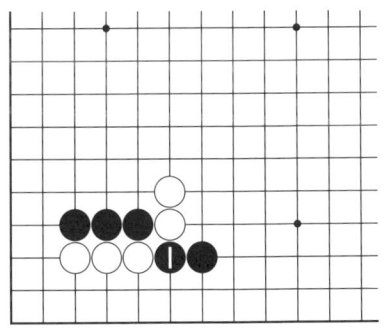

19도

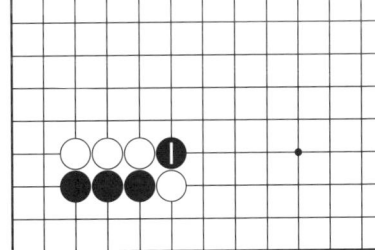

20도

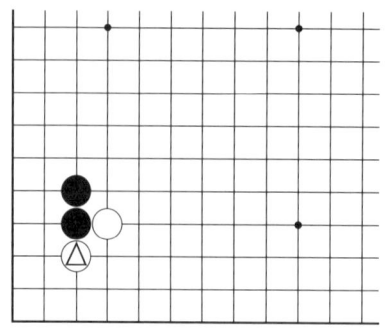

21도

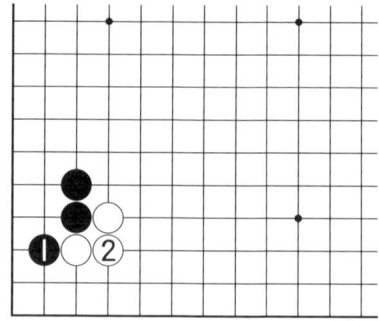

22도

## ● 강력한 끊음의 예

21도 백△로 젖힌 장면에서 흑의 대응이 궁금합니다. 먼저 소극적인 공격부터 알아보겠습니다. 22도 흑1이 바로 그것입니다. 백이 젖히자 흑1로 받아준 모습입니다. 이것은 백2로 잇게 되어 흑이 미흡한 결과입니다.

여기서 흑은 강력한 수가 있습니다. 23도 흑1로 끊어가는 수입니다. 일단 이렇게 끊어 놓으면 흑1 한점은 잘 안 잡힙니다. 즉, 공격이 잘 안 된다는 뜻이죠. 24도 백1로 단수쳐도 흑2로 나가면 백은 당장 a와 b가 급해집니다.

계속해서 백이 a로 막으면 흑은 b로 나가고, 백이 b로 막으면 흑은 a로 백 한점을 잡을 수 있습니다.

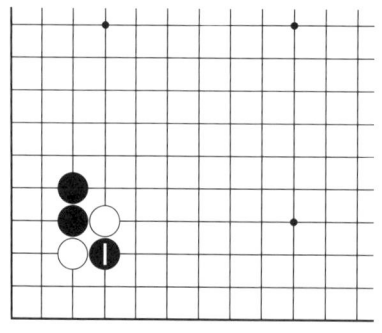

23도

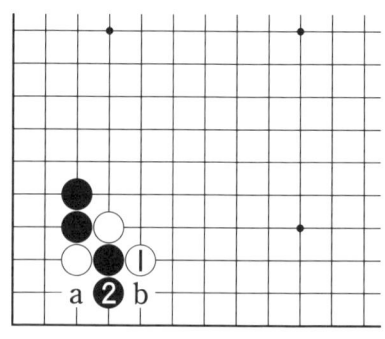

24도

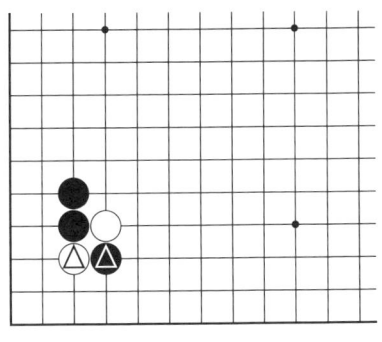

25도

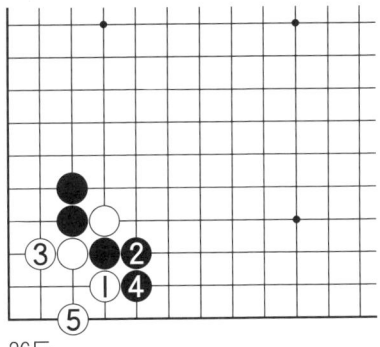

26도

## ● 애초에 끊기지 않도록 하라

그러므로 25도 백△에 흑은 당연히 ❷로 끊는 게 강수이며 정수였습니다. 앞 페이지에서 살펴보았듯이 이후 백은 좋은 결과를 얻을 수 없었습니다. 그래서 다른 방향으로 한 번 더 검토해보겠습니다.

26도 백1로 아래쪽으로 단수치고 백이 귀에서 사는 작전은 어떨까요? 이것도 충분히 생각해볼 수 있는 선택이지만 흑의 외세가 두터워 백은 불만입니다. 지금 이렇게 설명하는 게 약간 어려울 수 있지만, 일단 전체적인 모양을 살펴보면서 이해해 가기 바랍니다.

그러므로 애초에 백은 흑에게 끊겨서는 안 되는 것이었습니다. 27도 백1로 받아주는 것이 정수였고, 혹시 28도 백1쪽에서 막는 것은 흑2로 실리를 빼앗겨 좋지 않습니다.

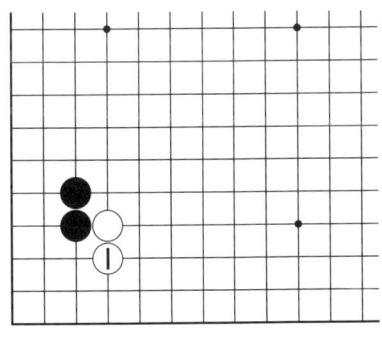

27도

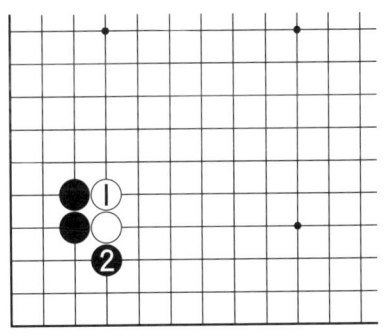

28도

▨ 다음 백을 끊어보세요.

문제 1

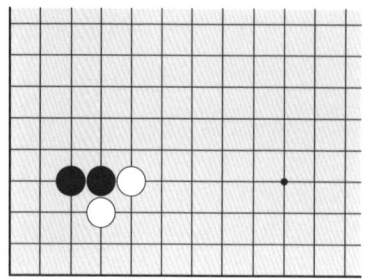

문제 2

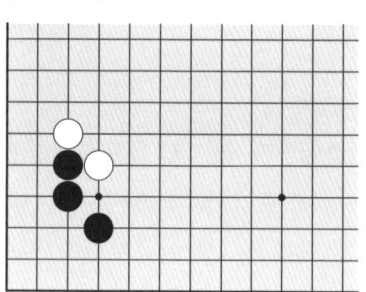

문제 3

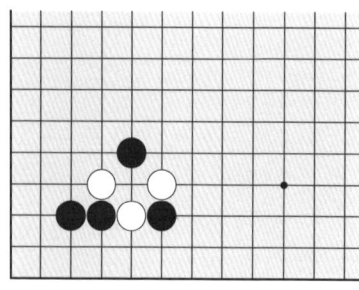

문제 4

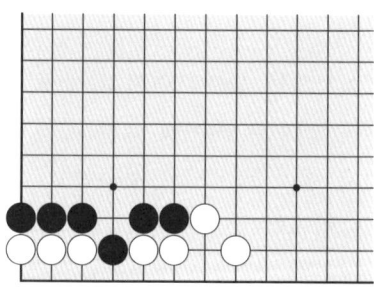

문제 5

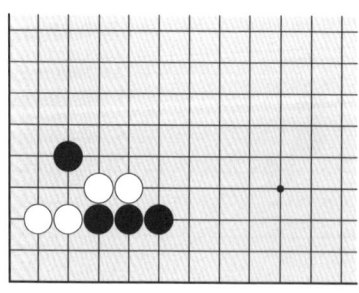

문제 6

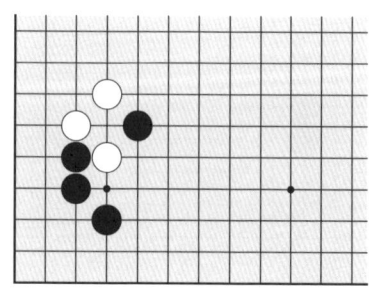

☞ **Tip** 백이 연결할 수 있는 곳을 차단하면 간단하게 풀립니다.

**해답 1**

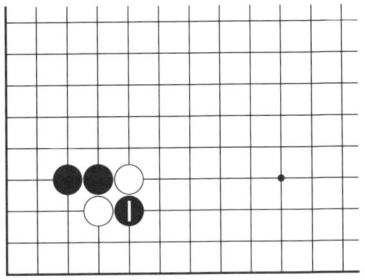

**해답 2**

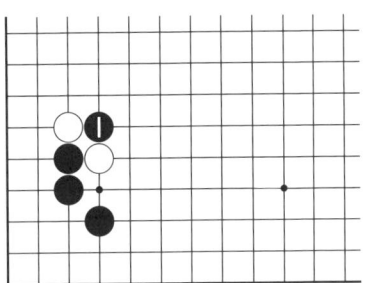

**해답 3**

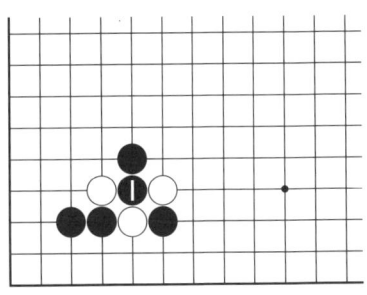

**해답 4**

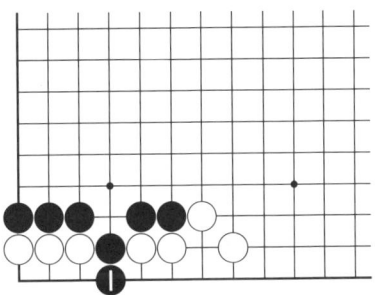

**해답 5**

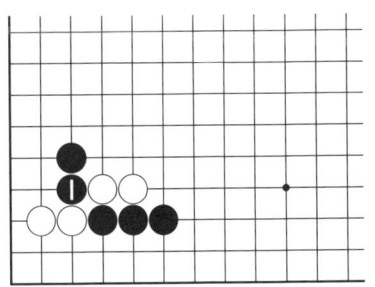

**해답 6**

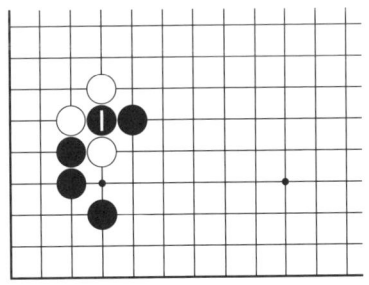

## ▨ 기도오득(棋道五得)

☞ 得好友 (득호우) : 바둑은 좋은 벗을 얻는다.
☞ 得人和 (득인화) : 바둑은 사람과의 화목함을 얻는다.
☞ 得敎訓 (득교훈) : 바둑은 일생의 교훈을 얻는다.
☞ 得心悟 (득심오) : 바둑은 마음의 깨달음을 얻는다.
☞ 得天壽 (득천수) : 바둑은 천수를 누리게 한다.

## ▨ 위기십결(圍棋十訣)

☞ 不得貪勝 (부득탐승) : 욕심이 지나치면 승리를 얻지 못한다.
☞ 入界誼緩 (입계의완) : 서둘러 적진 깊숙히 들어가지 말라.
☞ 攻彼顧我 (공피고아) : 스스로를 돌본 다음 상대를 공격하라.
☞ 棄子爭先 (기자쟁선) : 돌을 버리더라도 선수를 다투어라.
☞ 捨小取大 (사소취대) : 작은 것은 버리고 큰 것을 취하라.
☞ 逢危須棄 (봉위수기) : 위기를 만난 돌은 모름지기 버려라.
☞ 愼勿輕速 (신물경속) : 경솔하게 서둘지 말고 신중하게 대처하라.
☞ 動須相應 (동수상응) : 행마는 반드시 주변정세에 호응케 하라.
☞ 彼强自保 (피강자보) : 상대가 강하면 스스로의 안전을 도모하라.
☞ 勢孤取和 (세고취화) : 세력이 외로워지면 화평을 취하라.

# 2장

## 왕초보
## 고급 기술

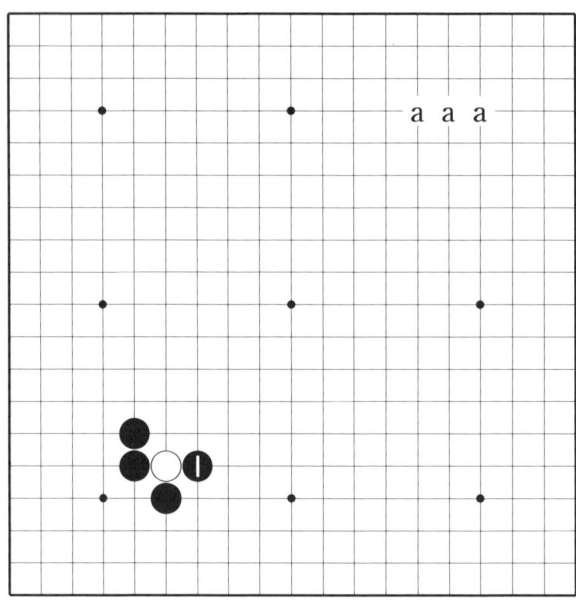

1도

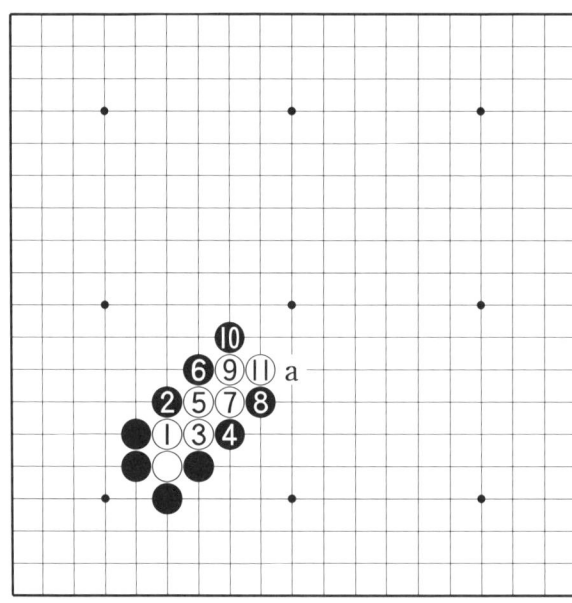

2도

## ● 축으로 단수치기

간단히 얘기해서 1도 흑1로 백 한점을 단수친 형태를 축이라고 합니다. 좀 더 쉽게 얘기하면 활로가 2개 생기도록 계속 단수칠 수 있는 형태를 말합니다. 지금은 우상 방면 a 부근에 백돌이 없다면 축으로 몰린 백 한점은 살아갈 길이 없습니다.

2도 잠깐 백이 반발해서 나가볼까요? 역시 백11로 나가봐도 흑a면 이 백은 살 길이 없습니다. 계속해서 단수의 형태로 몰아갑니다.

## ●축 모양 익히기

아래 그림은 축의 기본형태에서 백이 반발해 나간 장면입니다. 결국 우상귀 끝 모서리까지 나가봤지만 결국 잡히는 모양입니다. 백이 살아갈 수 없지요. 그래서 축에 일단 걸리면 살 수 없는 돌이란 것을 알고 있어야 합니다.

백1부터 흑50까지 바둑판 위에 한수씩 놓아보면 축에 대한 학습은 어느 정도 알아갈 수 있습니다. 한 번씩 연습해보세요. 한 가지 주의해야 할 사항은 축을 몰 때 반드시 백의 활로를 2개 만드는 형태, 즉 지그재그 모양의 단수로 몰아가야 합니다.

바둑 고수라 할지라도 바둑을 처음 배울 때는 축을 몰라 패망한 경험이 있습니다. 조심해야 되겠죠?

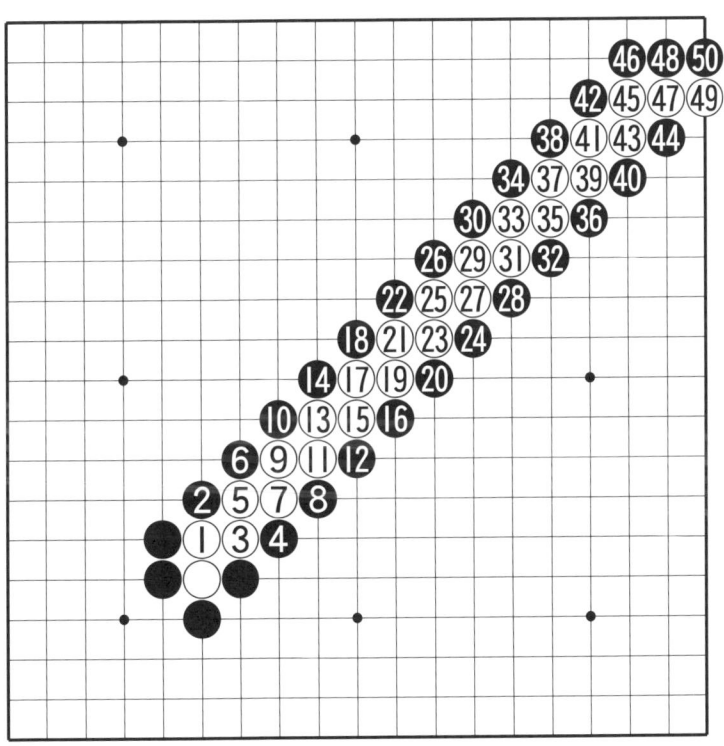

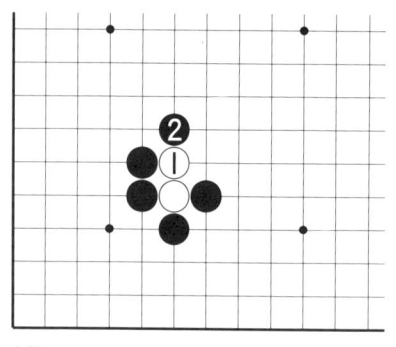

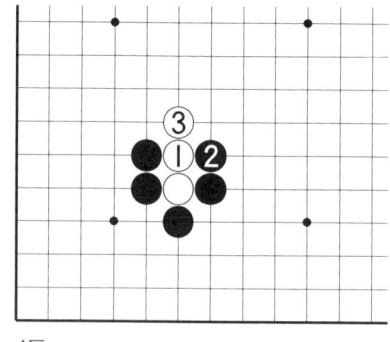

3도                                    4도

## ● 축으로 모는 단수 방향

다시 처음으로 돌아와 축의 형태에서 한 번 더 살펴보겠습니다. 3도 백1로 나
간다면 흑2로 모는 한수입니다.

그런데 4도 흑2로 모는 왕초보 분들이 가끔 있습니다. 이것은 백3으로 나가
는 순간 백의 활로가 3개로 늘어나 이 백을 잡을 수 없습니다.

그래서 흑은 5도 2로 몰아야 하며 백3으로 나와도 흑4로 몰아가면 축의 형
태를 유지할 수 있습니다. 만약에 여기서도 흑4로 6도 흑1로 몰면 안 된다는
것입니다. 백은 2로 탈출하는 순간 활로가 3개로 늘어 잡히지 않습니다.

그러므로 흑이 백을 축으로 잡았더라도 마지막 한순간까지 축의 방향을 놓
쳐서는 안 됩니다.

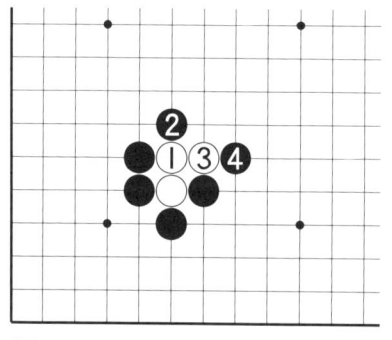

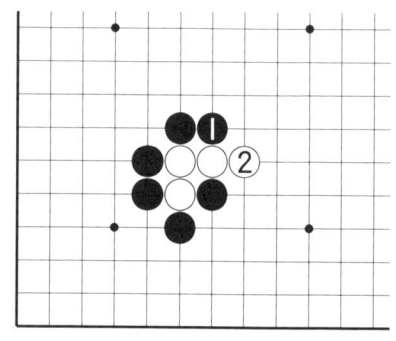

5도                                    6도

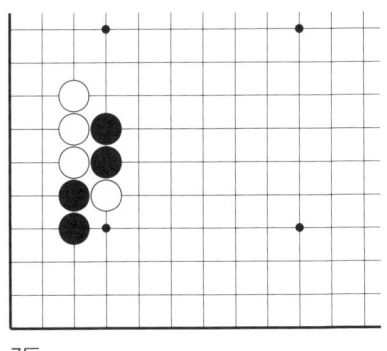

7도

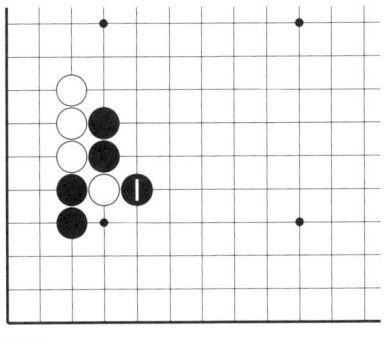

8도

## ● 단수치는 방향

축을 잘 몰기 위해서는 단수치는 방향을 정확하게 알고 있어야 합니다. 단수치기 직전이란 남아 있는 두 개의 활로 가운데 어느 쪽을 선택할 것인가에 대한 물음입니다. 이미 우리는 앞에서 단수치는 요령에 대해 많은 것을 익혔습니다.

이제 단수치기 바로 직전, 그 자리를 머리 속에 그려놓고 그 곳이 확실한 것인지 한 번 더 확인한 후 단수를 친다면 좋은 결과를 얻을 수 있습니다. 7도 지금 장면도 마찬가지이지요. 백 한점을 단수칠 수 있는 순간입니다.

8도 흑1이 이 한점을 축으로 잡을 수 있는 멋진 단수입니다. 9도 백1로 나와도 백은 축으로 잡힙니다. 처음으로 돌아가, 10도 설마 흑1쪽에서 단수치는 여러분은 없겠죠?

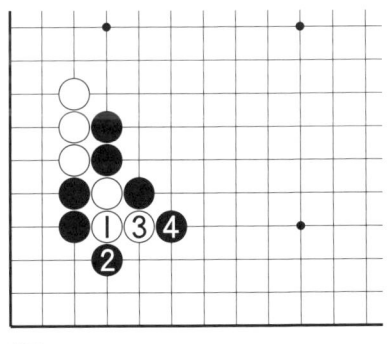

9도

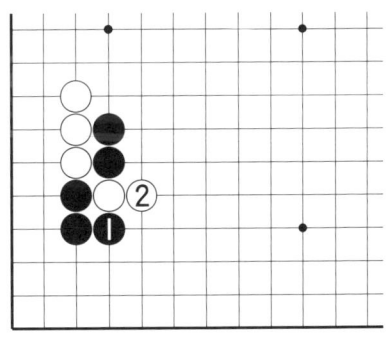

10도

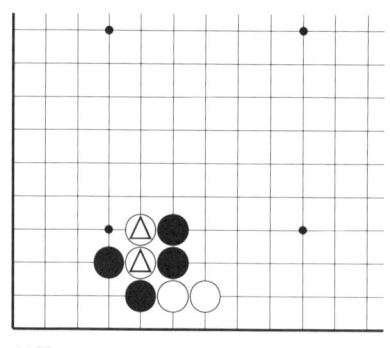

11도

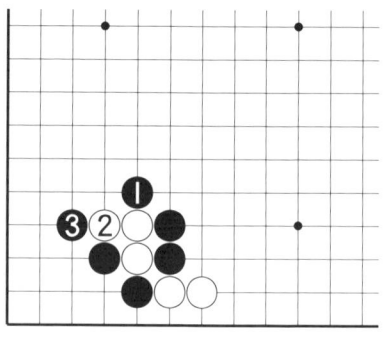

12도

## ● 지그재그 단수

축을 모는 방법은 '지그재그' 단수입니다. 활로를 계속해서 2개만 만들어 가는 단수이죠. 축이 은근히 쉬어보여도 막상 실전에서 대하면 몰아가는 방법을 간과할 수 있습니다.

　11도 지금 장면도 흑의 입장에서는 아주 중요합니다. 백△를 잡을 수 있는 절호의 찬스를 잡았는데요. 흑의 다음 한수가 전체를 좌지우지하게 됩니다. 단수치는 요령에서 이런 형태를 많이 봐왔고, 이미 조금은 익숙해져 있을 것입니다.

　12도 흑1로 모는 한수! 바로 이 흑1이 백을 축으로 잡는 단수입니다. 만약 12도 흑3으로 13도 흑1이면 큰일입니다. 백2로 뻥뚫려 흑이 곤란해집니다. 또 14도 애초 흑이 1쪽으로 모는 것도 안 되는 단수인 것! 알고 계시죠?

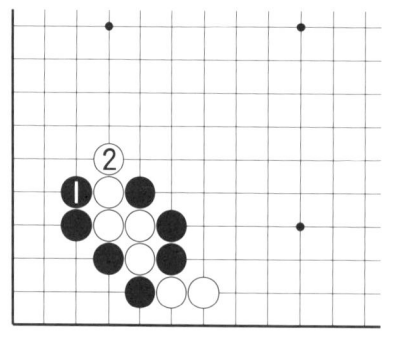

13도

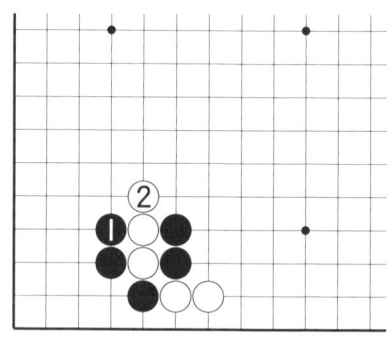

14도

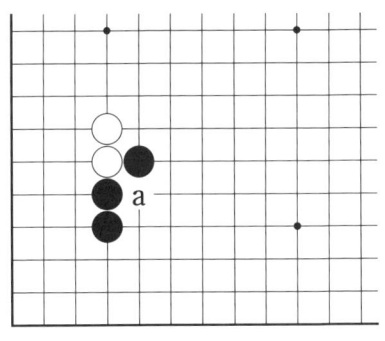

15도

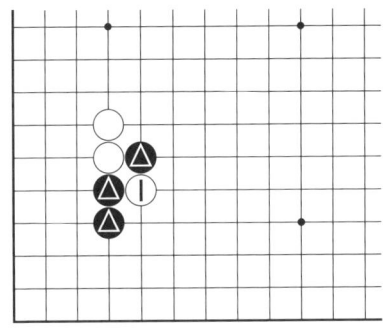

16도

## ● 끊을 수 없는 자리

바둑에서 끊을 수 있는 자리가 있습니다. 우리가 앞에서 배웠듯이 매듭이 있는 곳, 가령 15도 a의 곳은 끊을 수 있는 자리같이 보입니다. 그러나 매듭이 있다고 모두 끊을 수 있는 곳은 아닙니다.

　지금과 같이 16도 백1로 끊어보십시오. 언뜻 보면 흑▲를 분리시켜 좋아 보이지만 이 백은 완전 무리입니다. 17도 흑1의 단수가 기다리고 있습니다. 백 한점이 축으로 잡히며 흑의 이득이 어마어마합니다.

그러므로 백은 애초에 끊어서는 안 되는 자리를 끊은 것입니다. 18도 백△로 끊었을 때 흑1쪽에서 단수치면 안 됩니다. 백2로 나가는 순간 흑▲가 이상해집니다.

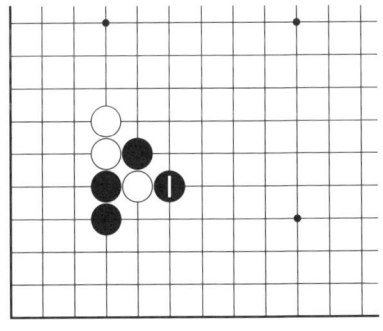

17도

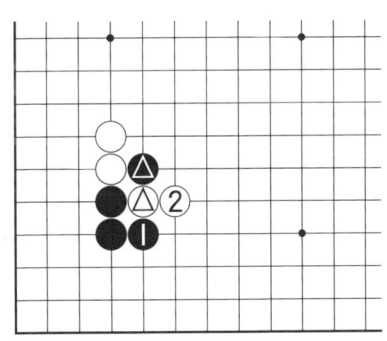

18도

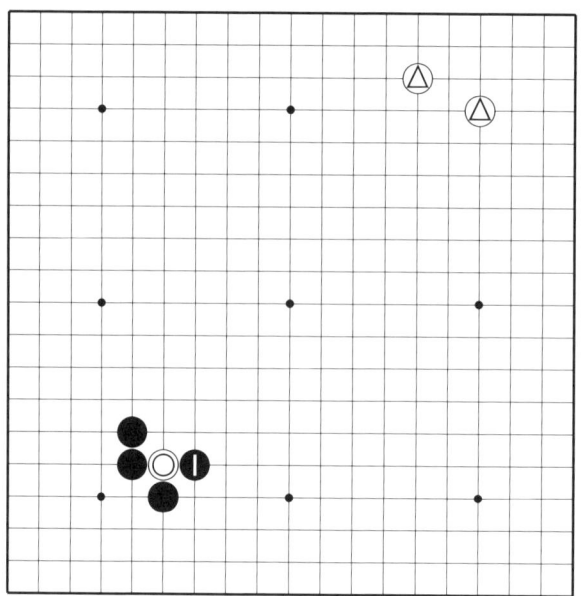

19도

## 축과 축머리

19도 흑1로 백◎ 한 점을 몰아간 것은 축일까요?

단수친 자세는 축의 형태를 갖춰, 언뜻 보면 축같이 보입니다. 하지만 이 장면에서 흑1의 단수는 축이 아닙니다. 우상귀를 한 번 보십시오 백△ 두점이 축머리 역할을 하고 있습니다.

축머리란, 단수된 돌을 나갔을 때 결국 연결의 역할을 한다는 뜻입니다. 20도는 그 결과를 보여주고 있습니다.

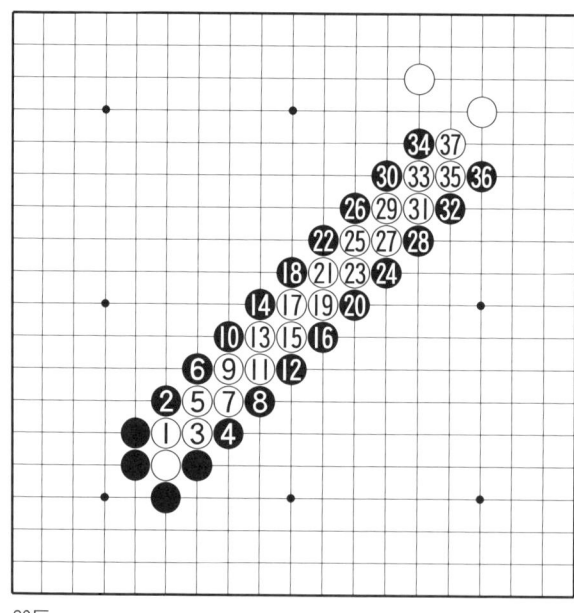

20도

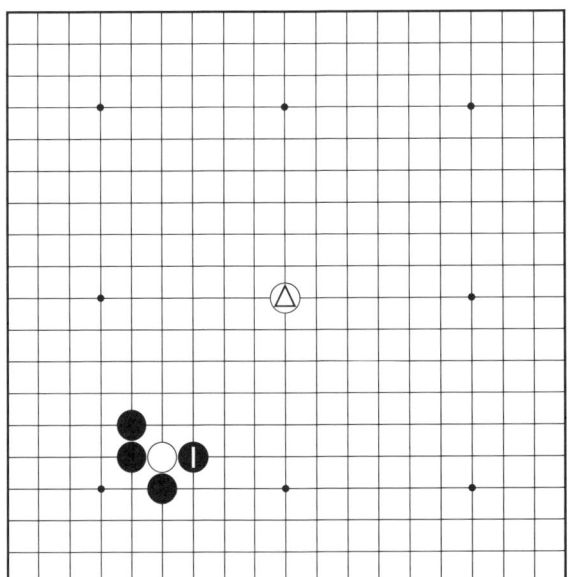

21도

## ● 축머리 위치

축머리 위치는 간단
히 얘기해서 백이 지
그재그로 나가는 방
향에 돌이 놓여 있어
야 합니다.

21도와 22도는 모
두 축머리 위치입니
다. 백 한점이 축으
로 몰려도 백△가 모
두 연결할 수 있는
위치에 놓여 있기 때
문이죠.

바둑판 위에 돌을
올려놓고 한번 축으
로 몰아보고 축머리
에 돌이 연결되는지
한번쯤은 확인해보
는 것도 참 좋은 공
부 방법입니다.

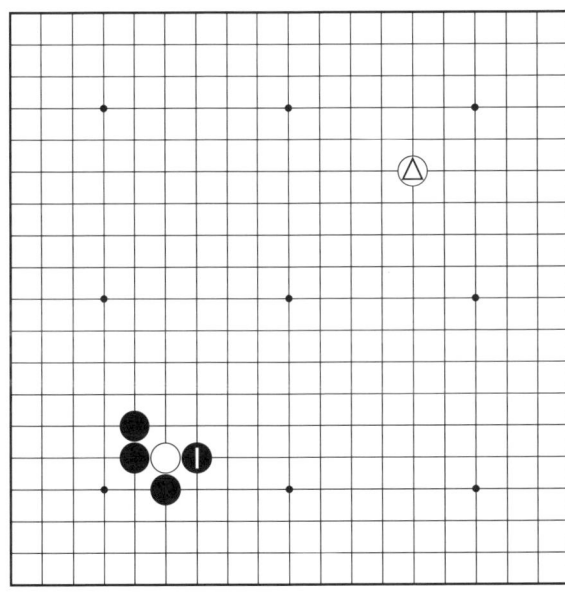

22도

## ● 가짜 축머리

축머리를 확실히 안다는 것은 정말 어려운 부분입니다. 나중에 좀 더 확실하게 배우겠지만 지금은 축머리라는 개념만 알아두십시오. 그리고 단수된 돌이 지그재그로 나갈 때 그 과정에 돌이 연결되는지 머릿속으로 그림을 한 번 그려보십시오. 그 정도만 알아도 축머리에 대해서는 많이 아는 것입니다.

아래 그림은 가짜 축머리를 보여주고 있습니다. 백△들의 위치에 돌이 놓여 있다면 단수된 백 한점은 축입니다. 이것 역시 바둑판 위에 돌을 올려놓고 축을 한번 나가보십시오. 이 한점은 결국 축으로 잡히게 됩니다. 백△들은 모두 가짜 축머리인 것입니다.

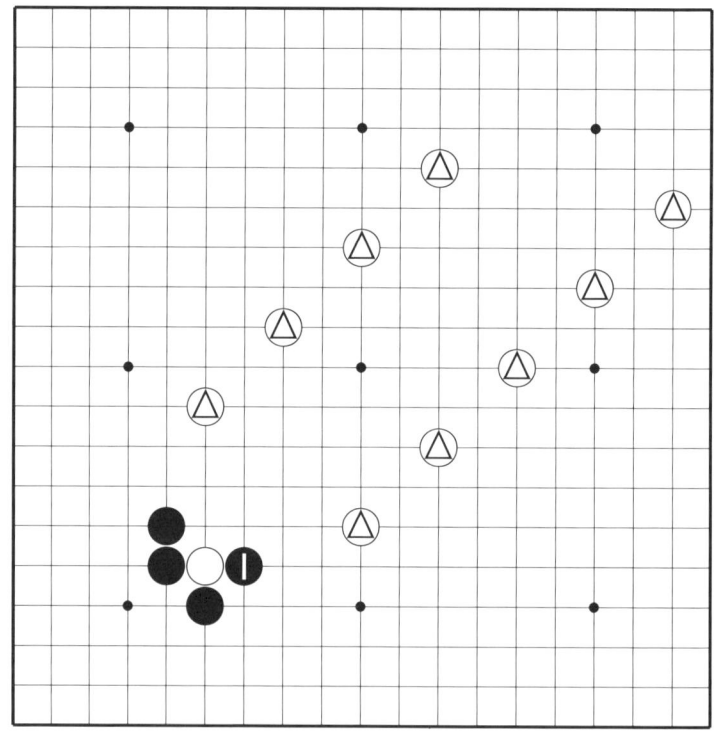

▦ 다음 백을 축으로 잡아보세요

**문제 1**

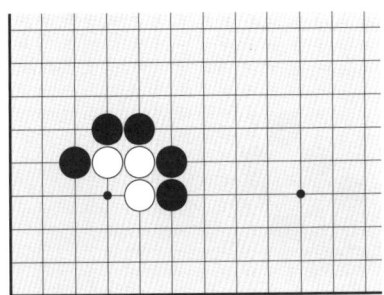

**문제 2**

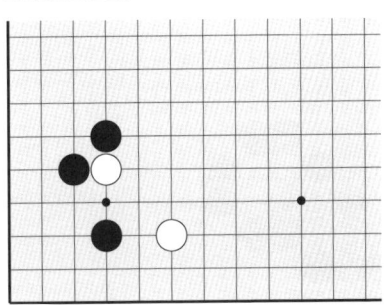

**문제 3**

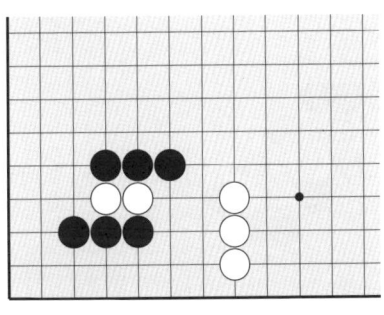

**문제 4**

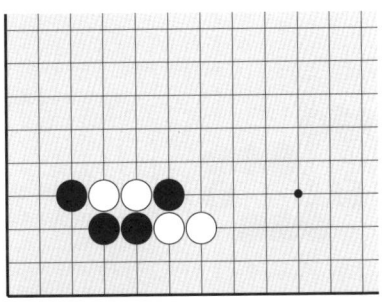

**문제 5**

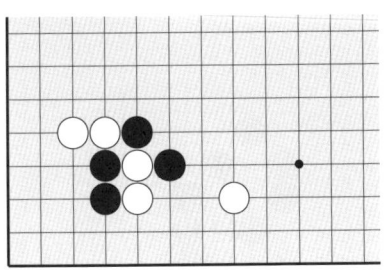

**문제 6**

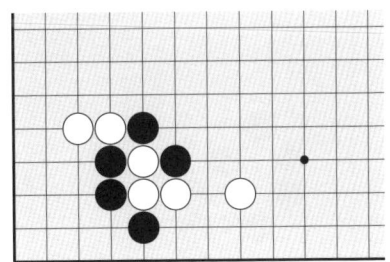

☞ **Tip** 축모양을 안다면 쉽게 풀어갈 수 있습니다.

해답 1

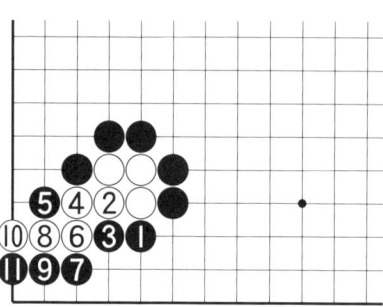

해답 2

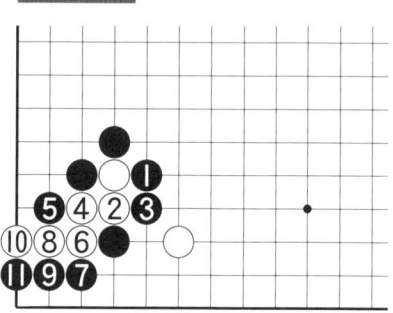

해답 3

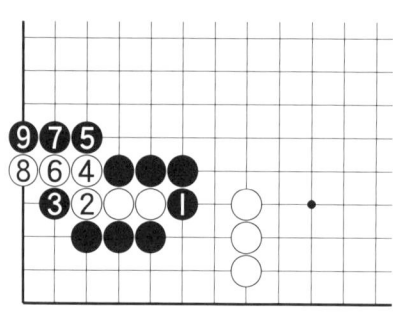

해답 4

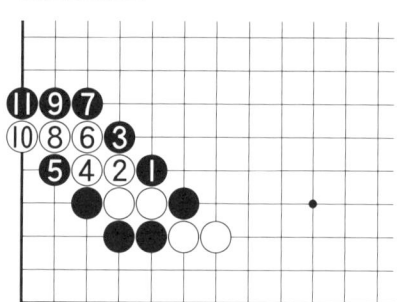

해답 5

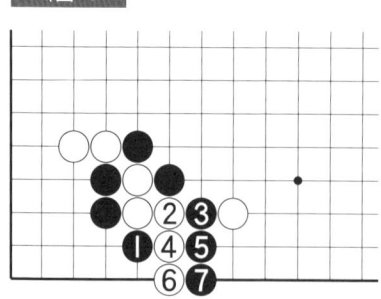

해답 6

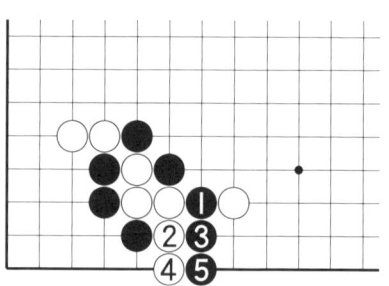

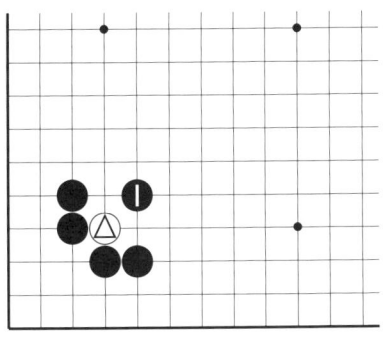

1도

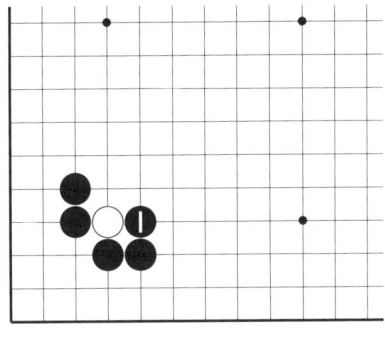

2도

### ● 대표적인 장문

'장문'을 영어로 말하면 Net(그물, 망)입니다. 즉, 고기를 잡을 때 사용하는 그물 같은 것으로 이 장문을 당하면 잡힌 모습입니다. 보통은 '장문을 씌운다', '장문에 걸리다'라는 표현을 사용합니다.

1도 흑1이 백△ 한점에 대한 장문입니다. 백 한점은 도망갈 방법이 없지요. 돌을 잡는 방법에는 몇 가지가 있고, 장문도 그 가운데 하나입니다. 돌을 잡는 데 있어 2도 흑1이나 3도 흑1의 축으로 잡는 방법도 있습니다. 그런데 지금 장면은 1도 흑1로 잡는 게 정수입니다. 왜냐하면 장문은 한방에 상대 돌을 잡을 수 있기 때문입니다. 4도 흑1의 장문에 백은 a나 b로 나올 수 없습니다.

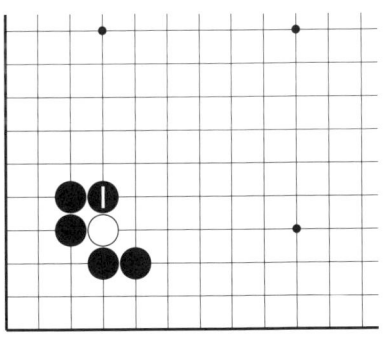

3도

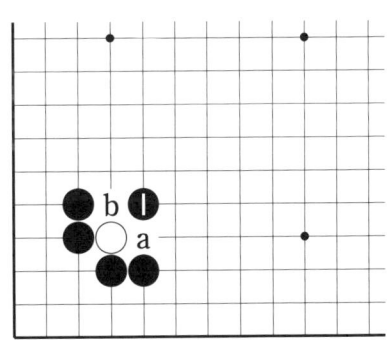

4도

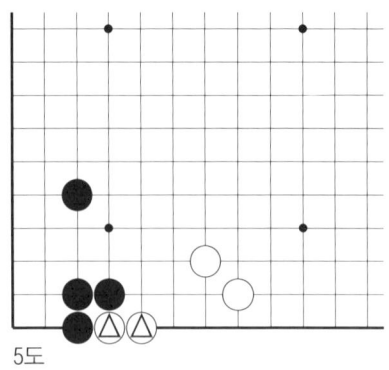

5도

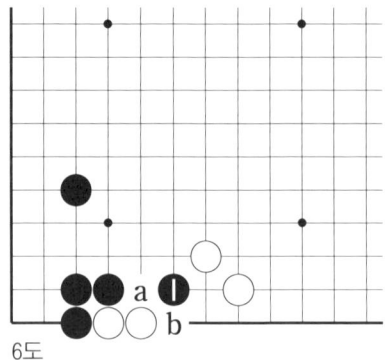

6도

## ● 장문을 만드는 방법

지금까지 보통 돌을 잡을 때는 단수를 쳐서 잡았습니다. 그러나 장문은 단수
치지 않고 돌을 가둬 잡는 방법입니다. 그물을 씌워 돌을 가두는 방법이죠. 탈
출할 수 없게 만드는 방법, 그게 바로 장문인 것입니다.

5도 백△ 두점도 그물을 씌우는 방법이 있습니다. 꼼짝없이 가두는 요령이
죠. 장문을 배우면 쉽게 알 수 있습니다. 6도 흑1이 장문으로 백 두점을 잡는
방법입니다. 백은 a와 b의 활로가 있지만 탈출할 수 없어 잡힌 모습입니다.

7도나 8도의 단수로는 백을 잡을 수 없습니다. 7도는 쉽게 연결이 되며, 8
도는 중앙으로 활로가 열립니다.

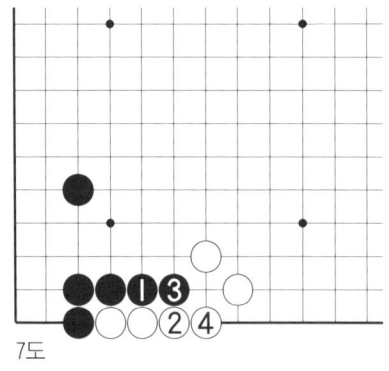

7도

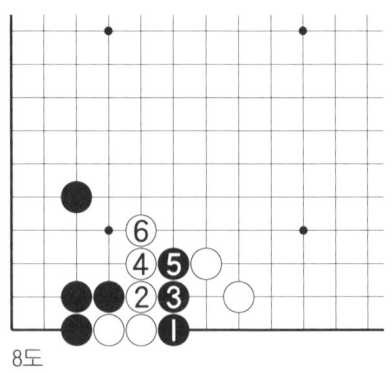

8도

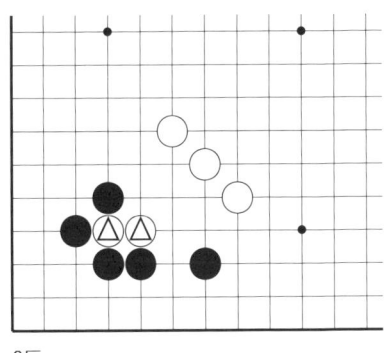

9도

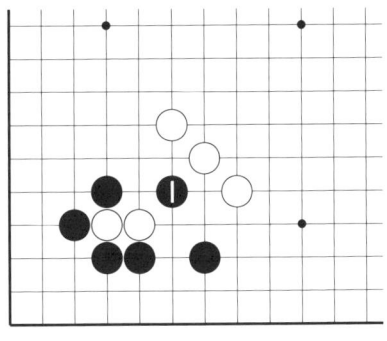

10도

## ● 도망갈 길이 없다

그래서 돌을 잡을 때는 활로를 꾸역꾸역 메우지 않고 잡는 방법이 있다는 것을 확인할 수 있었습니다. 왕초보 분들은 돌을 잡을 때 활로를 하나하나 메워가는데, 이런 방법으로는 좋은 결과를 얻어내기 어렵습니다.

9도 백 두점도 장문으로 잡을 수 있습니다. 이제는 단수를 안치고 잡는 법이 눈에 들어오나요?

10도 흑1이면 이 백은 완전히 갇혔습니다. 도망갈 길이 없는 거죠. 11도 백1로 나가봐도 흑2로 막히면 더 이상 나갈 길이 없습니다. a와 b의 곳으로는 탈출이 불가능합니다.

장문으로 잡는 방법을 익혀두면 아주 편리하게 상대를 제압할 수 있겠죠? 12도 a나 b의 단수로는 백을 잡을 수 없습니다.

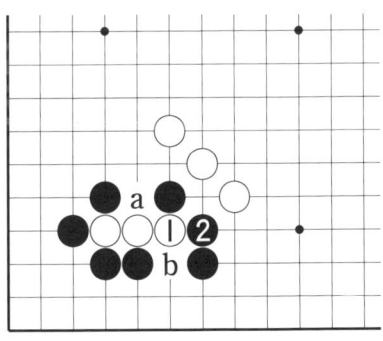

11도

12도

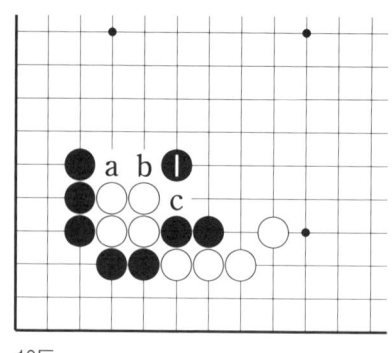
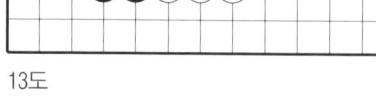

13도

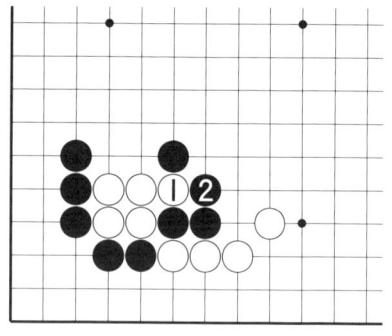

14도

## 🔵 장문의 모양

13도 흑1의 장문도 있습니다. 이 한수로 백 넉점은 잡혔습니다. 단수치지 않고 가둬서 잡은 모습입니다. 여기서 백은 활로가 a, b, c 세 개나 있지만 탈출할 길이 안보이죠.

14도 백1로 나와 봐도 흑2로 막으면 그만입니다. 15도나 16도 백1쪽에서 탈출을 시도해도 마찬가지입니다. 흑2로 막으면 다음 백의 수가 없습니다.

장문의 모양에는 이렇게 활로가 세 개 남아 있어도 가둘 수 있는 형태를 만들 수 있습니다. 그러므로 상대 돌을 잡으려고 할 때는 활로를 하나하나 메워가지 말고 장문을 한번 생각해볼 필요가 있습니다.

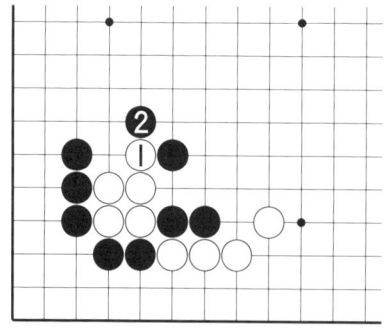

15도

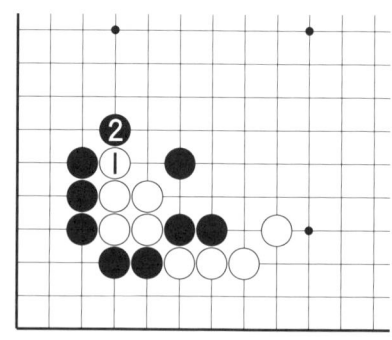

16도

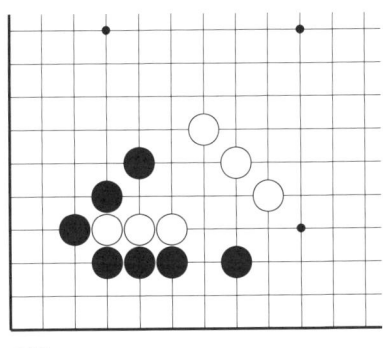

17도

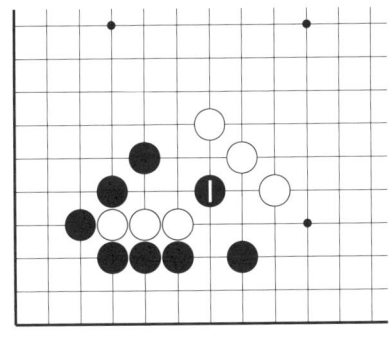

18도

## ● 장문의 기술

장문의 몇 가지 형태를 배우고 있습니다. 가장 기본적인 장문을 비롯하여 활로가 여러 개 있어도 그물에 걸리는 경우를 확인했습니다. 그러므로 장문의 근본적인 정의는 그물에 걸리는 것, 망에 걸리는 형태를 가르킵니다.

17도 백 석점을 잡는 기술이 있습니다. 장문의 기술을 적용하면 간단하게 잡을 수 있습니다. 그물을 씌우는 발상을 해보면 쉽게 보입니다. 18도 흑1을 보면 그물 같이 보이나요? 백 석점이 딱 갇혔습니다. 19도 백1로 나와도 흑2면 그만입니다.

다른 방법으로는 이 백을 잡을 수 없습니다. 20도 흑1이 그럴듯해 보이지만 백2로 웅크리고 나가면 쉽게 살아갑니다.

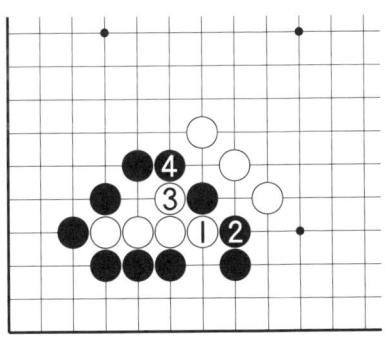

19도

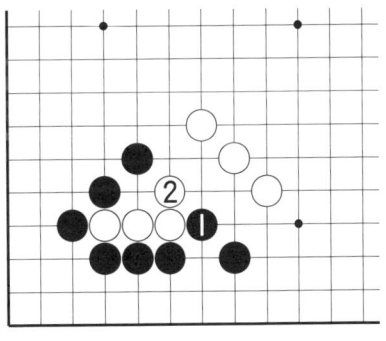

20도

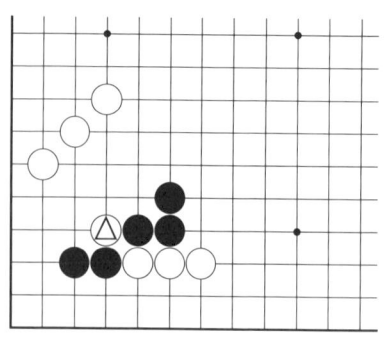

21도

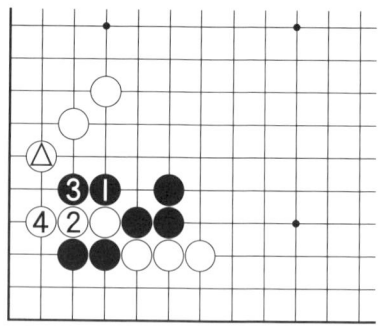

22도

## ● 장문에 걸린 돌은 포기하라

우리가 장문을 배우기 전에는 21도 백△ 한점을 잡을 때, 제일 먼저 단수를 떠올렸습니다. 22도 흑1의 단수로 순간 이 한점을 잡았다고 착각할 수 있죠. 하지만 지금은 주위 상황이 조금 다릅니다. 백2로 나오는 순간 백△와 연결이 되고, 흑은 양분돼 아주 곤란하게 됩니다.

23도 흑1의 장문이 있습니다. 이 한수로 백 한점은 움직일 수 없습니다. 움직이는 순간마다 백은 손해를 보게 되죠. 24도 백1로 나와도 흑2로 막으면 이 백은 탈출할 길이 없습니다. 장문의 그물에 걸린 모습이죠.

그리고 여러분은 장문에 걸린 상황에서 24도와 같이 꼭 확인해 보는 경우가 있는데요. 이것은 손해가 큽니다. 이왕 장문에 걸렸으면 이 돌을 포기하고 다음을 기약해야 합니다.

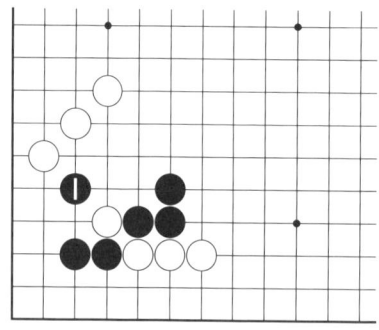

23도

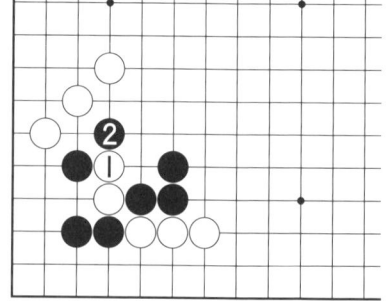

24도

▦ 다음 백을 장문으로 잡아보세요

**문제 1**

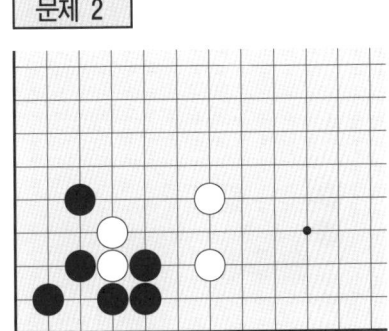

**문제 2**

**문제 3**

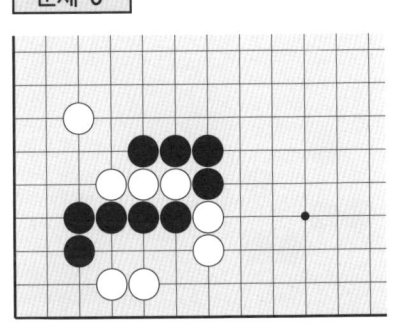

**문제 4**

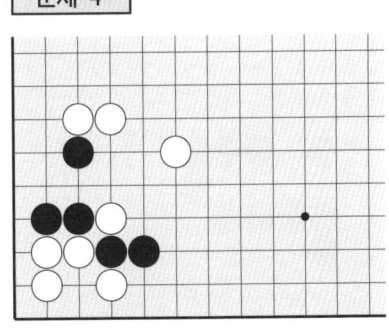

**문제 5**

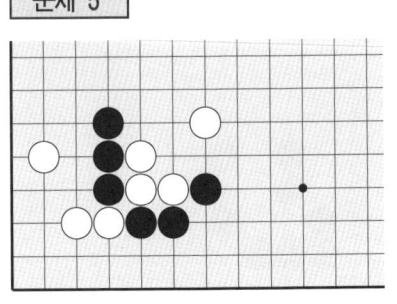

**문제 6**

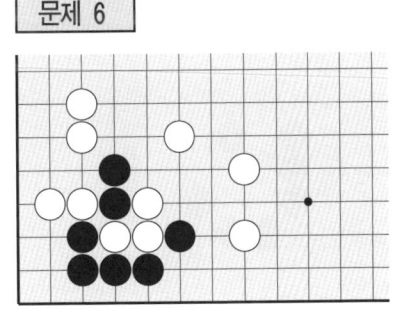

☞ Tip 단수치는 것이 아닙니다. 그물을 씌운다는 생각을 해보세요.

해답 1

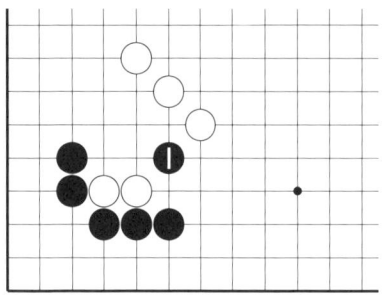

해답 2

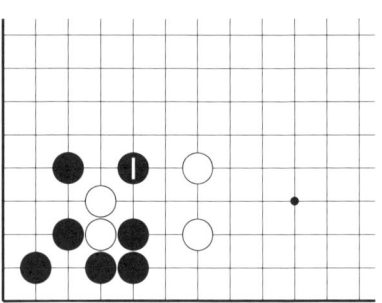

해답 3

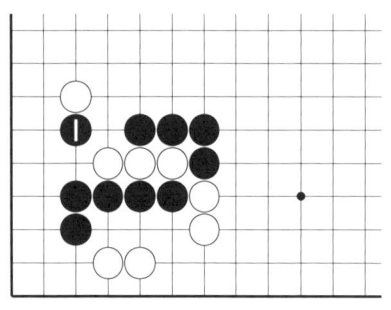

해답 4

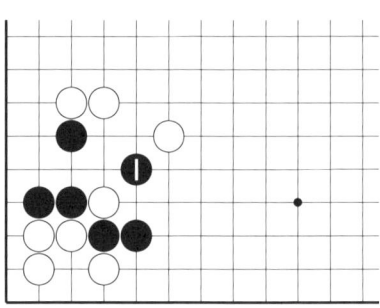

해답 5

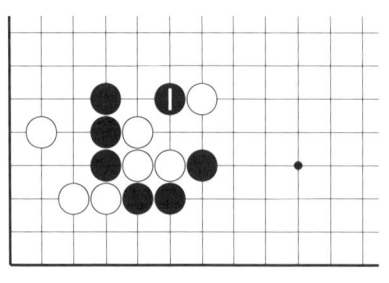

해답 6

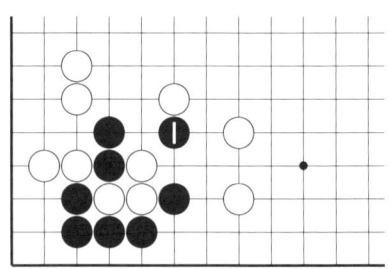

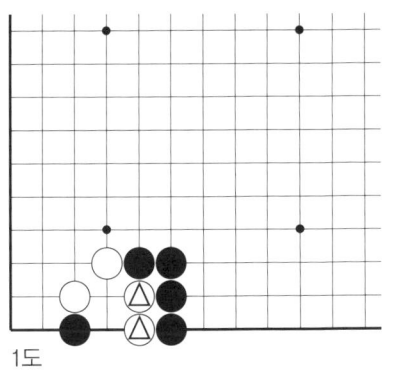

1도

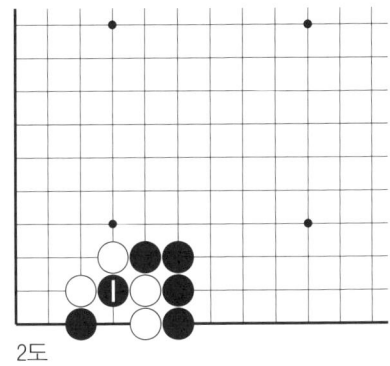

2도

## 03 환격

### ● 환격의 기본

환격이란 자신의 한 돌을 희생하며 바로 그 순간 더 많은 이득을 얻게 하는 수법입니다. 말로 하는 것은 이해가 어려우므로 1도를 먼저 살펴봅시다. 지금 백△ 두점을 잡을 수 있는 방법이 있습니다.

2도 흑1로 먹여치며 단수치는 것이 백 두점을 잡는 '환격'입니다. 이렇게 자신의 한 돌을 희생하며 더 많은 이득을 얻게 되는 것이죠.

계속해서 3도 백1로 따내도 이 백 모습 자체가 단수의 형태입니다. 4도 백△로 따낸 모습이지만 백 석점은 단수이므로 흑은 a로 이 백을 잡을 수 있습니다. 그러므로 1도 백 두점은 환격으로 잡을 수 있는 것입니다.

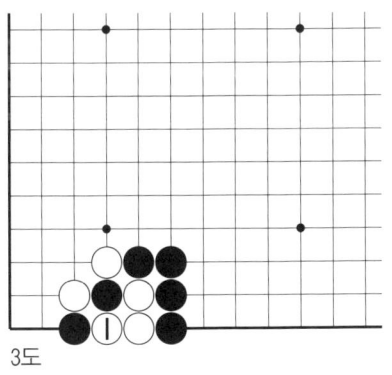

3도

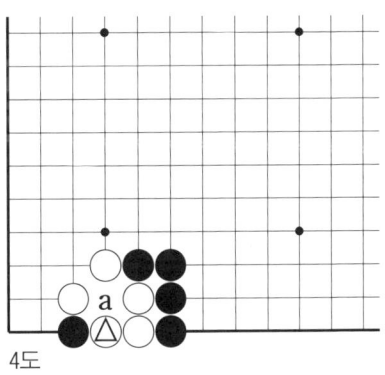

4도

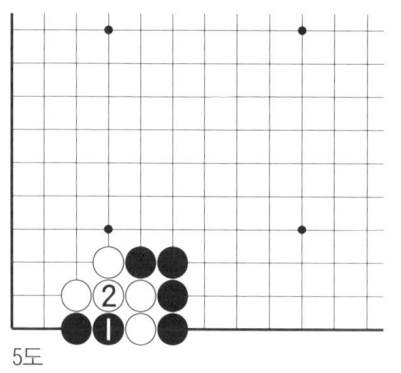

5도

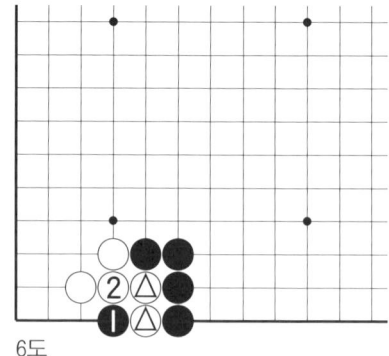

6도

## ● 환격을 만들어가다

5도 흑1의 단수로는 이 백을 잡을 수 없습니다. 백2로 잇는 순간 백의 모든 돌들은 연결되고 말았습니다. 가령 6도 처음 백△를 잡기 위해 흑1로 단수치는 것도 백2로 그만입니다. 단수만 쳤다 뿐이지 잡을 수는 없죠.

그래서 흑은 먼저 7도 흑△를 먼저 놓아 환격 모양을 만듭니다. 지금 상황에서 백은 단수가 아니므로 다른 곳에 손을 돌릴 가능성이 있습니다.

환격을 배운 후부터 왕초보 시절의 필자는 이 방법을 많이 애용했던 기억이 있습니다. 7도에서 상대가 손을 뺐을 때 재빨리 8도 흑1로 백 두점을 잡는 것입니다. 이때의 기분은 말로 설명할 수 없을 정도였죠.

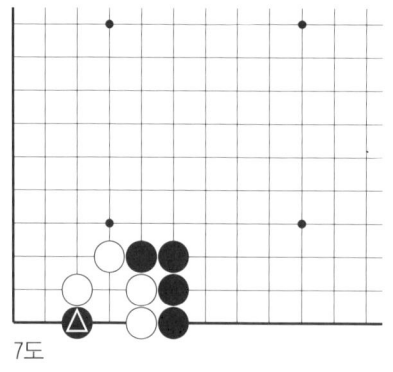

7도

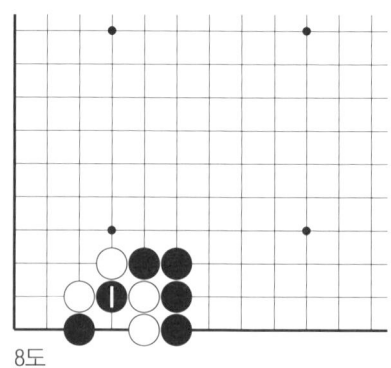

8도

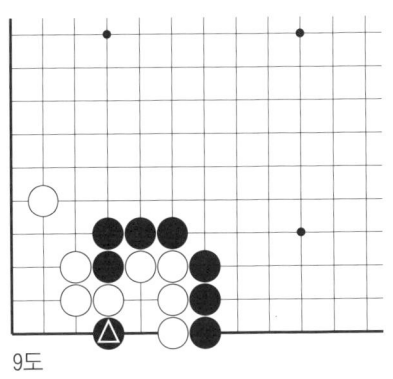

9도

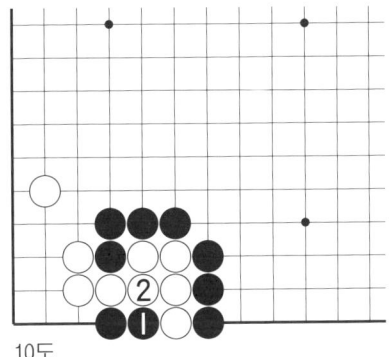

10도

## 🔵 환격은 한점을 희생하는 작전이다

9도 흑▲가 환격의 키포인트입니다. 환격을 떠올리려면 자기 돌을 희생해야 한다는 사실을 꼭 인식하고 있어야 합니다. 10도 흑1로는 환격이 안되죠. 백2 로 이렇게 되면 오히려 흑 두점만 잡힌 모습입니다. 그러므로 한점을 희생하는 작전을 떠올려야죠?

11도 흑1로 한점을 먹여치며 희생하는 작전입니다. 백2로 따내도 백은 단수 모양입니다. 12도 흑1로 다시 따낼 수 있습니다. 지금 흑은 백 다섯점을 잡아 아주 큰 소득을 얻은 모습이죠.

환격은 이렇게 작은 희생으로 큰 이득을 볼 수 있는 큰 장점을 갖고 있습니다. 실전대국에서 적절하게 사용할 수 있다면 매우 큰 효과를 볼 수 있는 고급 기술입니다.

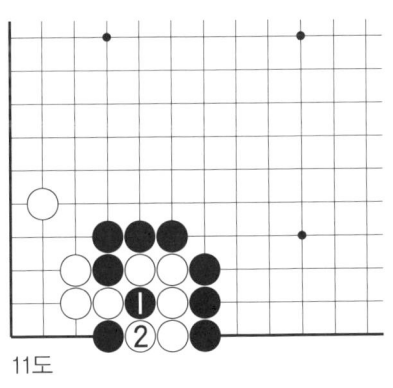

11도

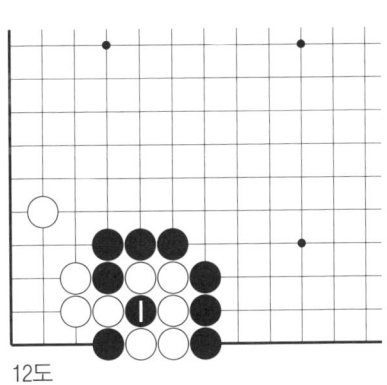

12도

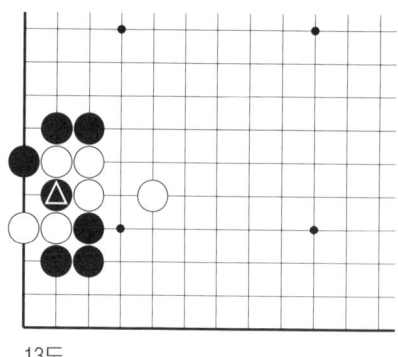

13도

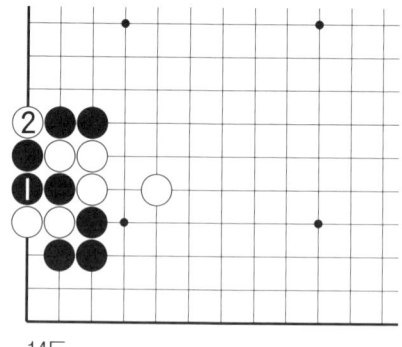

14도

### ● 환격의 요령

13도 흑▲가 단수에 몰려 있습니다. 이 한점을 살리며 위기에서 탈출하는 멋진 해결책이 있는데요, 환격을 알게 되면 아주 쉽게 풀어갈 수 있습니다.

14도 흑1로 잇는 것은 백2로 잡힙니다. 흑1로 이어도 흑의 활로는 한 개밖에 없으므로 백2로 잡히는 것입니다.

그러므로 흑은 다른 방법을 강구해야 하는데, 15도 흑1로 흑▲ 한점을 희생해야 하는 것입니다. 16도 백1로 흑▲가 잡히지만 백 석점은 활로가 늘어나지 않습니다. 흑은 계속해서 단수되어 있는 백 석점을 잡을 수 있습니다.

환격의 요령은 한점을 먼저 희생하는 경우도 있지만, 지금과 같이 뒷수를 메우면서 환격을 유도하는 경우도 있습니다.

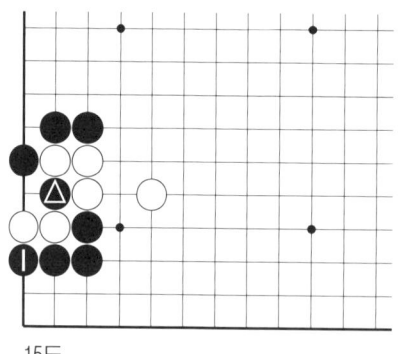

15도

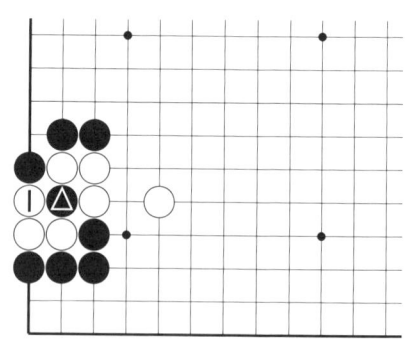

16도

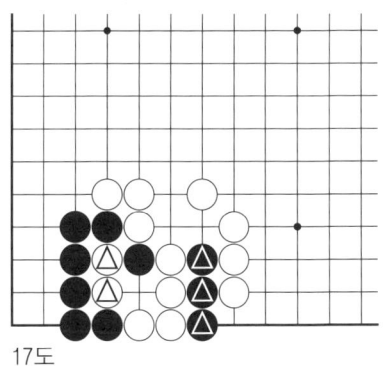

17도

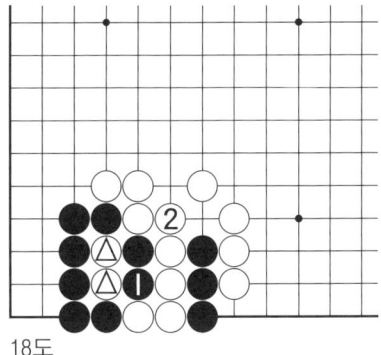

18도

## ●더 큰 것을 노려라

**17도** 지금 상황은 백△ 두점이 단수되어 있고, 흑▲ 석점이 위기에 몰려 있습니다. 흑은 단순히 작은 것에 연연하여 **18도** 흑1로 백△ 두점을 잡는 것은 소탐대실의 표본입니다. 그러므로 더 큰 것을 노려야 하는데요.

**19도** 흑1로 재차 백 전체를 몰아가는 겁니다. 이 모습이 백 전체에 대한 환격의 모양이고 이 한수로 백은 꼼짝 못하게 되는 것입니다.

**20도** 백1로 따내도 흑은 단수되어 있는 이 백 전체를 다시 잡을 수 있습니다. 환격의 절정을 보여주고 있습니다. 환격에 걸리면 그야말로 꼼짝없이 당할 수밖에 없는 꼴이 되고 맙니다.

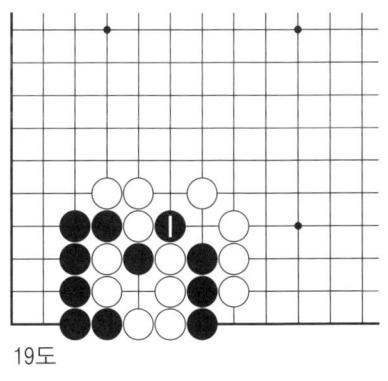

19도

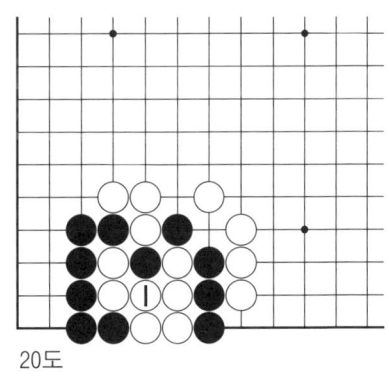

20도

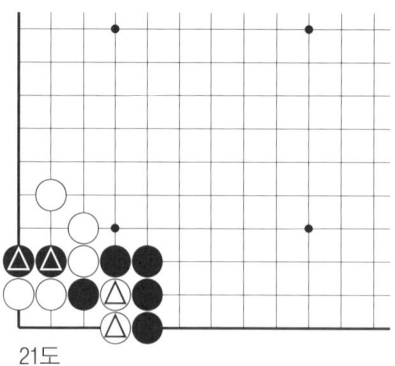

21도

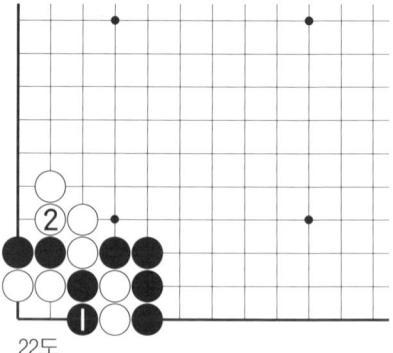

22도

## ● 발상의 전환

환격의 모습을 쉽게 터득하기는 어렵습니다. 많은 연습을 통해 환격의 모양과 주위 환경을 봐둬야 환격을 실전에 응용할 수 있습니다.

환격을 잘 적용시키려면 21도 흑은 단수되어 있는 백△ 두점만 잡으면 된다는 발상을 버려야 합니다. 환격을 배웠다면 흑▲ 두점까지 살려본다는 발상을 갖게 될 것입니다.

22도 그냥 백 두점만 잡아볼까요? 이것은 흑 두점도 잡혀 흑의 불만입니다. 그러므로 흑은 다른 방법을 더 연구해봐야 하는데요, 바둑을 처음배울 때 이런 게 눈에 들어오기는 쉽지 않습니다.

23도 흑1이 양쪽 위기를 동시에 극복하는 방법입니다. 백 넉점을 동시에 잡는 환격의 모습입니다. 24도 백1로 따내도 흑은 이 백을 다시 잡을 수 있습니다.

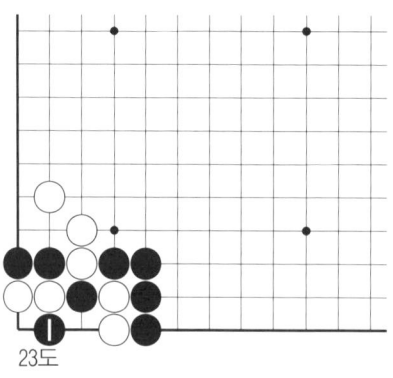

23도

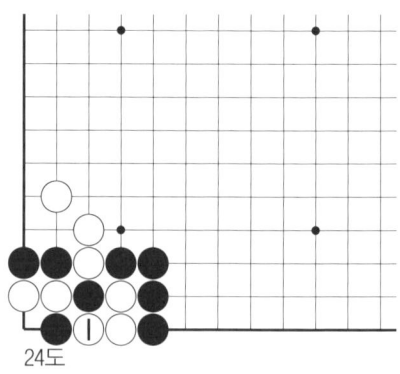

24도

# 익힘 문제

▦ 다음 백을 환격으로 잡아보세요

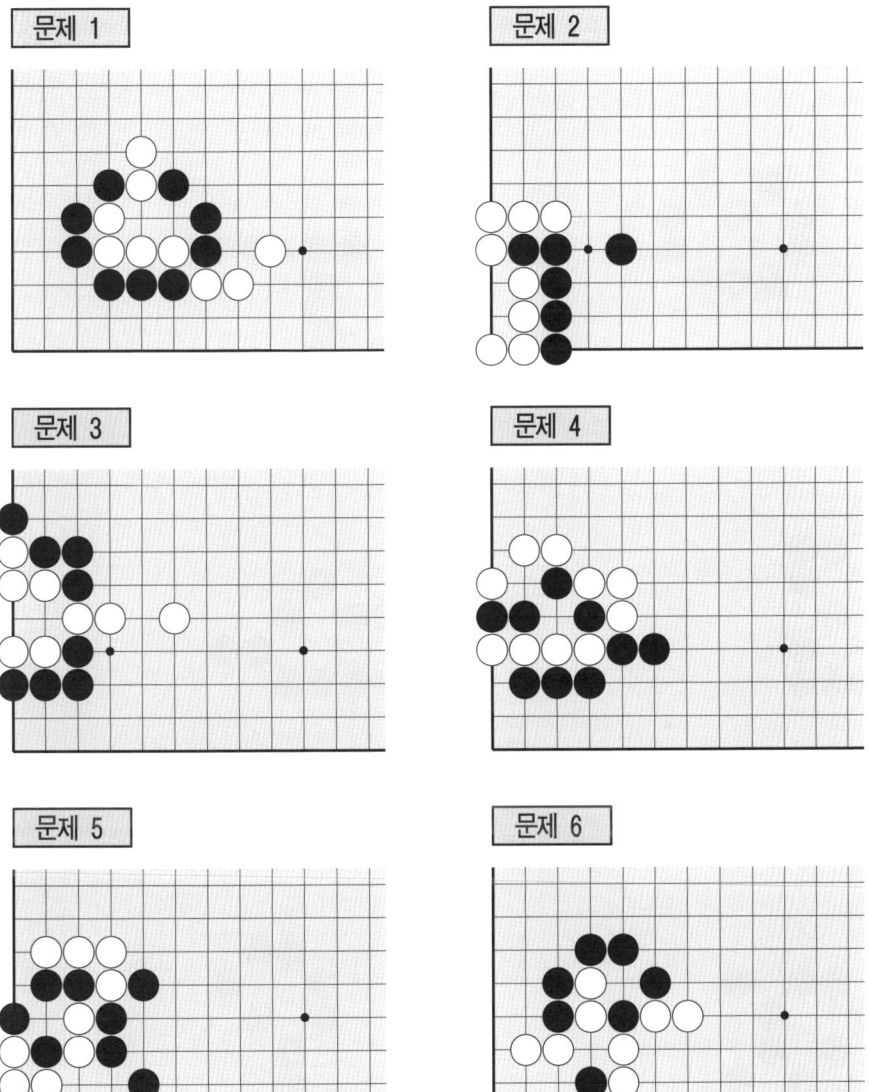

문제 1

문제 2

문제 3

문제 4

문제 5

문제 6

☞ Tip 한점을 희생하는 마음가짐이 중요합니다.

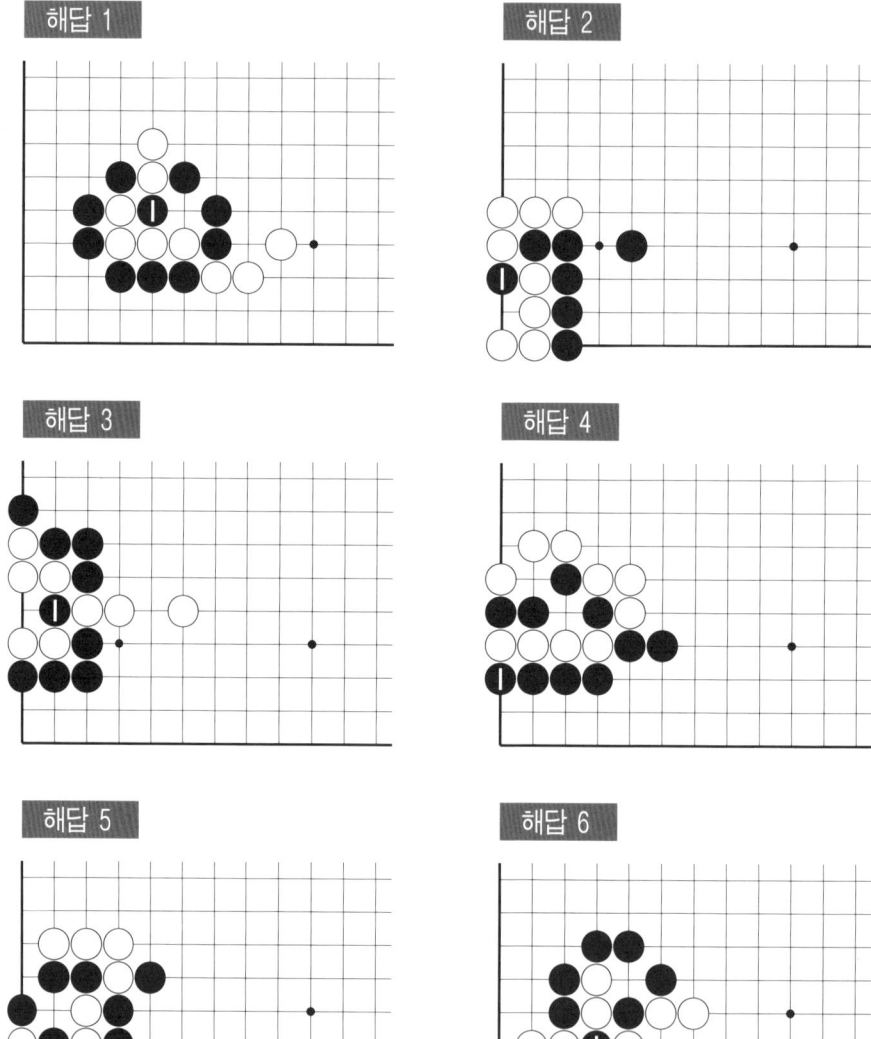

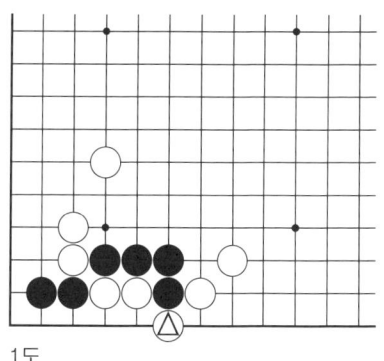

1도

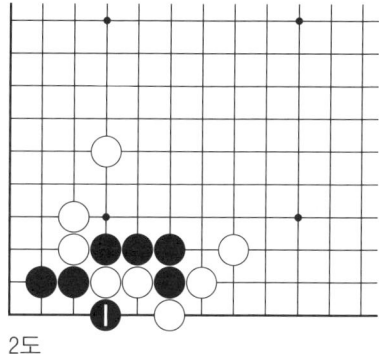

2도

### ● 몰아떨구기

촉촉수는 '몰아떨구기'라고도 하며 단수를 계속해서 몰아가 잡는 수법입니다. 어떤 모양에서 나오는지 1도를 보며 생각해봅시다.

1도는 백△로 연결해가며 흑을 완전히 분리한 모양인데요. 백에게는 치명적인 약점이 있습니다.

2도 흑1의 단수로 백 두점은 잡혔습니다. 3도 백이 1로 이어도 흑2로 잡힙니다. 결국 백은 4도 1로 이어야 하는데, 흑2면 백 두점이 잡힙니다. 이런 모양을 몰아떨구기, 즉 촉촉수라고 하며 바둑에서 많이 나오는 형태입니다. 실전에 잘 적용시켜 좋은 결과를 만들어 보시기 바랍니다.

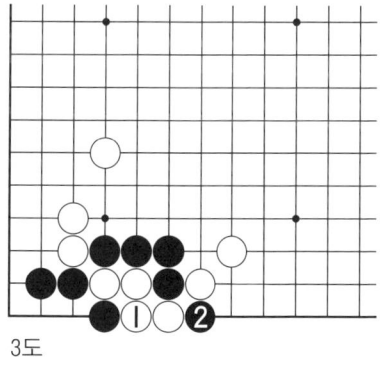

3도

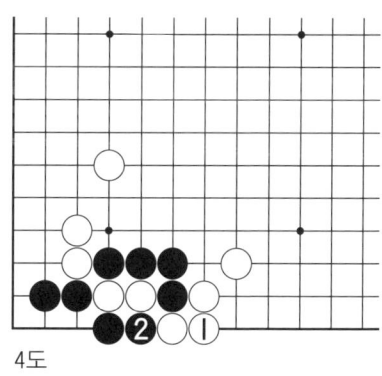

4도

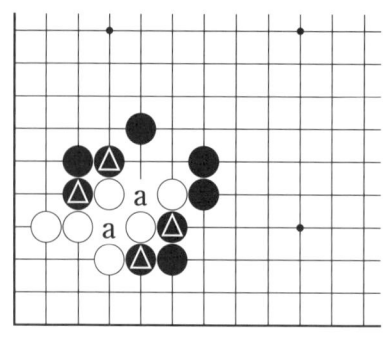

5도

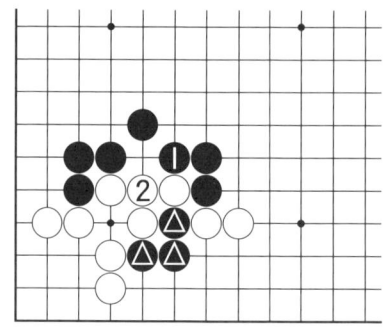

6도

## ●기본은 먹여치기

촉촉수를 잘 확인하기 위해서는 연속으로 단수되는 형태를 조심해야 합니다. 또 자충을 유도해 몰아떨구기 형태를 익혀야 합니다.

5도는 흑▲가 모두 a의 곳을 바라보고 있습니다. 백집의 a는 집이 아니며 오히려 단점이라고 할 수 있죠.

그러므로 a의 단점을 활용해 좋은 결과를 얻어낼 수 있습니다. 6도 흑1의 단수로는 아무 소득도 얻을 수 없습니다. 백2로 이으면 그만이니까요. 하변 흑▲ 석점만 잡혔습니다. 7도 흑1의 먹여침이 핵심입니다. 먼저 자신의 한점을 희생하는 것이지요.

계속해서 8도 백1로 따내도 흑2로 단수치면 백은 ▲로 이을 수가 없습니다. a의 곳이 또 단수로 몰려 있기 때문입니다.

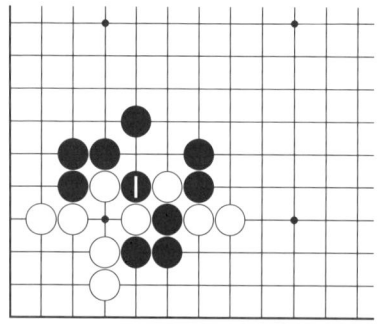

7도

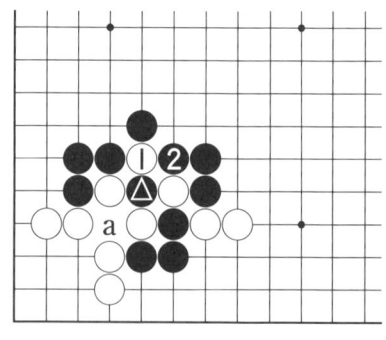

8도

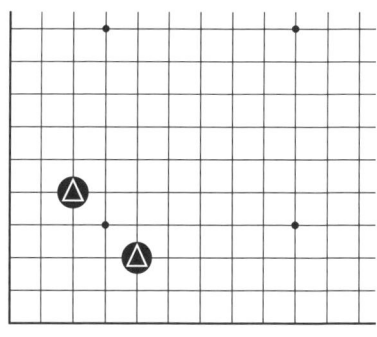

9도

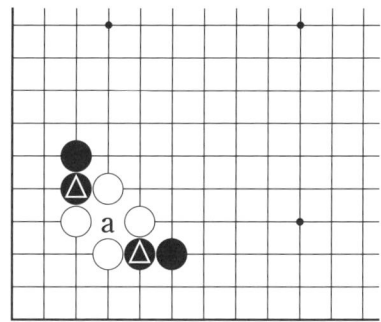

10도

## ●밭전(田)자의 곳

나중에 배우겠지만 꼭 익혀두어야 할 밭전자 모양입니다. 9도 흑▲의 모습이 밭전자입니다. 한문(漢文)의 밭전(田)자 모습을 닮았다고 해 이렇게 이름이 붙여진 것입니다. 10도 흑▲의 밭전자 모습에서 a의 곳은 집이 아니며 나중에 단점으로 될 가능성이 많습니다.

이런 모양을 눈에 잘 익혀두고 참고로 알아두면 좋겠습니다. 또한 11도 흑▲와 ●는 밭전자의 모습을 보여주고 있습니다. 12도 흑▲의 위치를 자세히 살펴보면 a의 곳이 집이 아니라는 것을 확인할 수 있습니다.

이런 곳은 흠집이 있기 마련이고 주위 돌들이 채워지면 단점이 드러나기 마련입니다. 지금도 마찬가지로 12도는 치명적인 단점이 있습니다. 계속해서~

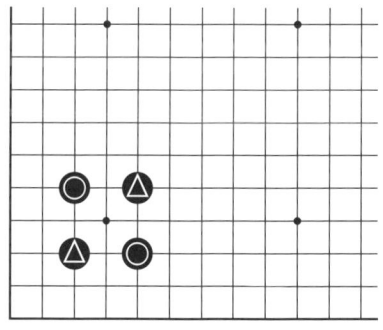

11도

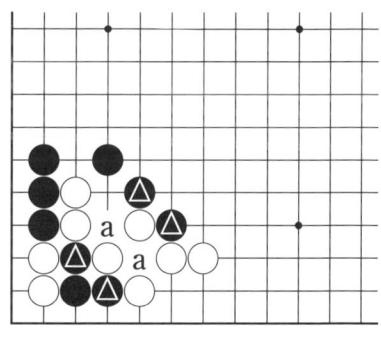

12도

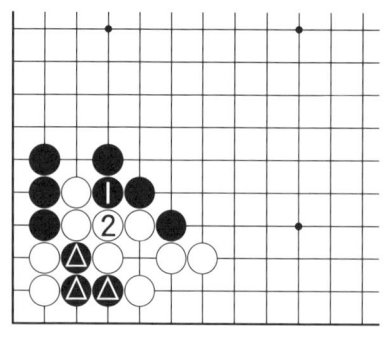

13도

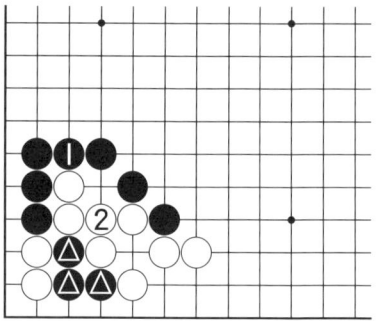

14도

## 🔵 밭전자와 먹여치기 1

13도 흑1의 추궁은 아무것도 얻을 수 없습니다. 오히려 하변 흑▲ 석점만 잡혔죠. 14도 흑1도 마찬가지입니다. 백2로 이어 아무것도 없습니다. 물론 백2를 손빼면 2의 자리에 집어넣어 백 두점을 잡을 수 있지만 지금 백은 당장 백2로 이을 수 있습니다.

15도 흑1로 먹여치는 한수입니다. 백2로 따낼 때 계속해서 흑3이면 백은 꼼짝 못하게 됩니다. 여기서 백이 16도 백1로 이어도 흑2로 백을 잡을 수 있습니다. 이것은 백의 입장에서 최악의 결과이죠. 백은 지금이라도 2자리에 잇고 백 석점을 포기해야 합니다.

이렇게 축축수는 몇 가지 형태로 상대를 몰아떨구기 모양으로 만들어 갑니다. 그때 동반되는 것이 먹여치는 것. 자기 한점을 희생하며 먹여치는 것을 꼭 기억하시기 바랍니다.

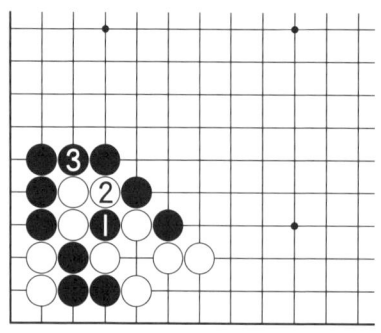

15도

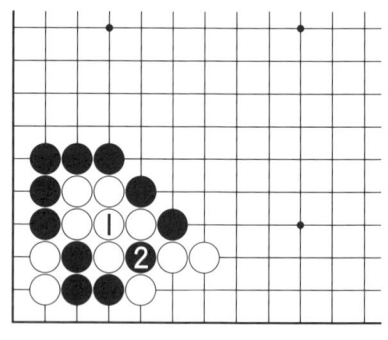

16도

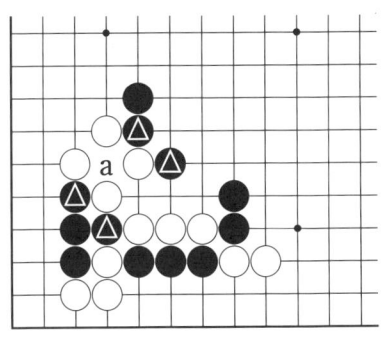

17도

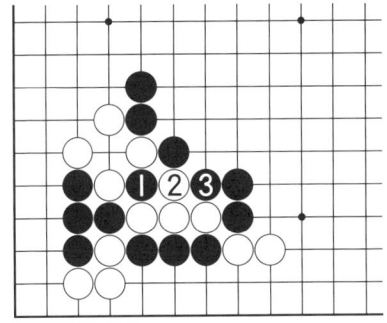

18도

## ●밭전자와 먹여치기 2

17도 흑⚫의 밭전자 모양에 눈을 고정시켜 백의 단점을 찾아봅니다. 서로 마주보고 있는 곳, 무엇인가 흠집이 보입니다. 또한 a의 곳도 집이 아니라는 것을 확인할 수 있습니다. a의 곳은 뒷공배가 메워지면 단수 형태가 된다는 것을 기억해야 합니다. 정수는 무엇일까요?

18도 흑1의 먹여치기입니다. 이 한점으로 백은 꼼짝 못하게 됩니다. 이제 촉촉수의 개념이 들어오나요? 몰아떨구기로 단수가 되어도 잇지 못하는 모양입니다. 결국 백은 19도 백1로 잇고 흑은 2로 백 넉점을 잡습니다. 20도 백 넉점을 드러낸 모습을 보십시오. 사방이 뚫려 백은 엉망이 되었습니다.

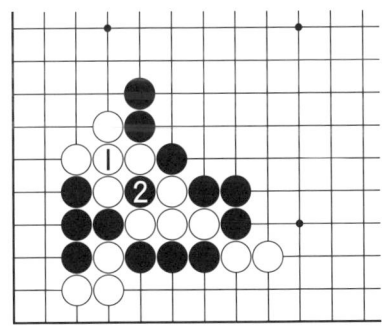

19도

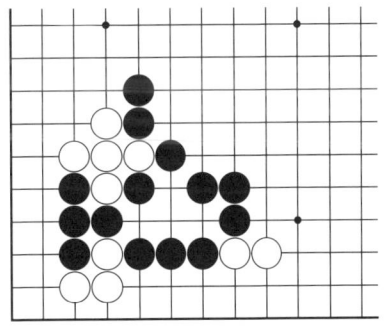

20도

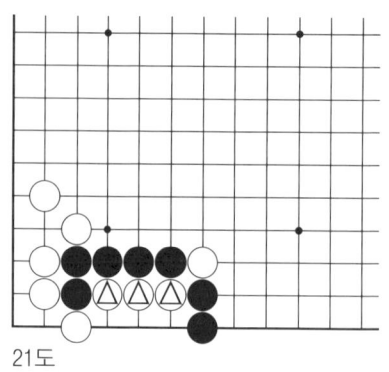

21도

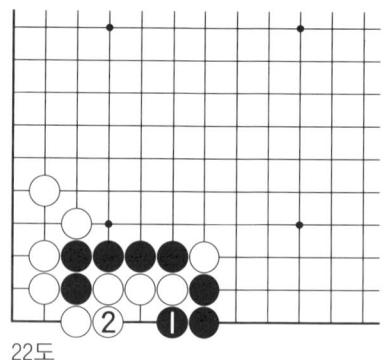

22도

## ●1선의 먹여치기

촉촉수를 잘하기 위해서는 기본적으로 먹여치는 수에 익숙해야 합니다. 즉, 자기의 돌 하나를 버릴 줄 아는 자세가 중요하죠. 사실 그 돌은 버리는 게 아니라 더 큰 이득을 위해 희생하는 것입니다.

21도는 백△ 석점을 잡지 않고서는 흑이 양분되어 곤란할 것 같습니다. 촉촉수를 활용하여 백을 잡는 방법입니다.

22도 흑1로 활로를 줄여서는 답이 없습니다. 백2로 잇는 순간 흑만 곤란하게 되지요.

23도 먹여치는 게 답이라고 1쪽에서 먹여치는 것은 잘못된 판단입니다.

24도 흑1이 1선의 먹여치기로 백을 잡을 수 있습니다.

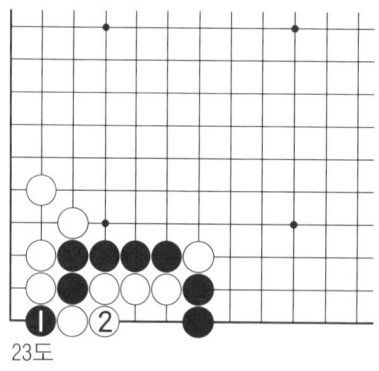

23도

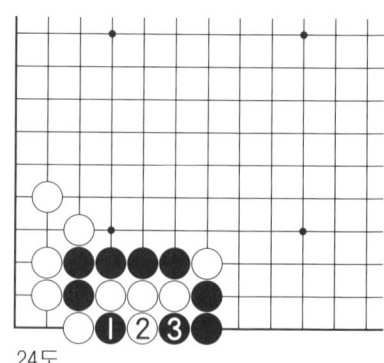

24도

▧ 다음 백을 촉촉수로 잡아보세요.

문제 1

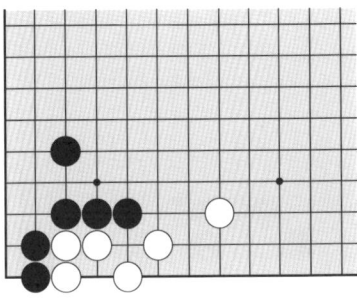

문제 2

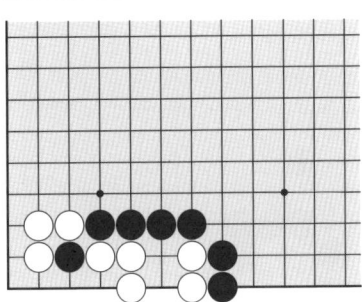

문제 3

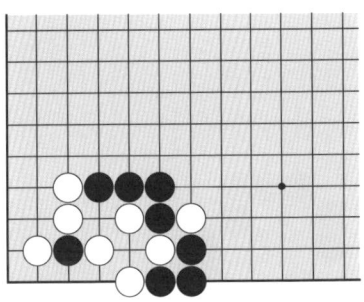

문제 4

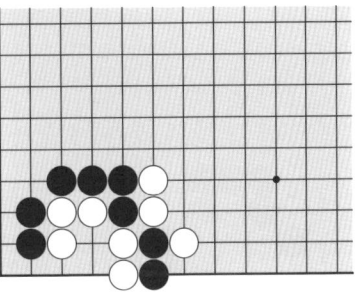

문제 5

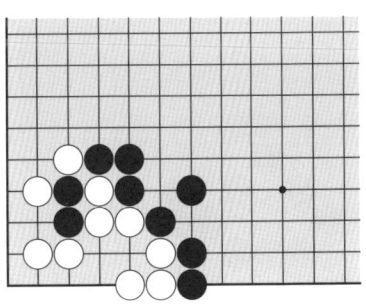

문제 6

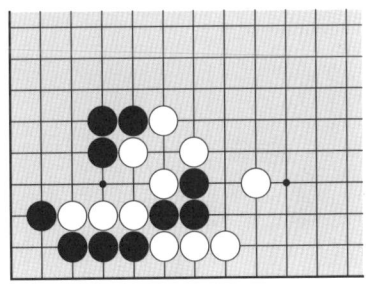

☞ Tip 몰아떨구기와 먹여치기를 생각하면 됩니다.

**해답 1**

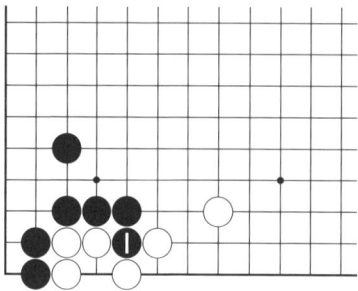

**해답 2**

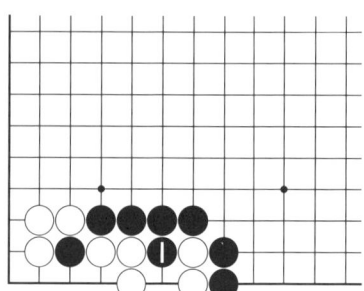

**해답 3**

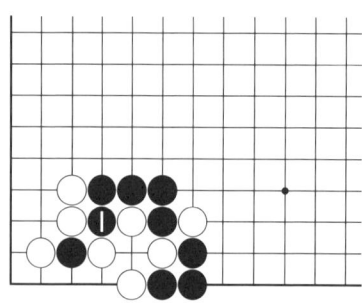

**해답 4**

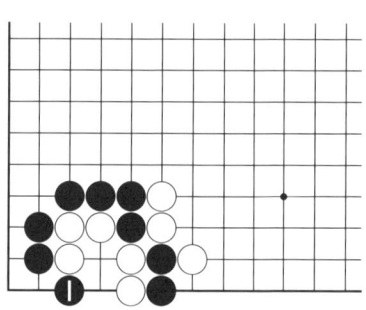

**해답 5**

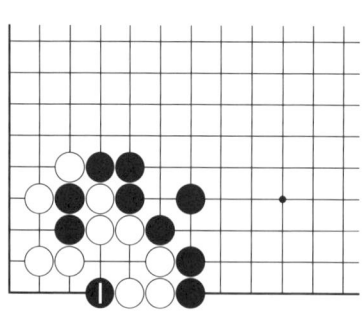

**해답 6**

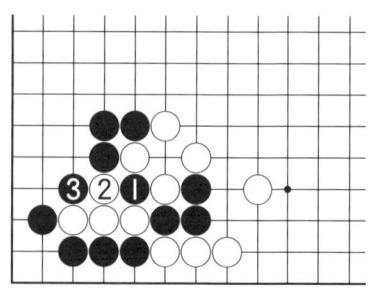

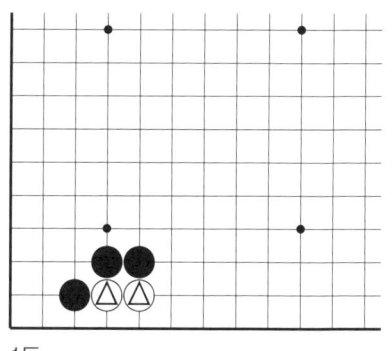

1도

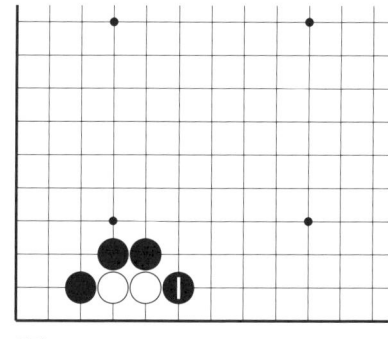

2도

## 05 활로 줄이기

### ● 활로가 남아 있어도

바둑은 단수된 상태(활로가 한 개 남아 있을 때)에서만 잡을 수 있는 게 아닙니다. 또한 반드시 꼭 둘러싸야만 잡을 수 있는 것도 아닙니다. 활로가 여러 개 남아있어도 상대 돌을 탈출하지 못하게 한다면 그 돌을 잡을 수 있습니다.

1도 백△ 두점의 활로를 줄여 탈출을 막아봅니다. 이런 장면에서 엉뚱한 수로 주위 사람을 깜짝 놀라게 해서는 안되겠죠? 2도 흑1로 막는 게 백의 활로를 줄이며 두점을 잡는 수법입니다. 3도 백은 a와 b의 활로가 두 개 남아 있지만 이 돌은 움직일 수 없습니다. 그대로 잡힌 모습입니다. 4도 백이 도망가려고 시도해보지만 안되는 게 보이죠?

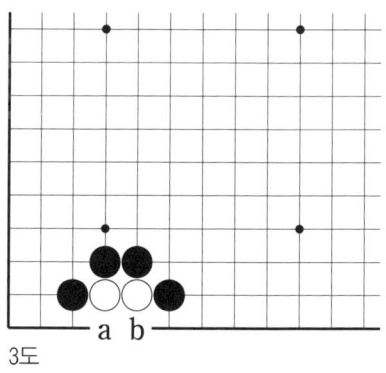

3도

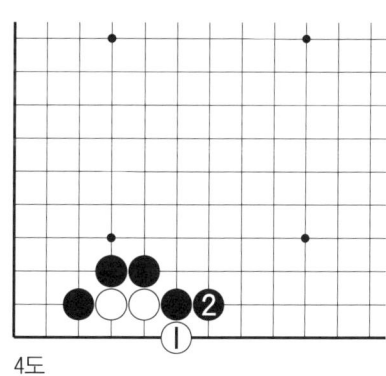

4도

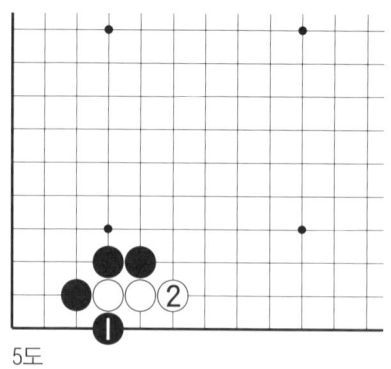

5도

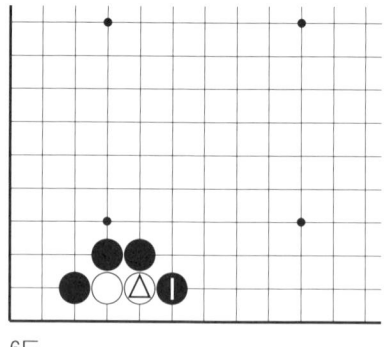

6도

## ● 활로를 확실하게 줄여라

앞 페이지에서 주위 사람을 깜짝 놀라게 하는 수는 과연 무엇이었을까요?

바로 5도 흑1쪽에서 활로를 줄여가는 것이었습니다. 이 착점을 보는 순간 주위 사람들은 깜짝 놀라게 되어 있습니다. 왜냐구요? 너무 황당하니까 그렇습니다. 당연히 2쪽에서 활로를 줄이며 백을 잡아야 하는데, 이렇게 속수를 두니 놀랄 수밖에요.

6도 백△로 밀고 나올 때, 흑은 활로를 줄이며 확실하게 잡는 게 아주 좋은 수법입니다. 앞 페이지에서 설명했지만 이 흑1로 백은 더 이상 꼼짝 못하게 되었습니다. 7도 백△에 흑이 1로 늦추는 것은 나중에 백에게 활용당할 염려가 있으니 6도와 같이 잡는 게 정수입니다. 8도의 흑1도 마찬가지입니다. 6도를 다시 한 번 봐주십시오.

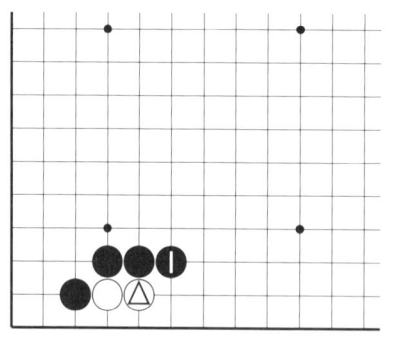

7도

8도

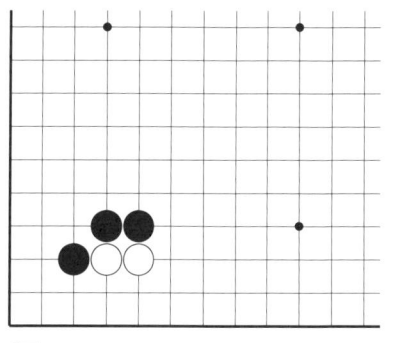

9도

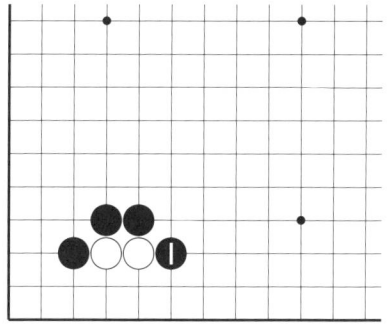

10도

## 1선 방향으로 활로 막기 1

활로를 잘 막는 것은 공격을 잘한다는 뜻이기도 합니다. 돌을 잡기 전까지 활로를 완벽하게 막는 것은 쉽지 않습니다. 그러므로 활로를 옳은 방향으로 잘 막아 공격의 효과를 노리는 것은 아주 좋은 방법입니다.

9도 백 두점을 공격하는 방법으로서 올바른 활로 막기는 어디일까요? 백 두점을 한 번에 잡는 방법은 없습니다. 하지만 이 돌을 잘 공격하여 좋은 결과를 얻을 수는 있습니다. 10도 흑1로 막는 게 최선입니다. 백을 1선 방향으로 몰아가는 활로 막기입니다.

이후는 어려우므로 이 정도까지만 알고 있으면 됩니다. 11도 흑1로 막는 것은 백2로 활로가 시원해집니다. 12도 흑1로 느는 것도 백2로 나가면 10도보다는 흑이 좋지 않은 결과입니다.

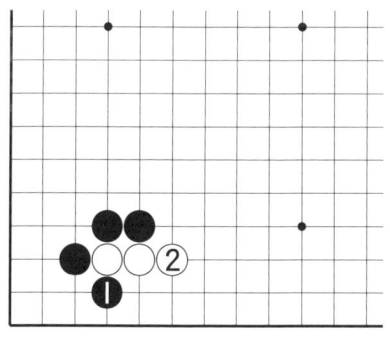

11도

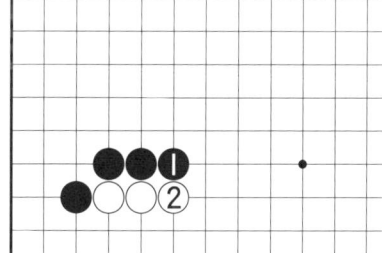

12도

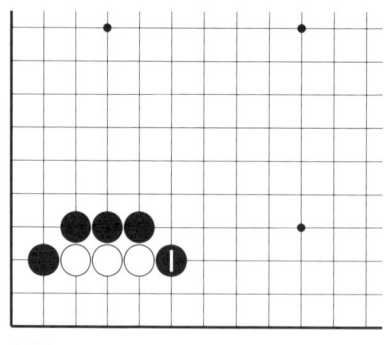

13도

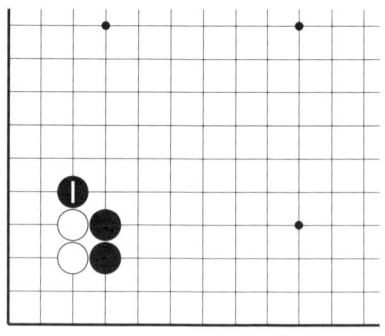

14도

## ●1선 방향으로 활로 막기 2

바둑을 잘 두는 방법 가운데 하나는 상대의 돌에 대해 효과적으로 활로를 줄여가는 게 있습니다. 활로를 줄인다는 것은 그만큼 공격의 효과를 보고 있는 것이며 당장 잡지는 못해도 다른 효과를 얻을 수 있습니다.

13도와 14도, 15도, 16도는 모두 1선 방향으로 몰아가는 활로 줄이기인데요, 흑의 입장에서는 가장 효과적인 방법이라고 할 수 있습니다. 흑1의 착점으로 흑은 이 백을 당장 잡지 못하더라도 많은 이득을 얻을 수 있습니다.

상대를 공격할 때, 활로를 줄일 수 있다면 아래쪽 방향(1선 쪽)으로 몰아가는 게 좋은 결과를 얻을 수 있습니다.

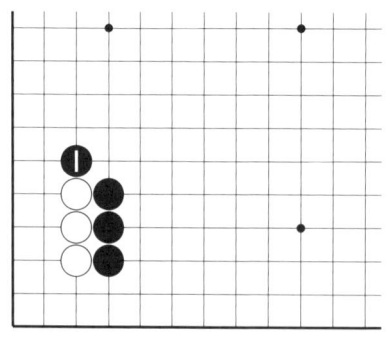

15도

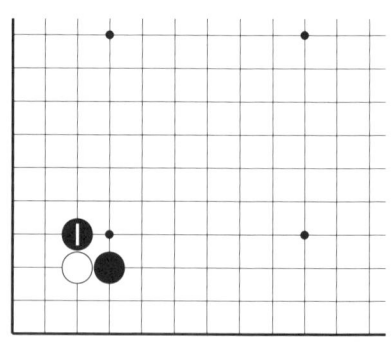

16도

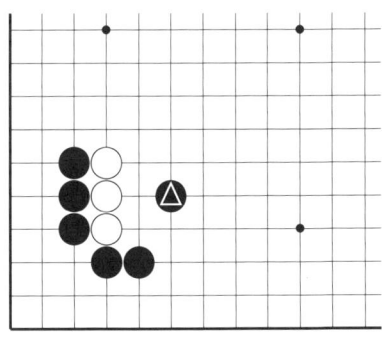

17도

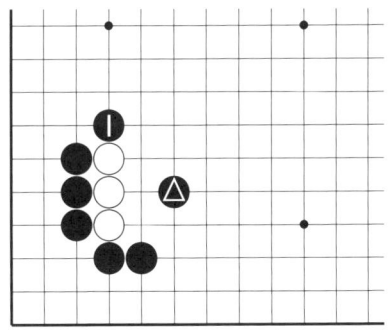

18도

## ●우리 편 방향으로 활로 막기 1

활로를 막아가는 것은 전투를 유리하게 이끌어 가는 방법입니다. 이때 우리 편의 응원군이 있다면 그 방면으로 활로를 막아가는 게 올바른 선택입니다.

17도 지금 백 석점의 활로를 줄이며 공격하고 싶습니다. 중요한 것은 흑▲가 있다는 것을 확인해 두고 다음 작전을 구상해야 합니다. 18도 흑1로 백 석점의 활로를 막는 순간 좌변쪽의 흑 모양이 아주 좋아질 뿐 아니라 백 석점에 대한 공격도 아주 좋아집니다. 흑▲가 역할을 하고 있습니다.

만약 19도 흑1로 활로를 줄이는 것은 아무 도움이 안 됩니다. 20도 흑1도 마찬가지입니다. 백2로 훨훨 나아가게 됩니다.

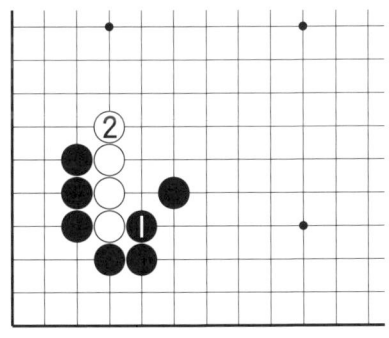

19도

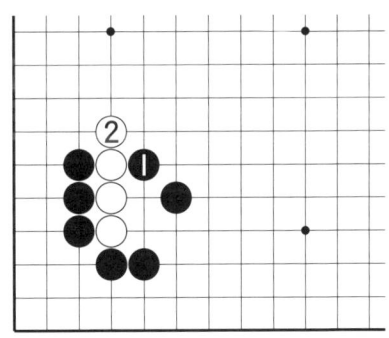

20도

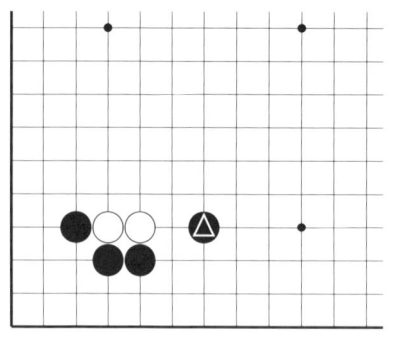

21도

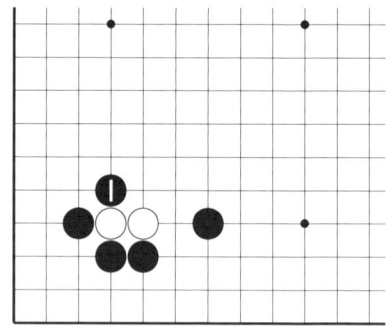

22도

## ● 우리 편 방향으로 활로 막기 2

지금 중요한 것은 21도 백 두점에 대한 공격에 있어 흑▲가 있다는 것입니다. 든든한 응원군인 우리 편이 있다는 것입니다. 백의 남아 있는 활로는 세 개. 어느 쪽부터 활로를 막아가야 할까요?

22도 흑1의 공격이 정답입니다. 흑1이 놓인 순간 좌측 흑집을 한 번 봐주세요. 상당한 느낌이 오나요?

23도 백1로 반발한다면 흑2로 재차 활로를 줄여갑니다. 백이 답답함을 느끼는 반면 흑은 아주 좋은 모양과 집을 만들어 갈 수 있습니다.

24도 흑1의 활로 막기가 그럴듯해 보이지만 백은 2로 활발한 모양을 만들 수 있습니다. 22도와 23도와는 비교할 수가 없겠죠?

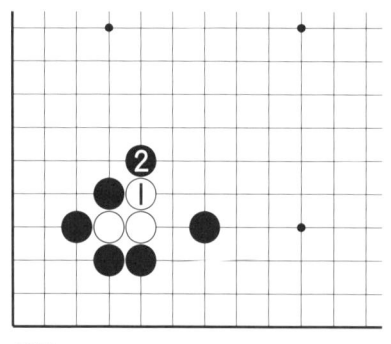

23도

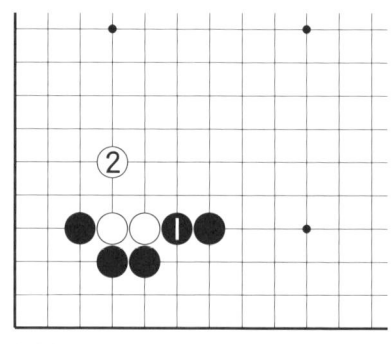

24도

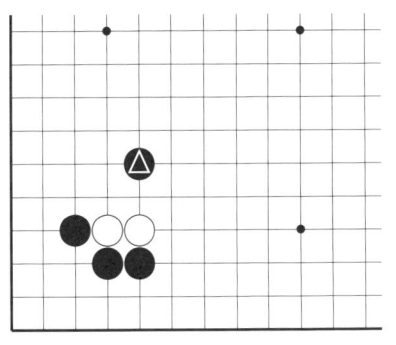

25도

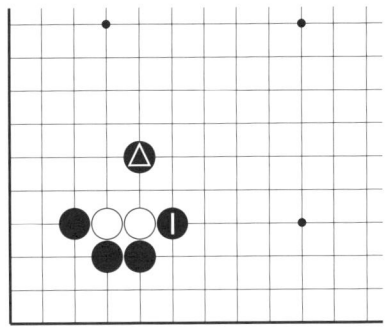

26도

## ● 우리 편 방향으로 활로 막기 3

활로를 줄이는 요령이 몇 가지 있다는 것을 알았습니다. 바둑판은 넓기 때문에 자칫 잘못하면 상대에게 활력을 불어넣을 수 있습니다. 그러므로 활로를 줄일 때는 응원군을 활용하거나 바둑판 아래쪽으로 몰아가는 것이 좋습니다. 즉, 자신에게 유리한 쪽으로 활로를 막아가야 한다는 것이죠.

지금 조금 간단한 상황을 갖고 살펴보겠습니다. 25도 흑▲가 있는 백 두점의 활로 막기입니다. 백의 남아 있는 활로는 세 개. 그 가운데 어디를 선택해야 할까요?

26도 흑1이 정답입니다. 흑1이 ▲와 호응해 아주 좋은 모양을 만들고 있습니다. 27도와 28도는 나약한 선택입니다.

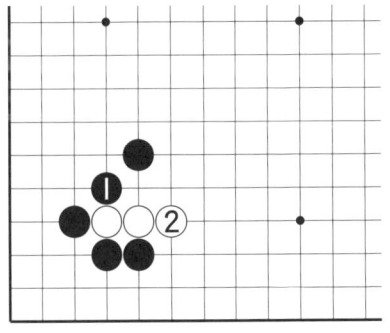

27도

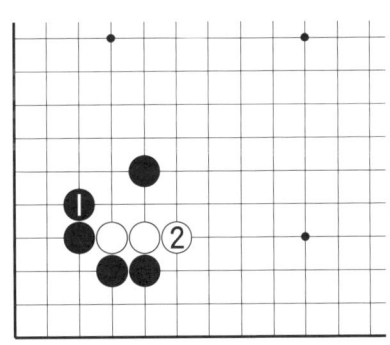

28도

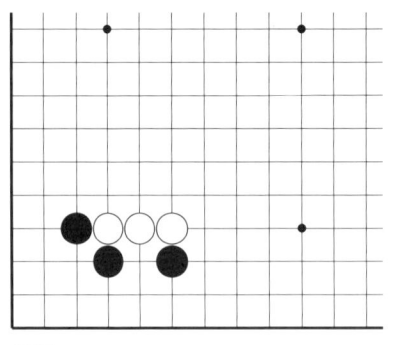

29도

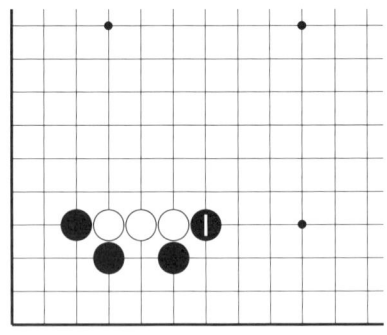

30도

## ● 단점부터 보강하라

29도 백 석점의 활로를 막무가내로 막아가기에는 흑의 자세가 허술해 보입니다. 이러다가 자칫 내가 곤경에 빠질 수 있습니다. 그래서 항상 자신의 단점을 보완한 후 공격을 엿봐야 합니다.

30도 백의 활로를 효과적으로 막기 위해 흑1로 젖히는 것을 생각해볼 수 있습니다. 하지만 이것은 어딘지 모르게 엉성해 보입니다.

31도 백은 당장 흑의 단점을 추궁하기 시작합니다. 백1로 뚫고 나오면 흑▲ 두점이 이상해집니다.

그러므로 흑은 자신의 단점부터 보완한 후 공격을 생각해야 합니다. 32도 먼저 흑1로 튼튼하게 잇고 공격을 엿봐야 합니다.

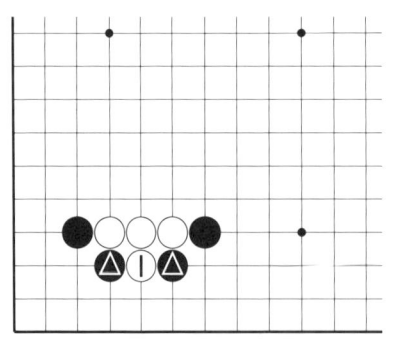

31도

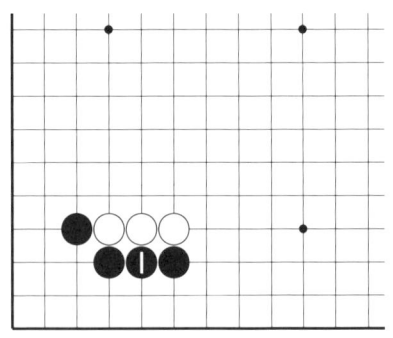

32도

▦ 다음 백의 활로를 줄여보세요

### 문제 1

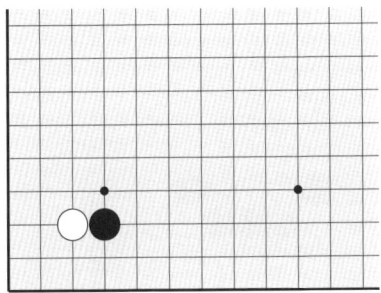

### 문제 2

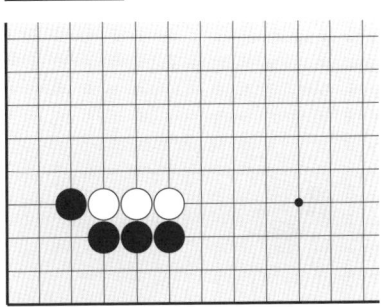

### 문제 3

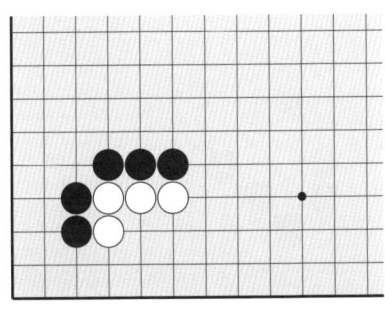

### 문제 4

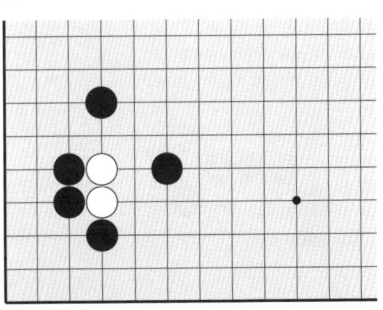

### 문제 5

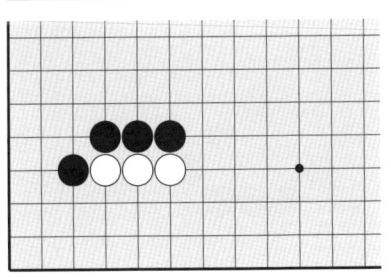

### 문제 6

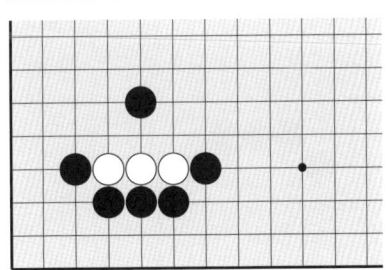

☞ **Tip** 자신에게 유리한 쪽으로 활로를 막으면 됩니다.

**해답 1**

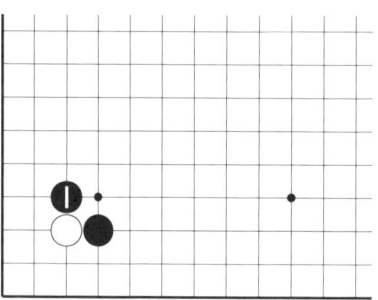

**해답 2**

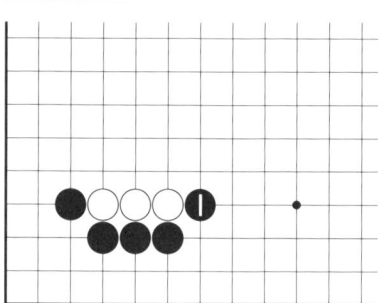

**해답 3**

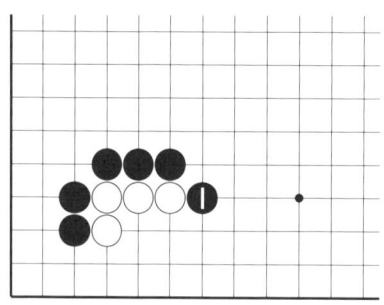

**해답 4**

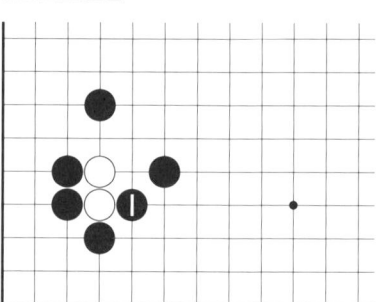

**해답 5**

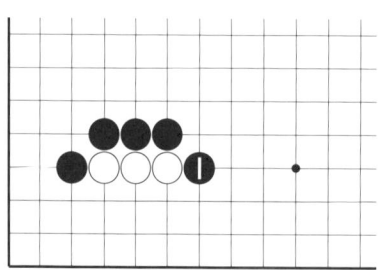

**해답 6**

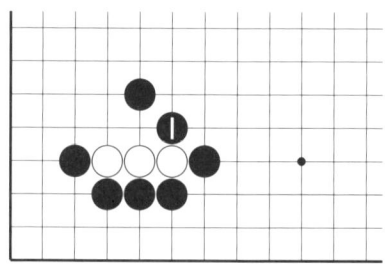

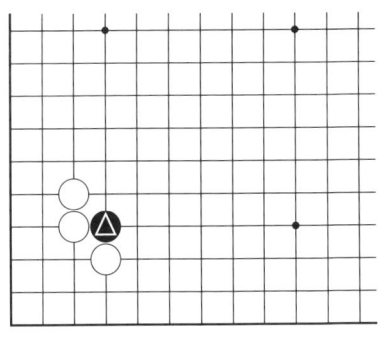

1도

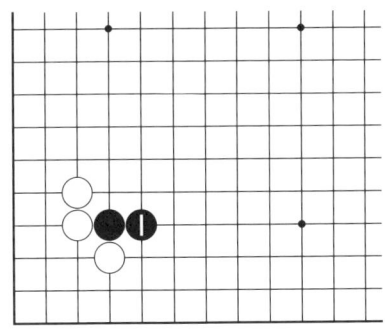

2도

### 넓은 쪽으로 늘려라

활로를 늘린다는 것은 살 수 있는 확률이 높아진다는 것이며 공격권에서 벗어날 수 있다는 의미이기도 합니다. 1도 흑는 남아 있는 활로가 두 개뿐입니다. 여기서 이 돌에 가일수하지 않으면 잡힐 수 있는데요. 활로를 늘려 숨통을 트이게 하고 싶습니다.

　2도 흑1로 느는 게 이 돌에 생명력을 불어넣는 착점입니다. 이 돌이 놓인 순간 붙어 있는 흑 두점의 활로는 네 개로 늘어났습니다.

　3도 흑1쪽으로 느는 것은 좋지 않습니다. 활로 자체가 세 개만 늘어났을 뿐 아니라 4도 백1로 계속해서 흑의 활로를 막아가면 백 전체의 모양이 좋아질 뿐 아니라 흑 두점은 계속해서 어려움을 겪습니다.

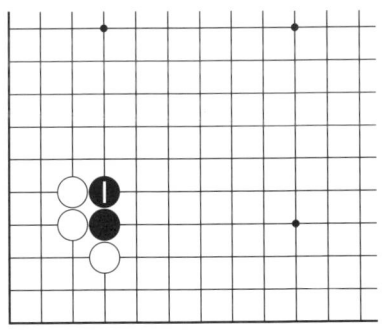

3도

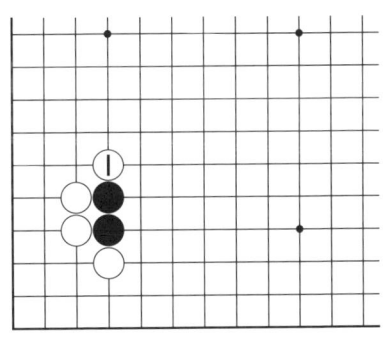

4도

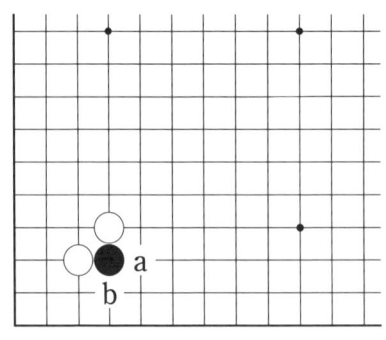

5도

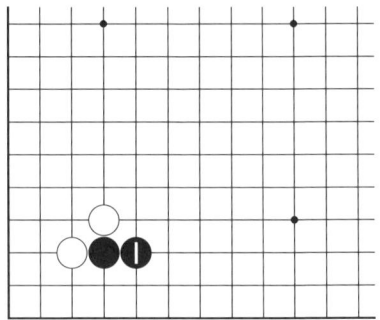

6도

## ●1선 방향을 피해 활로 늘리기

5도 흑 한점의 활로는 두 개, a와 b입니다. 활로는 살 수 있는 길을 의미하며 최대한 살아가는 방향이 넓은 쪽이 유리합니다. 지금도 a와 b의 활로 가운데 어느 쪽이 더 흑에게 유리할까요?

6도 흑1과 같이 넓은 쪽으로 활로를 늘리는 게 요령이며 흑에게 탄력을 주는 좋은 수입니다. 흑1로 이 두점은 활로가 네 개로 늘어났을 뿐 아니라 오히려 흑집을 만들어가며 살 수 있는 형태가 되었습니다.

7도 흑1로 활로를 늘리는 것은 백2로 막혀 활로 자체가 세 개뿐 아니라 잘못하면 흑 전체가 잡힐 수 있습니다.

8도 흑1이 정수이며 계속 백2로 공격해 와도 흑3이면 걱정 없습니다.

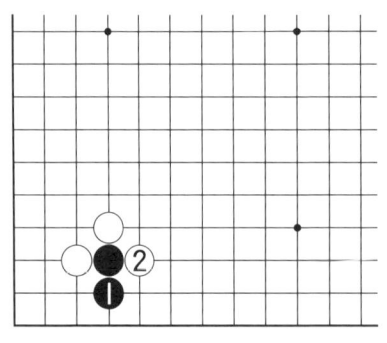

7도

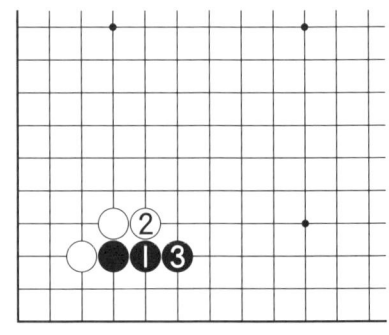

8도

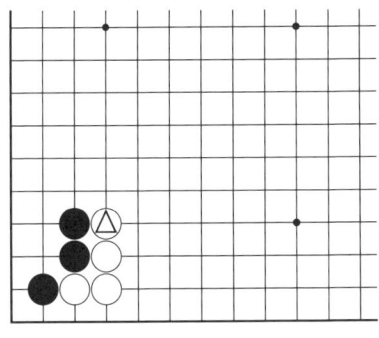

9도

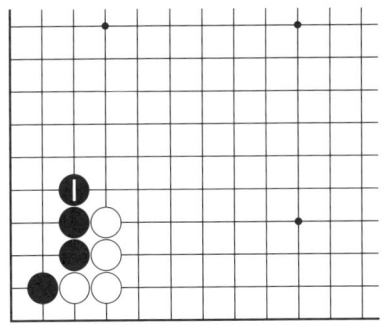

10도

## ● 보강하는 방법

9도 백△로 밀어갈 때 흑의 대응이 중요합니다. 여기서 흑은 다음 활로가 막히면 어려움을 겪을 수 있습니다. 그러므로 적절한 보강을 해야 하며 손을 뺄 수 없습니다.

10도 흑1로 늘어두는 게 흑에게 탄력을 주며 흑을 안정시키는 좋은 수입니다. 11도의 흑1은 너무 움츠러든 수이며 이렇게 해서는 좋은 바둑을 둘 수 없습니다.

참고로 9도 흑이 손을 빼면 12도 백1로 활로가 막혀 흑은 아주 답답해집니다. 보강은 절대이며 10도 흑1로 느는 게 활로 늘리는 최상의 방법뿐 아니라 흑집도 만들어가는 일석이조의 수입니다.

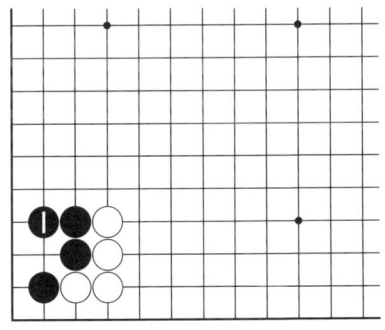

11도

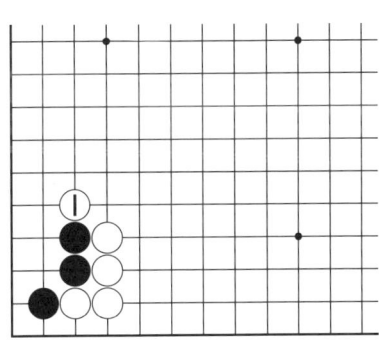

12도

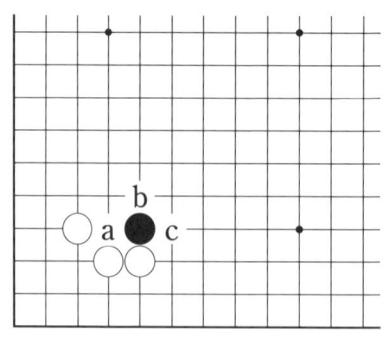

13도

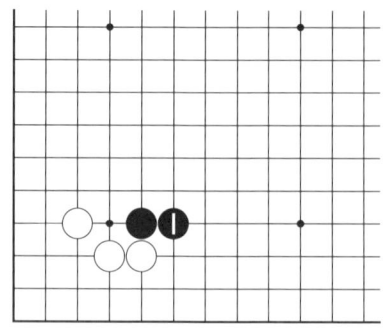

14도

## ● 활로는 넓은 쪽으로

13도 흑 한점의 활로는 a, b, c 세 개입니다. 이 가운데 가장 효율적인 활로를 늘려 이 흑에 힘을 싣고 싶습니다. 어떤 곳이 가장 좋을까요?

14도 흑1로 느는 게 가장 좋습니다. 이 순간 흑의 활로는 다섯 개로 늘었으며 이것으로 흑은 행마 반경이 넓어졌습니다. 흑1 외에 다른 활로를 검토해보면 15도와 16도 흑1인데요. 이곳은 좋지 않습니다.

일단 15도는 자기의 활로를 막은 모습이고, 16도는 나중에 좀 더 설명하겠지만 집을 만드는 데 어려움이 있습니다. 또 당장 16도 백2로 다가오면 백집은 순간 늘어나는 모습입니다.

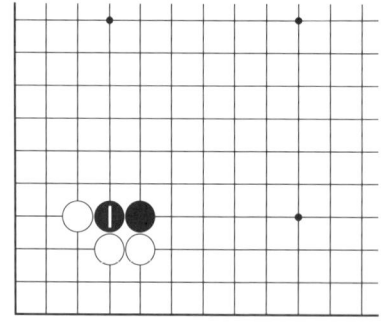

15도

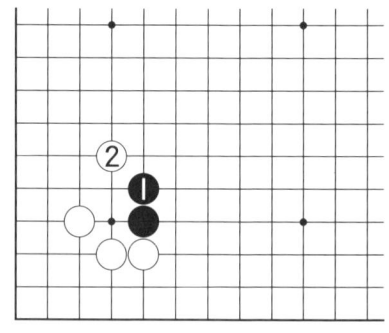

16도

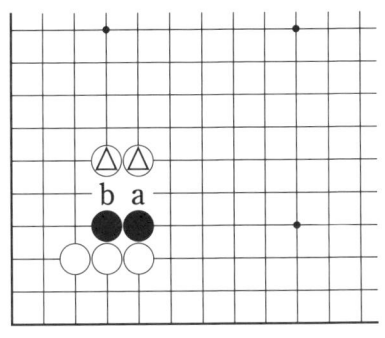

17도

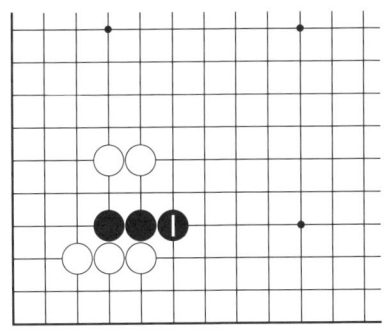

18도

## ● 강한 쪽을 피해서

**17도** 흑 두점의 활로 가운데 a와 b의 곳은 있으나마나한 활로입니다. 백 △ 두점이 버티고 있어 이쪽으로 나가기는 불가능하기 때문입니다. 그래서 활로를 늘리는 방법은 상대가 강한 쪽은 피하는 게 상책입니다.

**18도** 그래서 흑1로 가장 넓은 곳으로 나가는 게 좋은 착상입니다. 물론 이 돌들이 강하고 좋은 모양이라는 것은 아닙니다. 다만 이 수로 흑이 당장 잡히는 일은 없어졌습니다. 지금은 활로 늘리기에 대해 학습하는 과정이니 돌의 방향에 대해, 활로 확보하는 것에 집중하면 됩니다.

**19도**는 바른 방향이 아닙니다. 만약 백이 흑 두점을 공격한다면 20도 백1이면 꼼짝 못하게 됩니다.

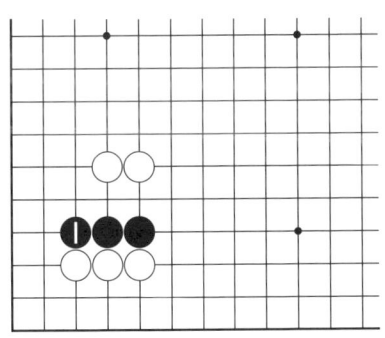

19도

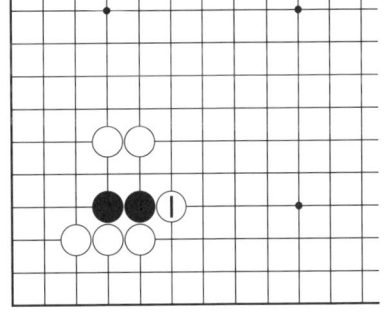

20도

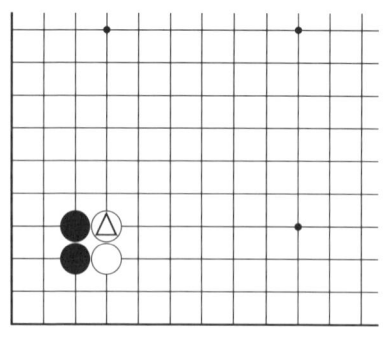

21도

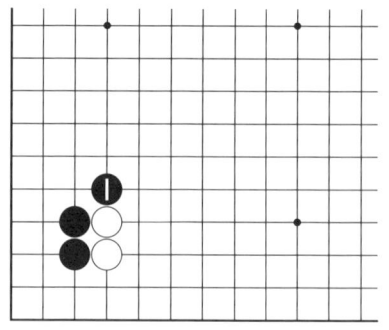

22도

## 돌의 힘

21도 흑 두점과 백 두점은 서로 두 개의 돌이 붙어 있어 힘이 거의 비슷하다고 볼 수 있습니다. 여기서 백△로 밀어온 장면에서 흑은 활로를 늘리면서 돌의 힘을 보여주어야 합니다. 상대를 강하게 공격하는 수법이죠.

22도 흑1로 젖혀 나의 활로를 늘리면서 상대의 활로를 막아가는 게 강력한 공격입니다. 멋진 착점이라고 볼 수 있습니다. 그러나 23도 흑1은 활로는 늘렸지만 백 두점에 대해 너무 나약한 수입니다.

24도 흑1도 너무 작은 것에 연연한 미약한 수입니다. 백이 당장 2, 4로 주도권을 잡습니다.

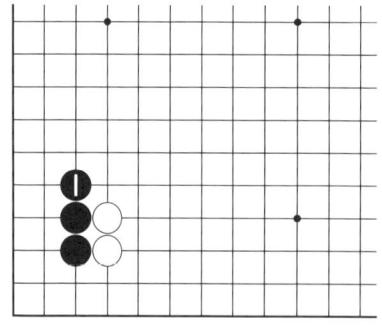

23도

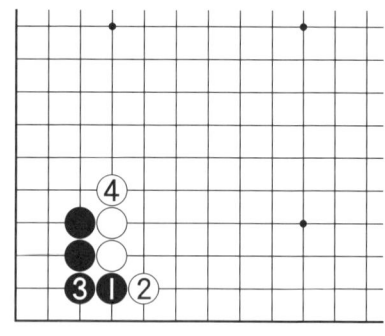

24도

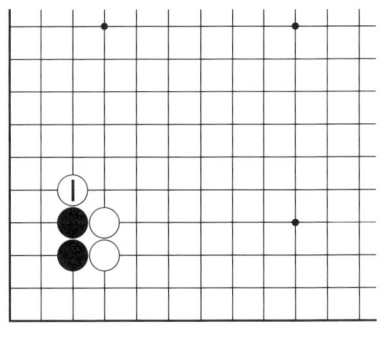

25도

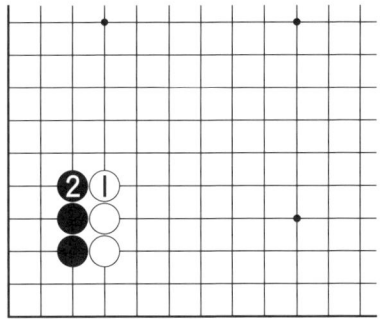

26도

## ● 상대의 입장에서

만약 흑이 손을 빼고 다른 곳을 향했다면 25도 백1의 공격이 매섭습니다. 서로 두 개의 돌이 붙어 있을 때 먼저 공격하는 쪽이 상당히 유리함을 알았을 것입니다. 그런데 26도 백1로 늦추는 것은 약간 느슨한 수입니다. 흑2로 막게 되면 흑도 안정적입니다.

27도 백1도 마찬가지입니다. 아주 작은 것에 연연한 수이며 대세에 뒤집니다. 흑의 활발한 모습이 보이시죠? 그래서 28도 흑1은 거의 절대이며 이 수로 서로 희비가 엇갈리게 됩니다. 흑은 왼쪽이 두툼해지고, 반면 백은 △ 두점이 움츠러들게 됩니다.

그러므로 서로 힘의 균형이 비슷할 때는 상대의 입장을 생각하며 먼저 선제공격하는 게 유리한 고지를 차지할 수 있습니다.

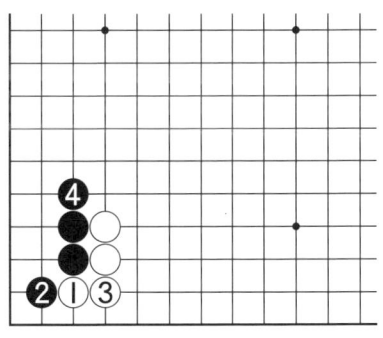

27도

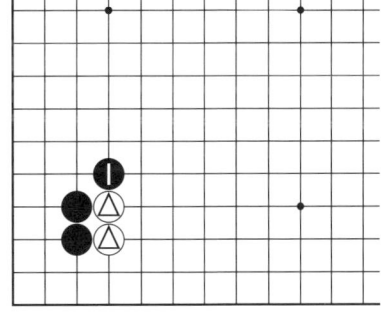

28도

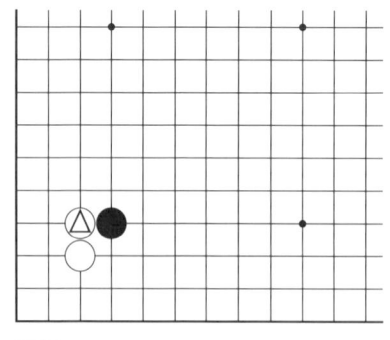

29도

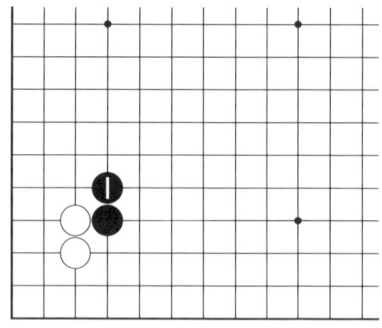

30도

## ● 실전에서의 활용

실전에 나온 장면입니다. 너무 쉬운 그림으로 살펴보겠습니다. 29도 지금 흑 한점에 백△로 밀어갔습니다. 흑은 활로를 늘려가며 공격을 피해야 하는데요. 지금까지 배워온 방법을 활용해 생각해보세요. 30도 흑1로 느는 게 아주 좋은 착점입니다.

계속해서 31도 백1, 흑2까지 정석의 형태를 갖췄습니다. 지금은 잠깐 맛만 보여드린 거구요. 이렇게 바둑은 귀에서 서로 최선의 수를 찾아내는 정석의 모양이 수없이 많습니다. 지금은 잘 몰라도 상관없습니다. 오직 활로 늘리기에만 집중하면 됩니다.

처음으로 돌아와 32도 백△ 때 흑1로 막는 분은 없겠죠? 이것은 백2를 맞아 흑이 완전히 움츠러들어 주도권은 백에게 넘어갑니다.

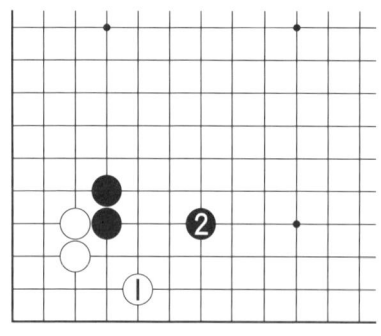

31도

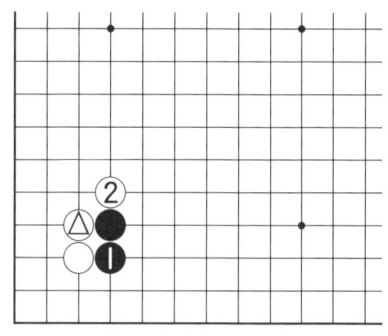

32도

■ 다음 흑의 활로를 늘려보세요.

문제 1

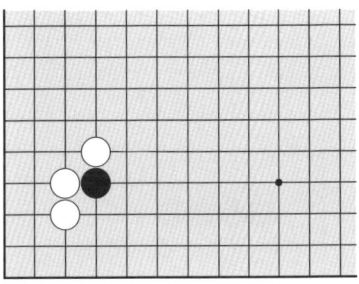

문제 2

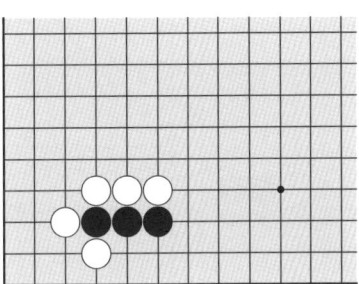

문제 3

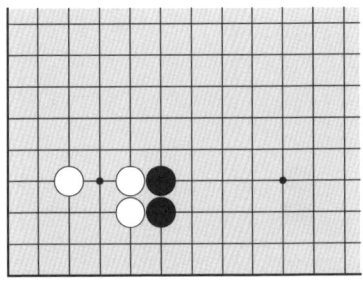

문제 4

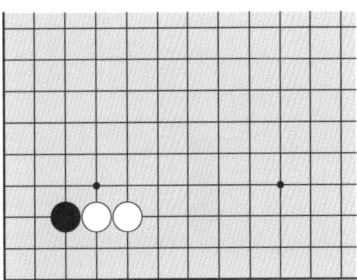

문제 5

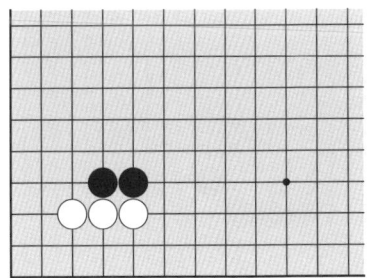

문제 6

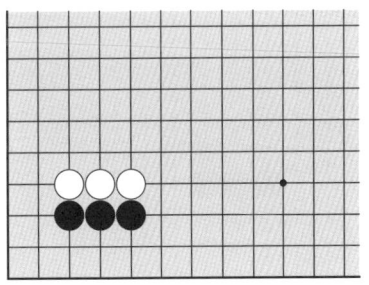

☞ Tip 넓은 쪽을 생각하면 됩니다.

### 해답 1

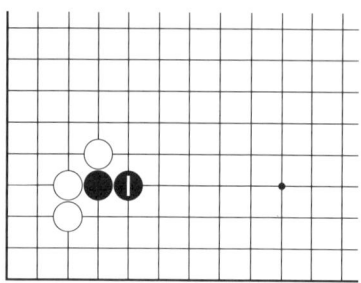

### 해답 2

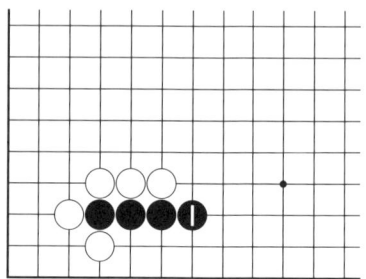

### 해답 3

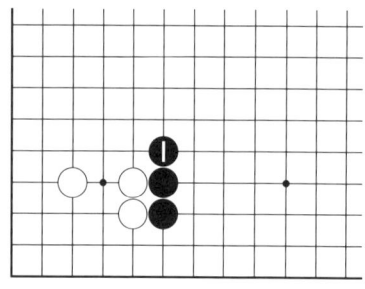

### 해답 4

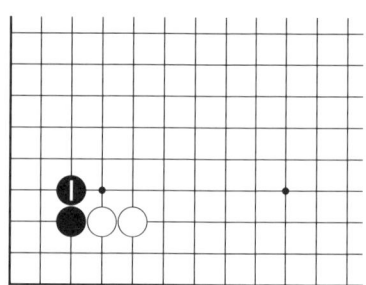

### 해답 5

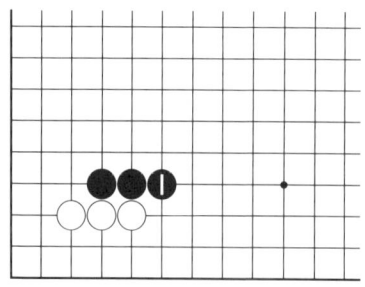

### 해답 6

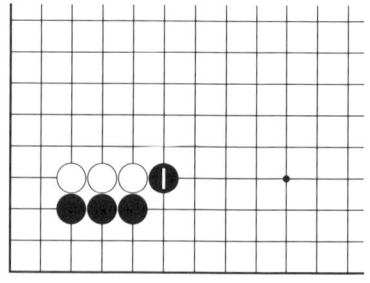

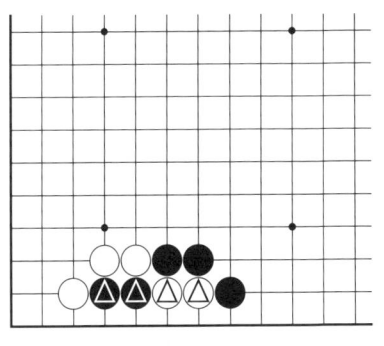

1도

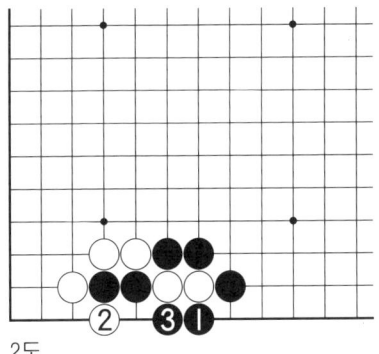

2도

### ●같은 활로 수상전 1

수상전(手相戰)은 흑과 백의 수싸움을 말합니다. 가령 1도 흑▲ 두점과 백
△ 두점의 활로는 각각 두 개씩 있습니다. 누가 살고 잡혔는지는 아직 모
릅니다. 먼저 이곳을 선점하는 쪽이 승리하게 되지요. 같은 두 수씩 남아
있을 때 먼저 착점하는 쪽이 수상전에서 승리하게 됩니다.

2도 흑1이면 백을 먼저 잡습니다. 백2로 단수쳐도 흑3으로 백돌을 따내
게 됩니다. 3도는 흑이 백을 따낸 모습입니다. 백을 잡은 흑이 엄청난 우
위를 보이고 있습니다. 백이 만약 먼저 둔다면 4도 백1로 역시 흑 두점을
잡을 수 있습니다. 이번에는 백이 엄청난 우위를 점할 수 있습니다.

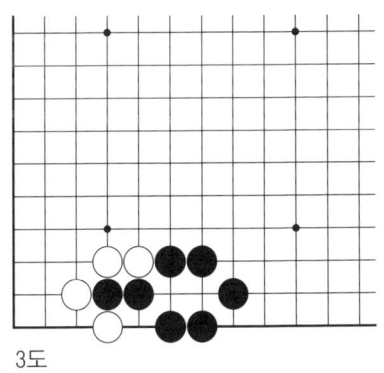

3도

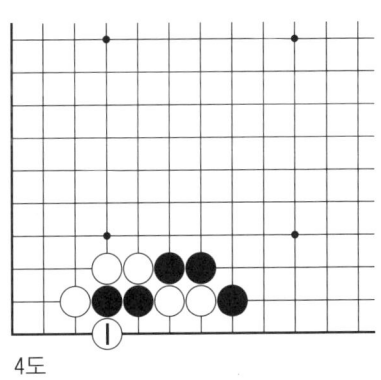

4도

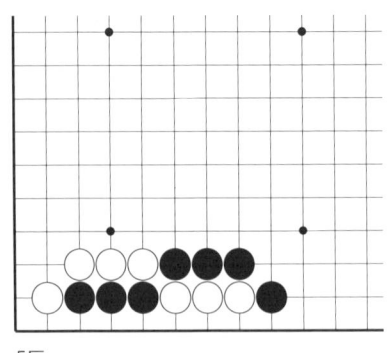

5도

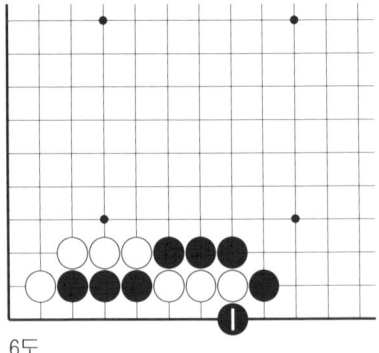

6도

## ● 같은 활로 수상전 2

5도 이번에는 흑과 백의 활로가 각각 3개씩 남아 있습니다. 서로 같은 활로가 남아 있어 이번에도 먼저 두는 쪽이 수상전에서 승리할 수 있습니다. 6도 흑1로 먼저 두었습니다. 그럼 이 백 석점을 잡을 수 있습니다. 계속해서 7도 백이 따라서 흑의 활로를 줄여오면 흑은 한발 먼저 백을 잡을 수 있습니다.

처음으로 돌아와 마찬가지로 백이 먼저 둔다면 8도 백도 1로 흑을 잡을 수 있습니다. 이렇게 수상전은 같은 활로가 남아있을 때는 먼저 착점하는 쪽이 승리를 하게 됩니다.

그러므로 수상전이 벌어졌을 때 나의 남아있는 활로와 상대의 남아있는 활로를 눈으로 꼭 확인해야 합니다.

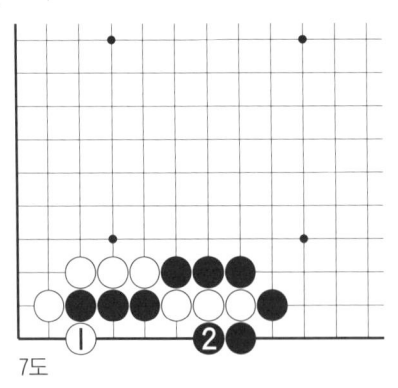

7도

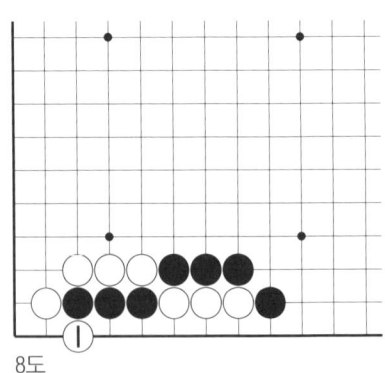

8도

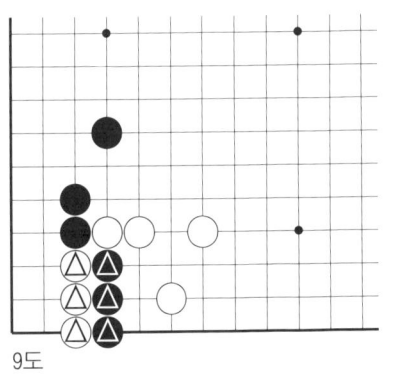

9도

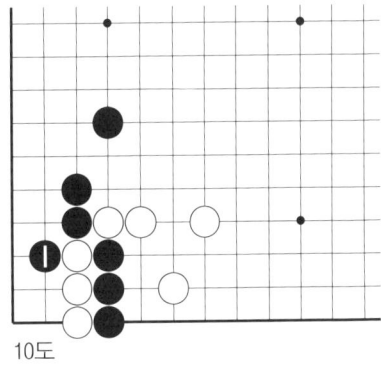

10도

## ●같은 활로 수상전 3

9도 지금 흑▲ 석점과  백△ 석점이 수상전을 벌이고 있습니다. 이것 역시 같
은 활로를 갖고 있으므로 먼저 두는 쪽이 승리할 수 있습니다. 뒷수를 메우면
됩니다.

흑이 먼저 둔다면, 10도 흑1로 백 석점을 잡을 수 있습니다. 계속해서 11도
백이 1로 반발해도 흑2로 활로를 메우면 안되는 모양입니다.

만약 백이 둔다면 12도 a, b, c의 활로를 메우는 게 아니라 백1, 3으로 이
백의 집을 최대한 넓히며 활로를 늘리는 게 좋습니다.

지금은 이런 수순들이 조금 어려워 보이지만 일단 흑 석점은 도망갈 길이
없으므로 내 돌의 활로를 더 늘리면 흑은 자동으로 잡힙니다. 이 부분은 나중
에 좀 더 자세히 배울 수 있는 기회가 옵니다.

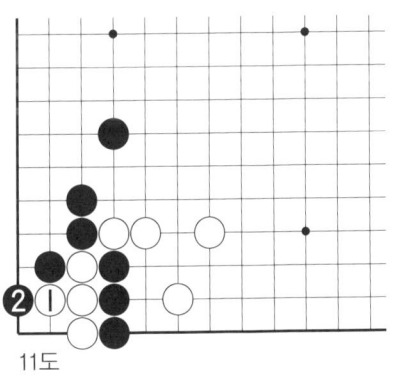

11도

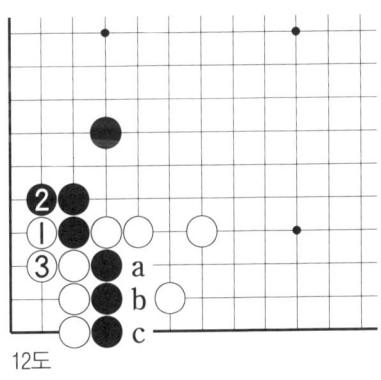

12도

▦ 수상전입니다. 백을 잡아보세요.

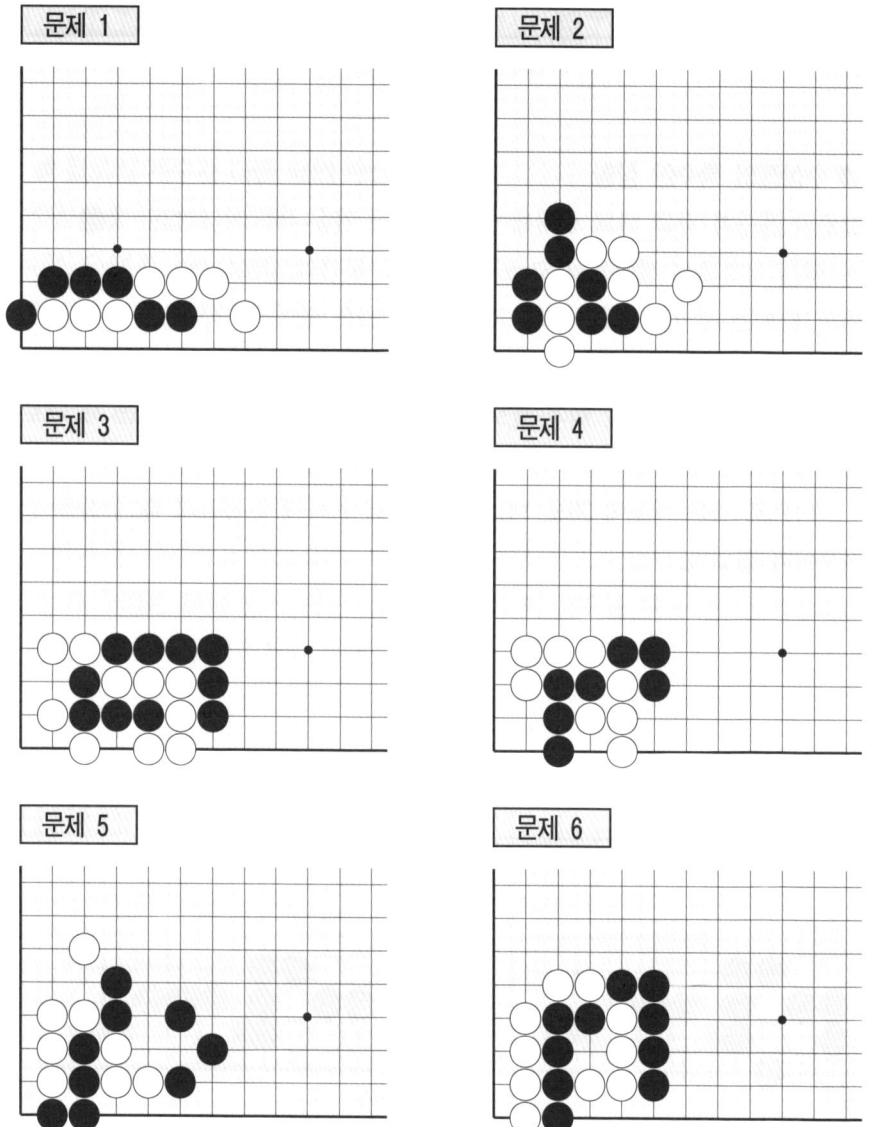

☞ Tip 서로 활로의 개수를 확인해보고 자충을 피합니다.

해답 1

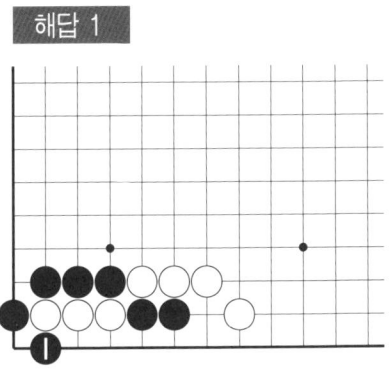

해답 2

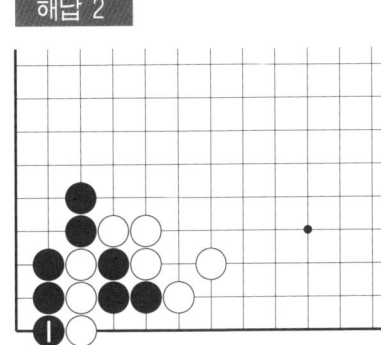

해답 3

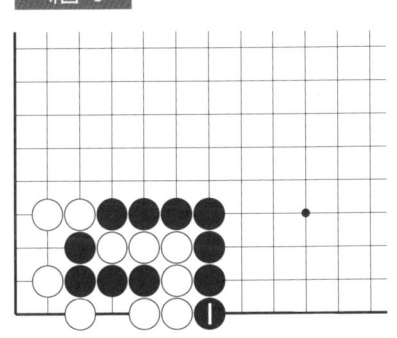

해답 4

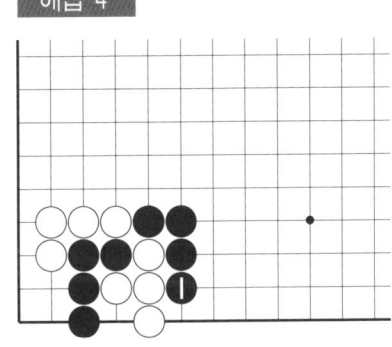

해답 5

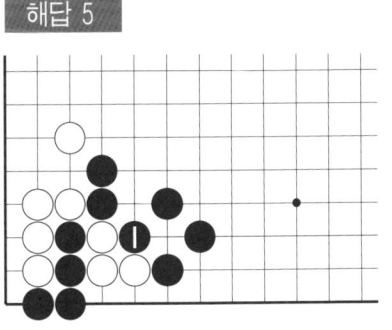

해답 6

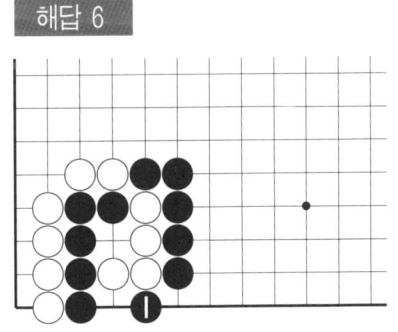

### ▨ 유용한 바둑 용어

**공배** 흑백 어느 쪽에도 이해가 없는 빈 곳. 집이 되기 어려운 장소.

**끊다(끊음)** 상대의 돌과 돌 사이에 두어 갈라지는 모양.

**눈** 사활과 관련된 집 모양. 안형.

**단수** 마지막 숨점 하나만 남기고 둘러싸 따내기 직전의 상태이다.

**두텁다(두터움)** 돌의 모양이 엷지 않고 튼튼하다. = 세력

**따내다(따냄)** 돌을 에워싸 들어내다. 반드시 단수 상태를 거쳐 이루어진다.

**먹여치다** 상대의 눈모양을 방해해 집어넣다.

**몰다** '단수치다'의 다른 말.

**몰아떨구기** 상대의 돌을 단수로 몰아 떨구다.

**빵따냄** 바둑판 가운데서 돌을 둘러싸 따냄. 또는 그 모양.

**사석** 상대의 돌을 잡아 따낸 돌. 또는 희생으로 삼는 돌.

**사활** 죽느냐 사느냐의 갈림.

**선수** 상대편이 어떤 수를 쓰기 전에 그 판에 먼저 놓는 일.

**속수** 모양이 나쁘거나 손해 수.

**수상전(手相戰)** 단독으로 살지 못하고 고립한 돌끼리 사활을 걸고 싸움을 벌이게 된 상황.

**수수** 수상전에서 상대방 말을 잡는 데 필요한 공배메움의 수.

**수줄임** 수상전에서 상대의 바깥 수를 메우는 일. ↔ 수늘림

**실리** '집'과 같은 의미. ↔ 세력

**양단수** 두 군데서 단수가 동시에 걸리는 수.

**연단수** 단수를 연속 침.

**옥집** 바둑에서 집처럼 보이면서 진짜 집이 아닌 곳.

**잇다(이음)** 앞뒤가 끊어지지 않게 연결하다.

**자충** 자기가 돌을 놓아 자기의 수를 메움.

**착수금지점** 둘 수 없는 지점.

**촉촉수** 단수가 연속 걸리게 만들어 돌을 잡는 수단.

**축** 끝까지 단수에 몰려 죽게 되는 경우.

**축머리** 축이 되지 않도록 축의 진행 방향에 놓인 돌.

**폐석** 쓸모없게 된 돌. ↔ 요석

**행마** 돌의 움직임.

**활로** 하나의 돌이 삶을 유지하는 숨점. 또는 대마가 궁지를 벗어나는 방법.

# 3장

## 꼭 알아야 할 바둑 규칙

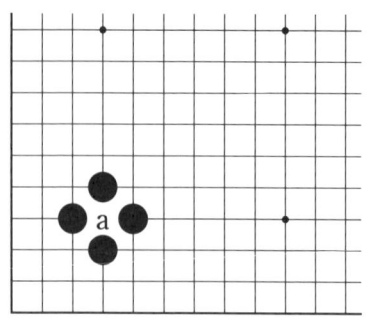

1도

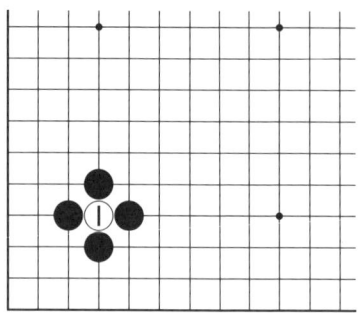

2도

### ●둘 수 없는 곳

바둑에는 꼭 지켜야 할 기본 바둑 규칙이 있습니다. '착수금지'도  그 가운데 하나입니다. 그렇다면 바둑돌을 놓을 수 없는 곳이 있다는 뜻인데요.

1도 a의 곳에 백은 놓을 수 없습니다. 놓는 순간 반칙패가 되지요. 2도 백1로 이 자리에 놓을 수 없다는 뜻입니다. 이렇게 놓는 순간 백은 반칙패로 바둑을 패하게 됩니다.

반면 3도 흑은 1의 곳에 놓을 수 있습니다. 물론 자기 집에 돌을 메우는 것이 좋은 수는 아니지만, 지금 흑1이 착수금지의 자리는 아니라는 것입니다. 4도 백이 △의 곳에 위치해 있다면 백은 1의 곳에 놓을 수 있습니다. 따낼 수 있는 자리는 착점이 가능합니다.

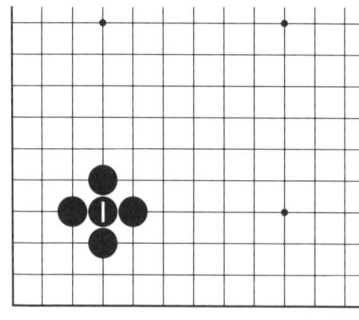

3도

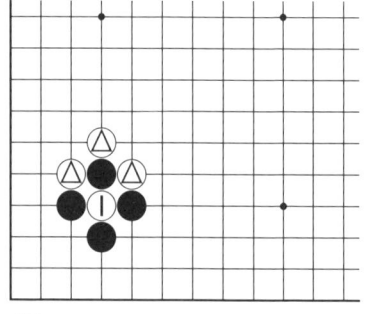

4도

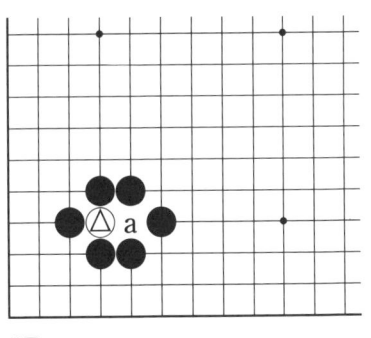

5도

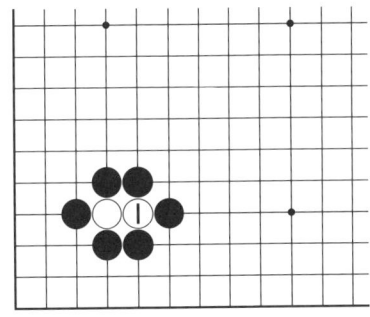

6도

## ●둘 수 있는 곳과 구분하라

5도 백이 △로 놓을 수는 있지만 a 자리에는 놓을 수 없습니다. 바로 a의 곳이 '착수금지' 자리입니다. 바둑은 서로 교차되는 지점에 놓을 수 있지만 이렇게 돌을 넣는 순간 모든 활로가 하나도 없을 때는 착수금지로 되어 있습니다.

6도 백1로 놓을 수 없다는 뜻입니다. 지금 백1로 놓는 순간 백 두점은 모든 활로가 꽉 막혀 있습니다. 이렇게 모든 활로를 막는 마지막 자리는 착수금지 자리가 되고 절대 착점해서는 안 됩니다.

7도 백△로 둘러싸여 있을 때는 흑△ 두점이 단수가 되어 있고 백1의 착점이 가능합니다. 따낼 수 있기 때문입니다. 8도 흑 두점을 따낸 모습입니다.

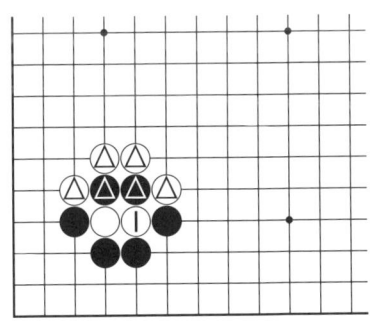

7도

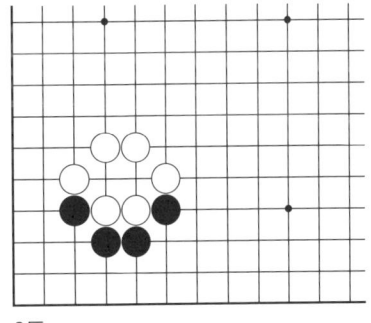

8도

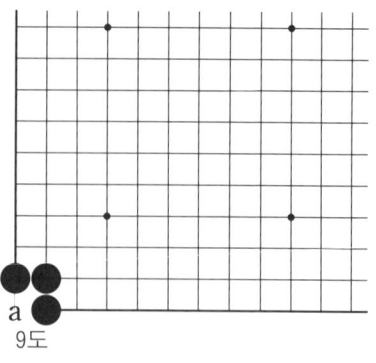

9도

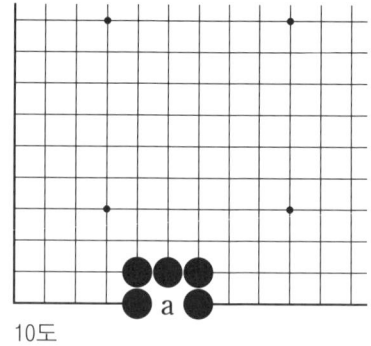

10도

## ● 착수금지 형태

지금 9도와 10도의 a 자리는 백이 들어갈 수 없는 착수금지 자리입니다.
그러나 11도와 12도 같이 백이 모두 둘러싸여 활로가 막혀 있을 때는 백
1로 이 흑을 잡을 수 있습니다.

보는 바와 같이 착수금지 자리라고 해도 단수가 되어 바로 따낼 수 있
는 자리는 착수금지가 안 됩니다.

9도와 10도로 돌아가 다시 한 번 살펴볼까요? 물론 흑은 a 자리에 놓
을 이유가 없지만 놓을 수는 있습니다. 자기 집에 자기 돌을 메운다는 것
은 상당한 손해이지만, 바둑 규칙상 흑의 입장에서는 착점할 수 있다는
뜻이죠. 흑은 9도와 10도의 a 자리가 착수금지 자리는 아닙니다.

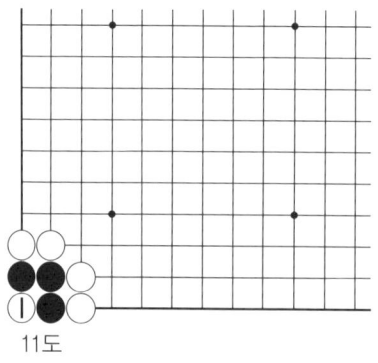

11도

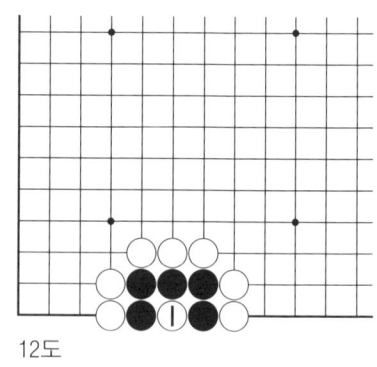

12도

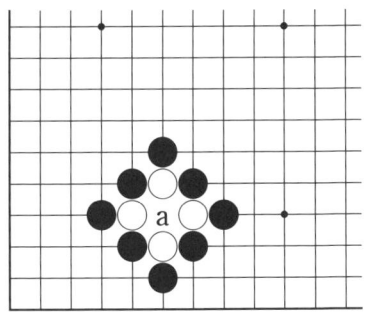

13도

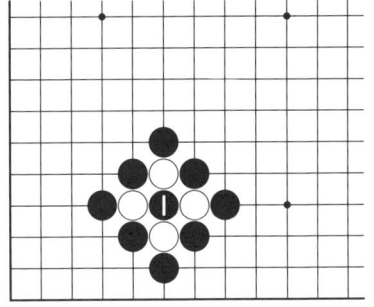

14도

## ●단수라도 잇지 못한다

13도 a의 곳은 백 넉점이 모두 단수가 되어있어 백이 a 자리에 잇고 싶습니다. 하지만 잇는 순간 백의 모든 활로는 막히게 되고 바로 착수금지의 곳이 됩니다. 백은 a의 곳에 이을 수 없습니다. 이 자체로 잡힌 겁니다.

반대로 흑은 14도 흑1로 모든 돌들을 따낼 수 있습니다. 흑은 이 자리가 착수금지의 곳이 아니거든요.

15도는 흑이 백을 모두 따낸 모습입니다. 16도 흑은 가만히 두어도 되지만 굳이 따낼 경우가 있습니다. 가령 백1로 단수를 몰거나 a 등으로 흑을 공격할 때 흑2로 깔끔하게 따냅니다.

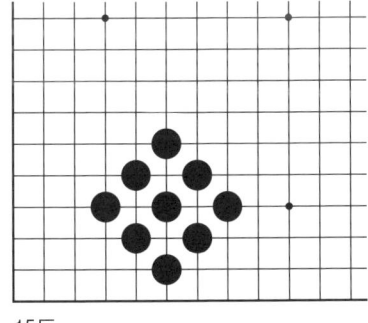

15도

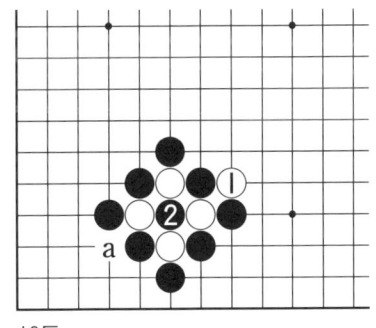

16도

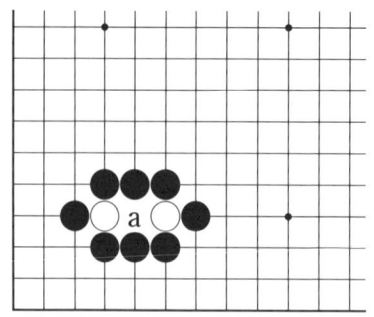

17도

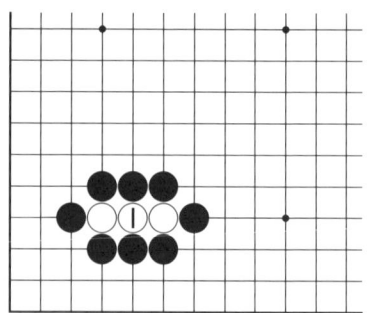

18도

## ● 착수금지의 예외

착수금지는 바둑판 위에 놓을 수 없는 곳을 말합니다. 앞에서 배운 대로 착점하는 순간 모든 활로가 메워지는 바로 그 자리가 착수금지가 됩니다.

17도 백a도 착수금지 자리입니다. 바로 이곳을 놓으려는 순간 백의 모든 활로는 하나도 없습니다. 이런 곳은 착점할 수 없죠.

18도 백1로 놓았을 때 백 석점이 나란히 활로가 모두 메워져 있지 않나요? 이런 곳은 놓을 수 없도록 바둑에서 규칙으로 정하고 있습니다.

다만 앞에서 배웠듯이 중반 이후 돌들이 많아지고 전투가 일어나고 복잡해졌을 때, 19도 이렇게 흑을 둘러쌌다고 한다면 이것은 상황이 다릅니다. 20도 백1로 흑 석점을 잡을 수 있습니다. 이런 곳은 착수금지가 해제된 곳입니다.

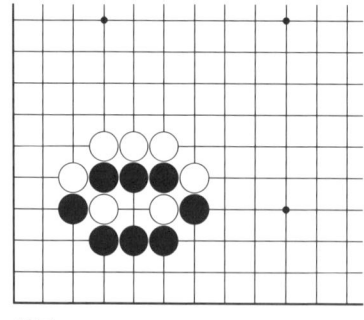

19도

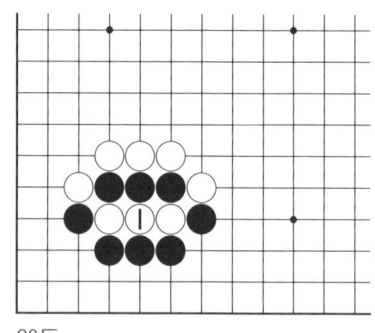

20도

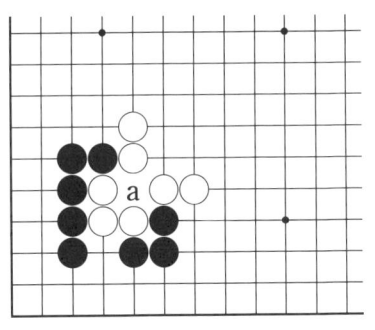

21도

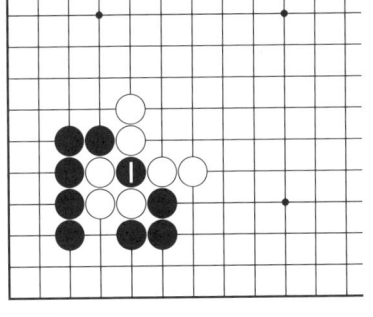

22도

## ●따낼 때는 가능하다(1)

지금 21도 a의 곳은 흑이 착점할 수 없는 착수금지의 곳입니다. 앞에서 배운 대로 흑a의 자리는 모든 활로가 막혀 있으므로 흑이 착점할 수 없습니다. 눈으로 보듯 22도 흑1로 놓을 수 없는 자리입니다.

그러나 주위 상황에 따라 달라질 수 있다는 것입니다. 만약 23도 흑▲가 놓여 있다면 흑은 1의 자리에 놓아 백 석점을 잡을 수 있습니다. 흑▲가 놓이는 순간 백 석점은 단수가 됩니다. 그러므로 백도 흑▲가 놓이면 24도 백1로 이어야 합니다.

이렇듯 착수금지는 따낼 수 있는 자리가 발생하면 바로 그 자리는 착수금지가 해제된다는 사실이고, 이것을 꼭 익혀두어야 합니다.

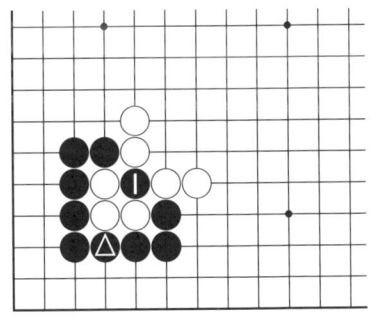

23도

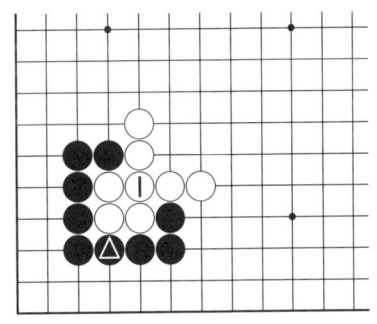

24도

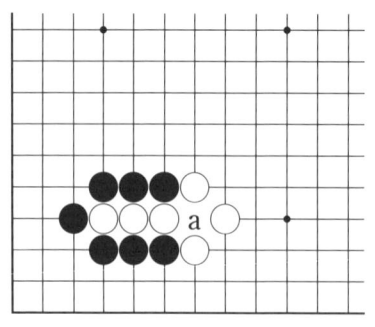

25도

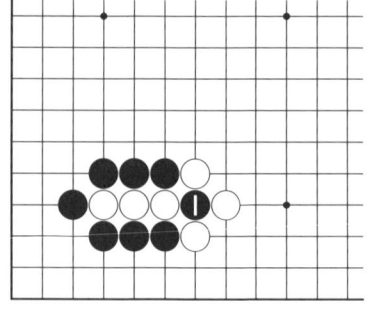

26도

## ● 따낼 때는 가능하다(2)

여기서 25도 a의 곳은 착수금지가 아닙니다. 흑이나 백 모두 착점이 가능한 곳으로 26도 흑은 1로 따낼 수 있습니다. 따낼 수 있는 자리는 착수금지 자리가 아니라는 것을 다시 한 번 확인해 두시기 바랍니다.

27도는 25도의 흑이 따낸 자리에 백이 되따낸 모습입니다. 이때 a의 곳은 흑이 착점할 수 없는 착수금지 자리입니다.

처음으로 돌아와 28도 백 역시 1의 자리에 이을 수 있는 곳입니다. 그러므로 애초 25도 a의 곳은 이미 백 석점이 단수가 되어 있는 형태이므로 착수금지 자리가 아니라는 것을 확인할 수 있었습니다.

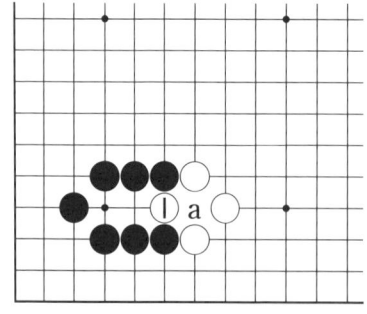

27도

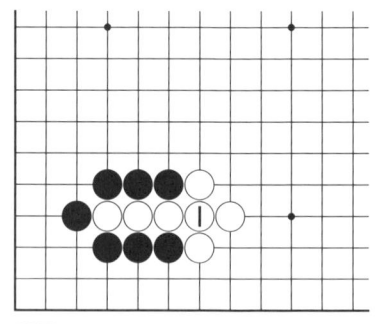

28도

▨ 흑이 a의 곳이 착수금지이면 o표, 놓을 수 있는 자리이면 ×표 하세요.

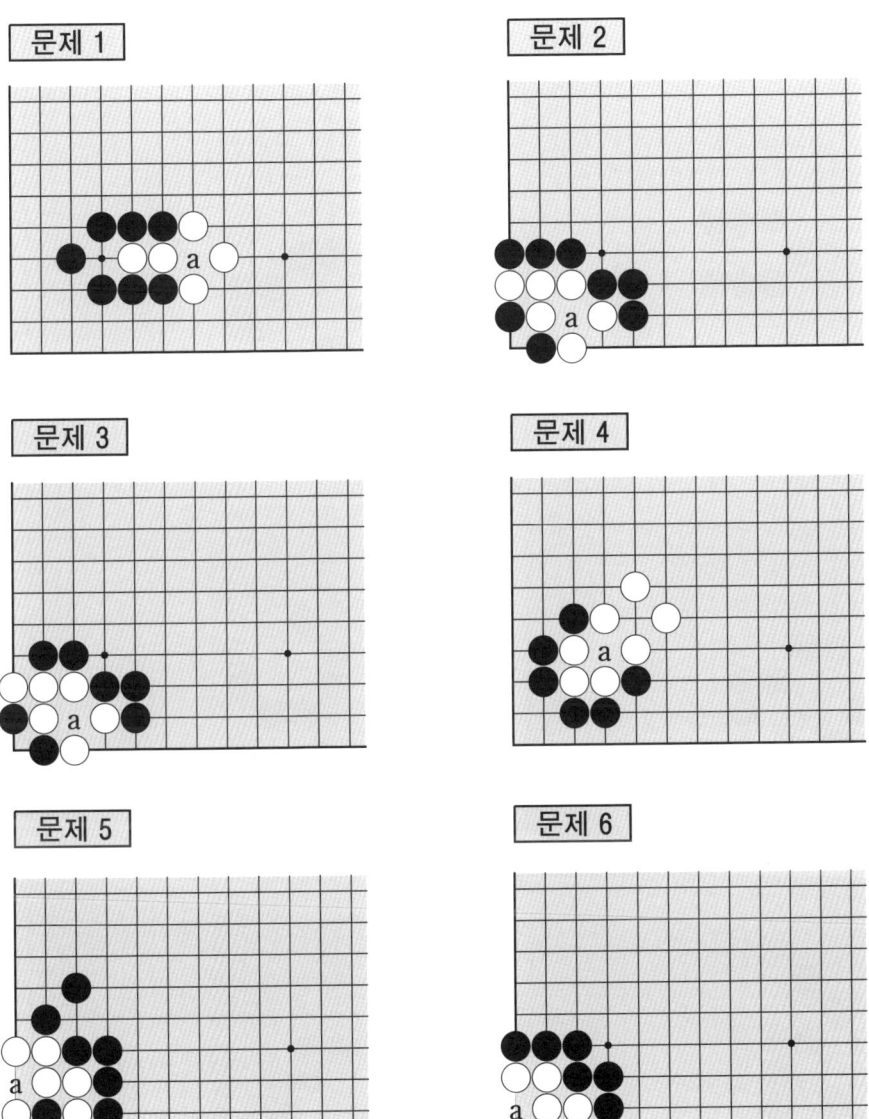

문제 1

문제 2

문제 3

문제 4

문제 5

문제 6

☞ Tip 따낼 수 있는 자리를 찾아보세요.

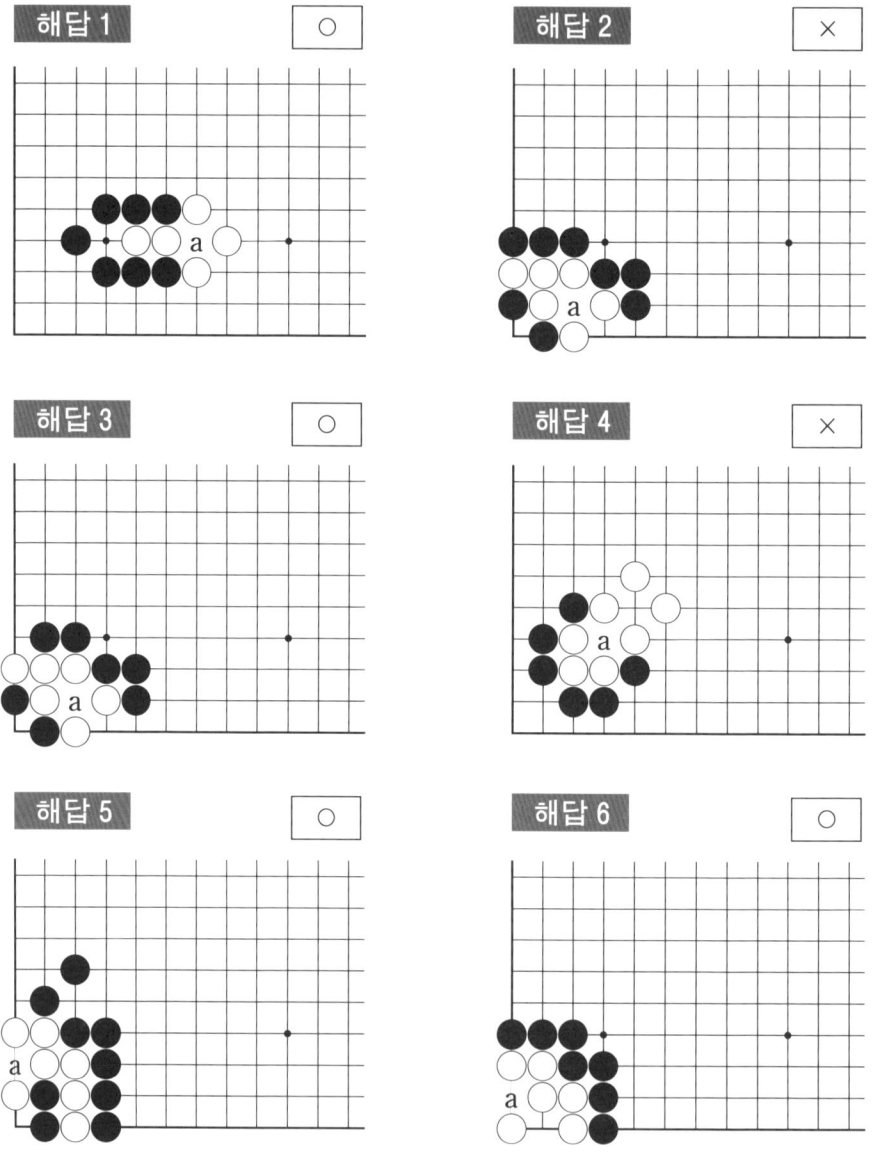

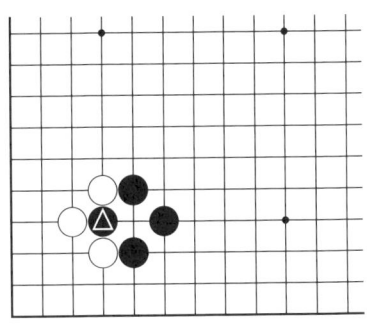

1도

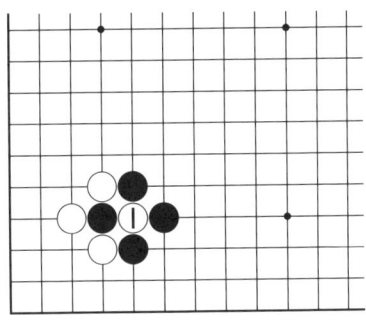

2도

## ●패의 규칙

바둑에는 '동형반복의 금지'라는 기본 규정이 있습니다. 즉, 같은 모양을 되풀이해서는 안 된다는 것입니다. 이것은 '패'의 착수에 대해 제한하고 있는 규칙이지요.

1도 흑●는 단수 형태로 되어 있고, 백은 이 돌을 따낼 수 있습니다. 2도 백1로 흑 한점을 따낸 것이고, 3도는 흑돌을 들어낸 모습입니다. 여기서 재미있는 것은 백이 따낸 후 ●가 단수 형태의 모습이라는 것입니다.

이때 흑은 바로 a의 곳으로 백 한점을 따낼 수 없습니다. 이것이 '동형반복의 금지' 규칙에 적용되는 항목입니다. 그래서 바둑 규칙에는 바로 이런 곳을 '패'라고 규정하고 있으며, 4도는 흑이 다른 곳을 한번 두고 백이 응수했을 때 흑1로 다시 따낸 장면입니다.

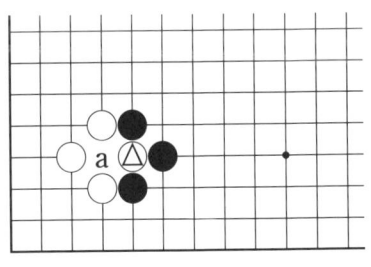

3도

4도

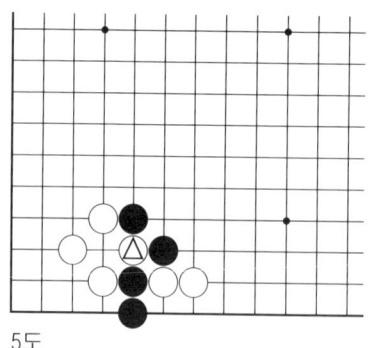

5도

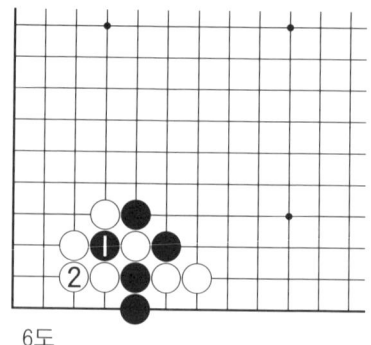

6도

## 패의 해결

5도 백△는 단수되어 있는 형태이고, 흑은 이 한점을 잡을 수 있습니다. 6도 흑1로 따내는 순간 이 모양은 패가 되고 서로 어려운 싸움이 예상됩니다. 그러나 백이 패를 안 하고 바로 백2로 잇게 되면 이것은 상황이 달라집니다.

7도 흑도 1로 잇게 되어 이것은 패가 해결되었습니다. 이렇게 되면 간단하게 패가 해결된 모습이고, 흑△ 두점까지 살아 돌아와 이것은 흑도 불만이 없습니다. 그러나 백도 이렇게 패를 물러나지 않을 것이고, 흑도 다시 8도 흑1로 강하게 패를 걸어갈 수 있습니다.

이때는 상황이 더욱 복잡해지며 이제는 절대 '팻감'이 필요하게 됩니다. 팻감에 대해서는 좀 더 알아보도록 하겠습니다.

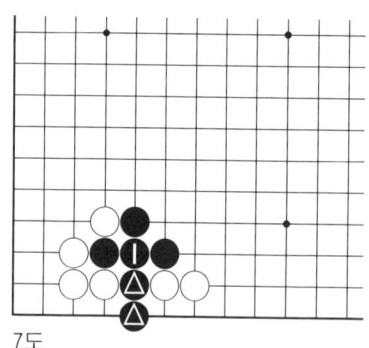

7도

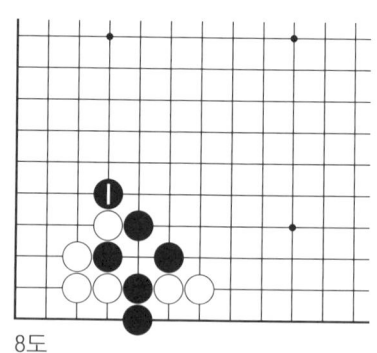

8도

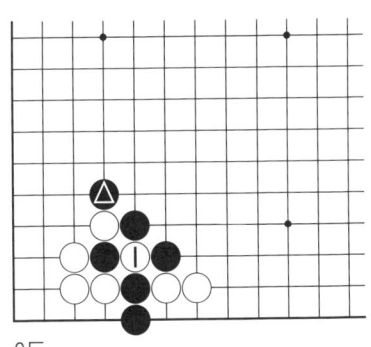

9도

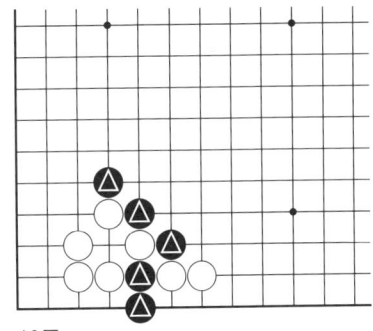

10도

## 🔵 패의 계속

9도 백은 계속해서 패를 진행할 수 있습니다. 백1로 따낸 후 10도를 한번 봐주세요. 흑이 패를 질 경우 흑▲들은 거의 폐석이 되고 맙니다.

　그러므로 흑은 이 패에서 반드시 이겨야 하는 부담이 있습니다. 만약 이 패싸움을 이기지 못한다고 했을 때 9도 흑▲로 패를 계속한 것은 무리 수입니다.

　11도 흑은 어떻게 하든지 절대 팻감을 사용한 후 흑1로 다시 따낼 수 있는 기회가 와야 하며, 반드시 12도 백1로 굴복시켜야 하는 것입니다.

　그리고 흑2로 잇게 되면 흑은 백을 한 번 더 굴복시킨 후 2로 잇게 된 그만큼 이득입니다. 다시 한 번 설명하지만 이 팻감이 없었다면 9도 흑▲ 의 반발은 큰 무리입니다.

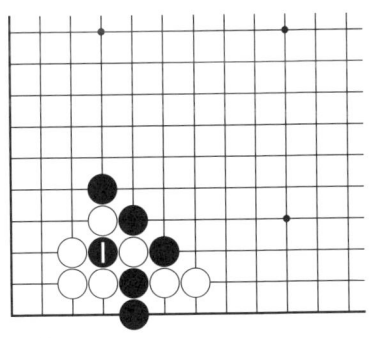

11도

12도

나중에 사활(死活)에 대해 자세히 공부하겠지만 지금 13도 하변의 흑은 a
와 b가 집 같이 보여 살아 있는 모습으로 보입니다. 그러나 자세히 보면
흑▲가 단수에 몰려 있어 백이 둘 차례면 상황이 달라집니다. 생사가 걸
린 패가 될 수 있습니다.

만약 흑이 둘 차례라면 문제는 간단합니다. 14도 흑이 단수되어 있는
흑 한점을 이으면 그만입니다. 흑은 a와 b로 완벽한 두 집을 만들어 깔끔
하게 산 모습입니다.

그러나 백이 둘 차례라면 문제는 복잡해집니다. 계속해서~

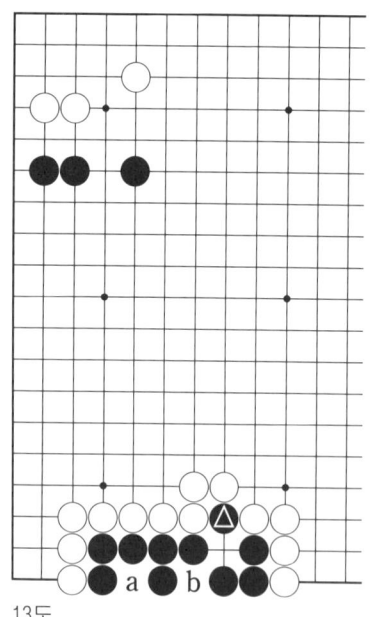

13도

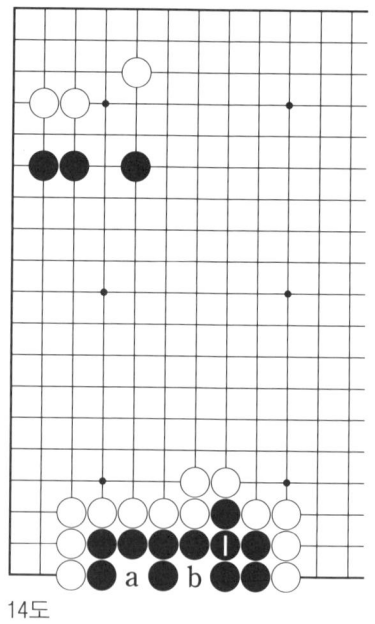

14도

● 생사가 걸린 패 2

바둑에서 패의 종류는 참으로 많습니다. 지금과 같이 대마의 생사가 걸려 있는 패가 나올 수도 있고, 중반전과 종반전의 끝내기 패도 나올 수 있습니다. 패의 종류가 다양하더라도 그때그때 상황에 맞게 대처해야 합니다.

15도 백1로 따내면 a는 집이 아닙니다. 흑 석점이 단수가 되어 백은 a로 따낼 수 있습니다. 이때 흑은 a로 이으면 흑 전체가 잡혀 이을 수는 없습니다. 그러므로 흑은 잇는 게 아니라 패싸움을 해야 하는데요. 적당한 팻감을 써야 합니다.

흑의 팻감은 16도 좌상 흑2로 백집을 뚫자고 하는 것입니다. 이 팻감을 받을지 아니면 안 받을 것인가는 전적으로 백의 선택에 달려 있습니다.

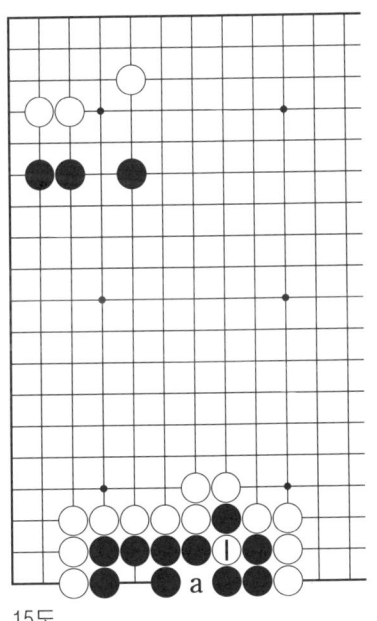

15도

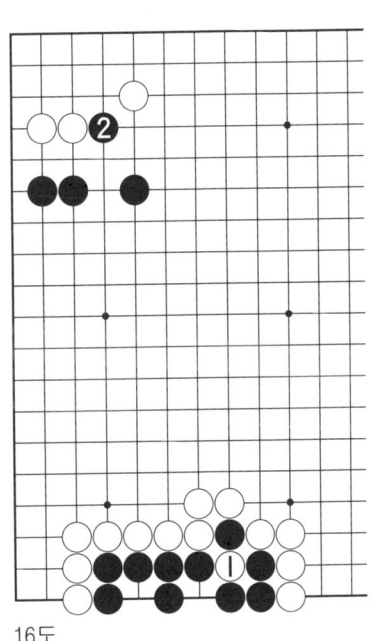

16도

## ●패와 팻감

17도 백△로 따낸 순간 이 모양은 패싸움이 된 것이며, 흑은 당장 백△ 한점을 되따낼 수 없습니다. 그러므로 흑은 팻감을 써야 하며 그래서 흑은 좌상 쪽 흑▲로 붙여 팻감을 사용합니다. 이때 백이 1로 받아주면 흑은 다시 2로 따내 패싸움을 계속하게 됩니다.

여기서 백도 팻감을 사용한 후 이 자리를 따내야 하며, 서로 계속되는 패싸움입니다. 18도 백1이 백의 팻감이며 여기서 흑은 패를 안 받고 흑2로 잇게 되면 패를 해소하게 됩니다.

이렇게 되면 지루한 패싸움은 마치고 흑은 대마가 살아갔지만, 좌상 쪽에 백3으로 뚫려 손해가 많습니다. 팻감의 가치는 오직 자기 자신이 판단해야 하며 실력이 늘어갈수록 그 계산은 아주 빨라집니다.

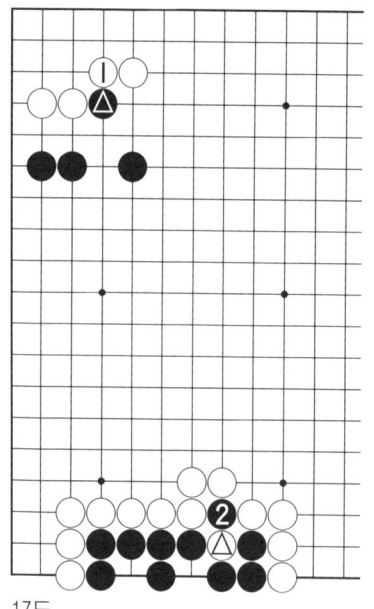

17도

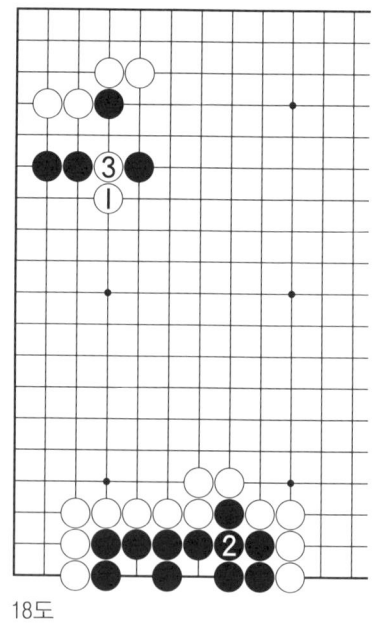

18도

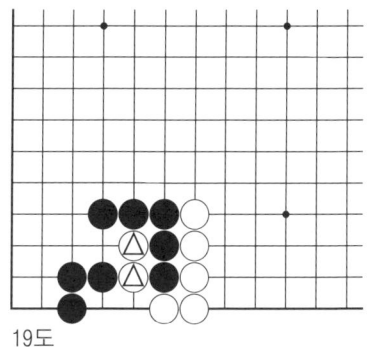

19도

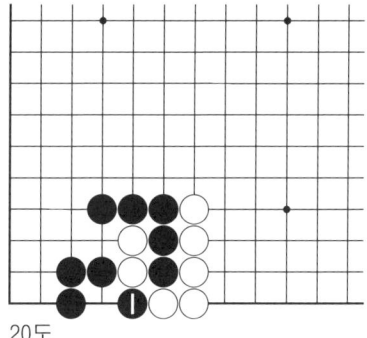

20도

## 패의 수단

반드시 패를 할 경우가 있는데요. 지금이 그렇습니다. 19도 백△ 두점은 그냥 잡을 수는 없습니다. 하지만 패를 활용한다면 잡을 수 있습니다. 20도 흑1로 패를 걸어갑니다. 흑은 이 패를 이기게 되면 6집의 이득을 보게 되며, 패에 지더라도 오직 1집만 손해 보는 패싸움입니다.

왜냐하면 나중에 자세히 배우겠지만 집을 계산하는 데는 사석과 늘어나는 집을 확인하면 간단합니다. 21도 흑이 이 패싸움을 이겼을 경우입니다. 패싸움을 이기면 흑▲로 잇게 되고 흑은 백 두점을 잡은 소득이 6집입니다.

반면 22도 백이 이 패싸움을 이겼을 경우인데요. 백△로 잇게 되면 백은 패에서 이겼습니다. 그렇지만 백의 이득은 애초 흑이 패를 걸어갔을 때의 흑 한점을 잡은 것 밖에 없습니다.

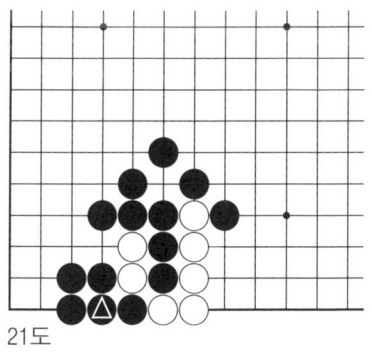

21도

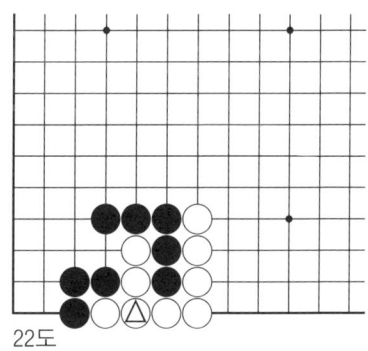

22도

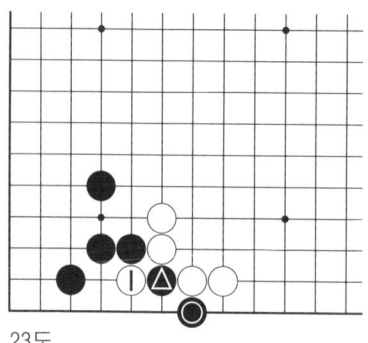

23도

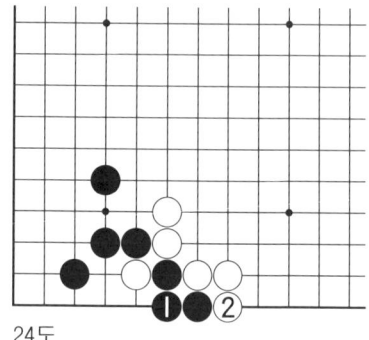

24도

## 🔵 패로 버티는 작전

23도 흑⬛을 잡기 위해 백1로 단수친 장면입니다. 이 한점을 잡으면 흑⚫
까지 잡을 수 있어 아주 짭짤한 수단입니다. 이때 흑이 24도 단수라고 흑
1로 잇는 것은 최악으로 백2면 흑이 보태준 결과입니다.

　보통은 25도 흑1로 단수치고 흑을 포기하고 선수를 차지해 다른 큰 곳
을 끝내기하면 된다고 생각합니다. 하지만 지금은 좀 다릅니다. 26도 흑1
로 버티는 수가 있습니다. 흑1이면 백이 a로 따내 그만인 것 같지만 이것
은 패 모양이 됩니다. 이미 흑1로 버티는 순간 패입니다.

　이후 지루한 패싸움이 되겠지만 어쨌든 지금은 흑1로 버티는 게 최선이
며, 이렇게 패로 버티는 수단이 있다는 것이야말로 재미있는 바둑의 속성
입니다.

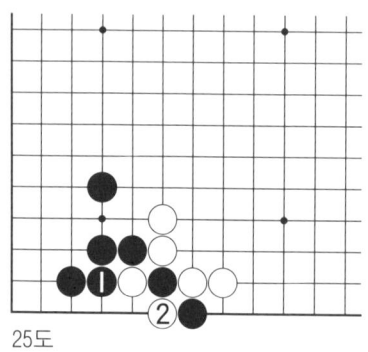

25도

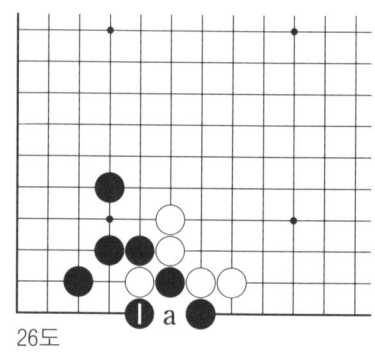

26도

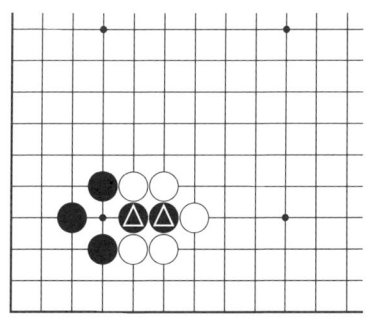

27도

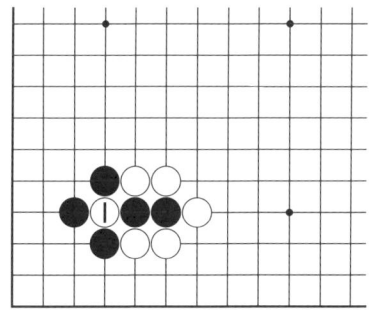

28도

## 🔵 패가 아니다

'패'는 '동형반복'에서 오는 형태라는 것을 잊으면 안 됩니다. 같은 형태가 반복되는 것은 곧바로 따낼 수 없는 규칙이 있어 다른 곳에 한번 착점하고 난 후 다시 그 자리로 돌아와 착점할 수 있다는 것을 배웠습니다.

27도 흑▲ 두점이 단수로 몰려 있고 언뜻 보면 패 모양 같습니다. 그러나 이것은 패가 아닙니다. 28도 백이 먼저 따냅니다. 29도 백△로 흑 두점을 따내며 들어낸 모습입니다. 이때 흑은 30도 흑1로 다시 따낼 수 있습니다.

이것은 동형반복이 아닙니다. 자세히 보면 절대 같은 모양이 아니며 이런 것은 패라고 부르지 않습니다.

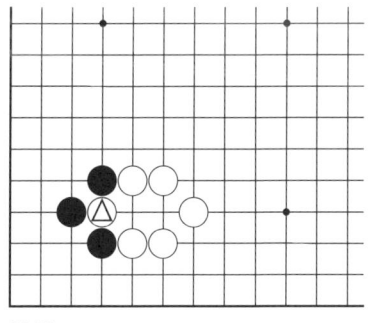

29도

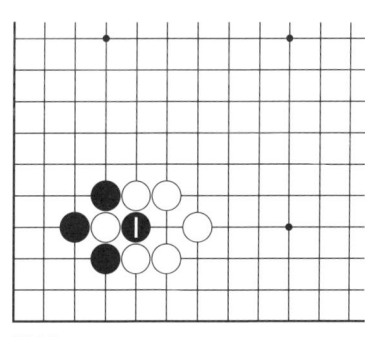

30도

## ●다양한 형태의 패

패는 다양한 형태로 나타날 수 있습니다. 아래 그림에서 이렇게 패 모양만 봐서는 그렇게 어려워 보이지도 않습니다.

a의 곳은 모두 패로 따낼 수 있는 곳이며, 모두 '동형반복의 금지' 원칙에 따라 이 부분은 당장 다시 따낼 수 없습니다.

이렇게 간단하게 보이는 패이지만, 단순하게 다른 곳을 한번 두고 상대가 그곳을 받을 때 다시 패로 돌아온다는 생각을 가져서는 안 됩니다.

제일 중요한 것은 패의 가치를 알아야 합니다. 내가 팻감을 사용했을 때 상대가 그 팻감을 안 받고 패를 해소할 경우의 가치 등, 약간 어려움이 있을 수 있습니다. 그래서 패와 팻감의 관계를 잘 이해해야만 합니다. 나중에 좀 더 공부해 보기로 하죠.

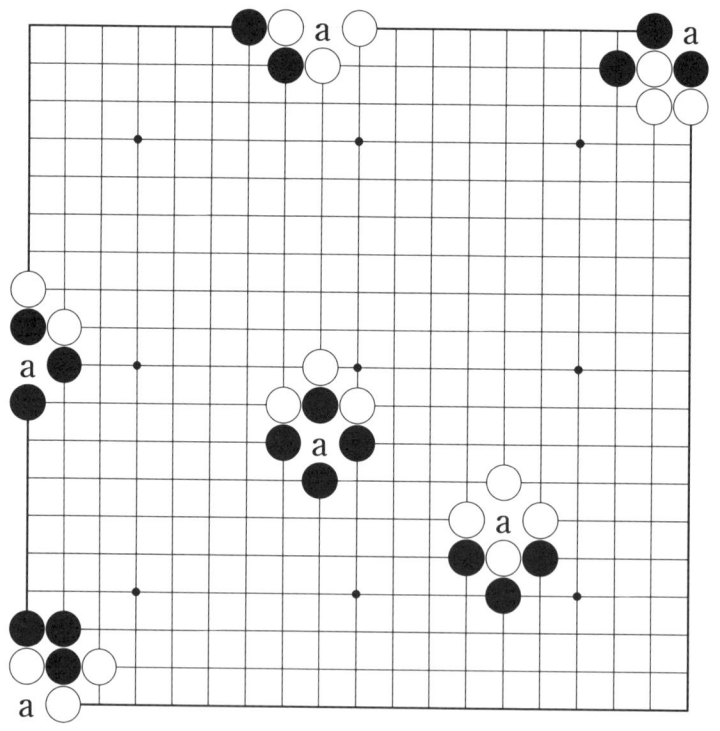

▨ 흑은 패의 자리를 찾아 따내보세요.

문제 1

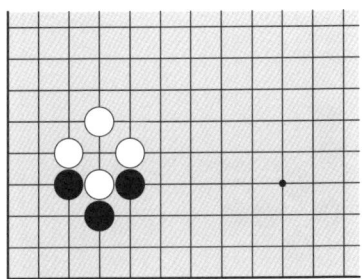

문제 2

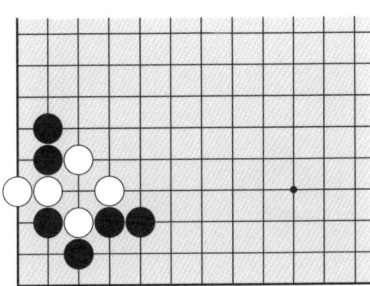

문제 3

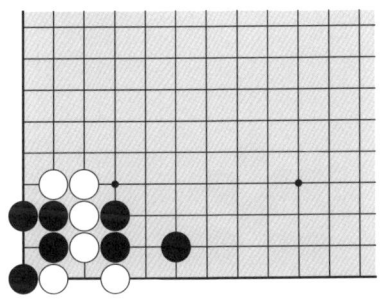

문제 4

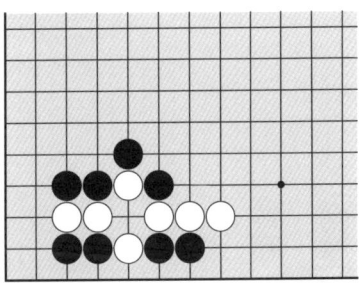

문제 5

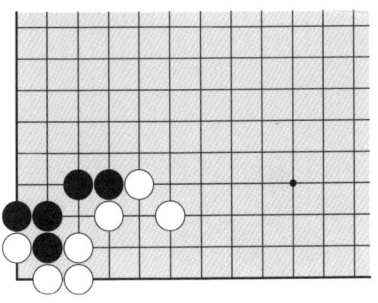

문제 6

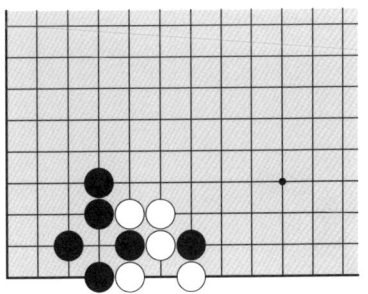

☞ Tip 단수되어 있는 백을 찾아봅니다.

**해답 1**

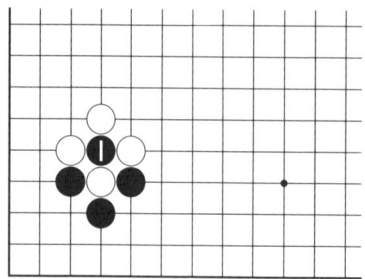

**해답 2**

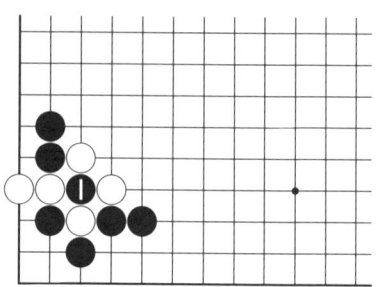

**해답 3**

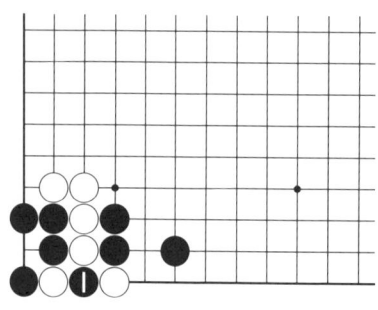

**해답 4**

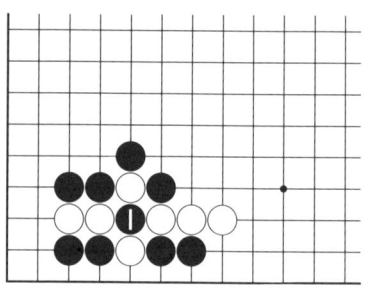

**해답 5**

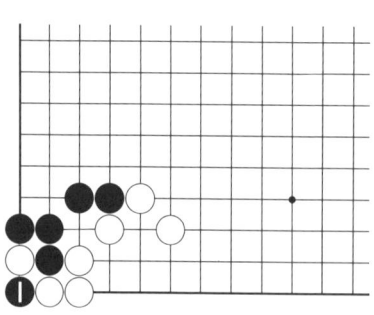

**해답 6**

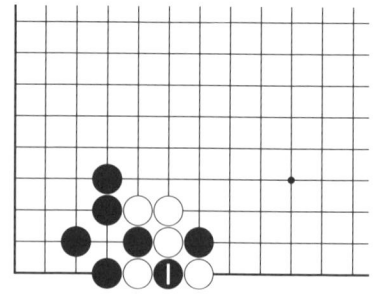

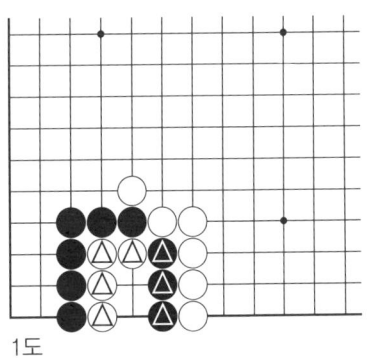

1도

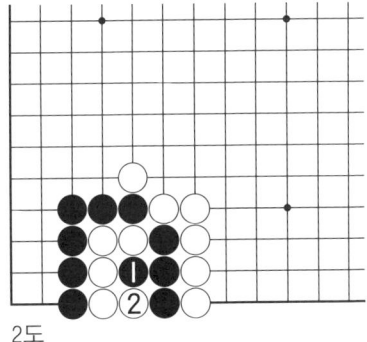

2도

### ●빅의 규칙

바둑의 규칙에는 완전한 두 집이 아니라도 살아있는 경우가 있습니다. 서로 공존하면서 바둑이 끝날 때까지 서로가 침범할 수 없고 이길 수도 없습니다. 이러한 형태를 '빅'이라 합니다.

1도 흑▲와 백△는 서로 살아 있는 형태입니다. 흑과 백 사이의 공통 활로가 두 개 있으므로 서로 이곳을 들어갈 수 없습니다. 서로가 잡기 위해선 단수로 몰아가야 하는데, 지금은 단수를 치는 순간 자기 자신이 먼저 잡힙니다.

2도 흑1로 백을 잡자고 하면 백2로 오히려 흑이 잡힙니다. 그렇다고 3도 백이 먼저 흑을 잡자고 하는 것도 이번에는 흑2로 백이 먼저 잡힙니다. 그러므로 4도 a의 공통 활로는 서로 들어갈 수 없고 서로 살아있는 모습입니다.

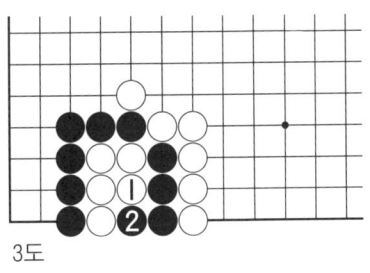

3도

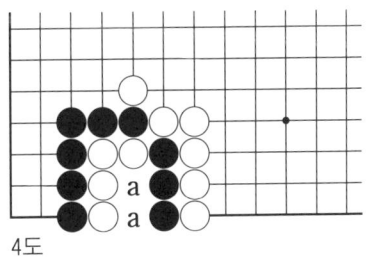

4도

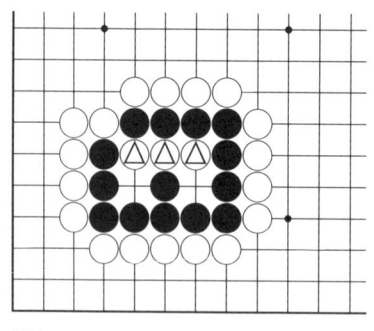

5도

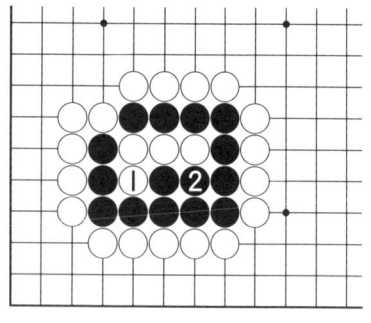

6도

## ● 곡사궁(曲四宮)의 빅

5도 사방으로 둘러싸인 흑 대마가 언뜻 보면 잡힌 것 같아 보이지만 이 대마는 살아 있습니다. 곡사궁이죠. 즉, 백△ 석점이 흑을 잡으러 더 이상 활로를 메울 수 없다는 것입니다.

6도 백1로 단수쳐 흑을 잡자고 하는 것은 흑2로 백이 먼저 잡습니다. 7도는 흑이 백을 들어낸 모습이고 이 자체로 흑은 살아 있는 모습입니다. 8도 백1로 활로를 줄여와도 흑2면 완벽하게 산 모습입니다.

따라서 5도의 빅 모양에서 공통 활로를 들어가면 더 큰 손해가 발생하게 되므로 이곳은 서로 들어갈 수 없으며, 대국을 마칠 때까지 각각 인정해주면 됩니다.

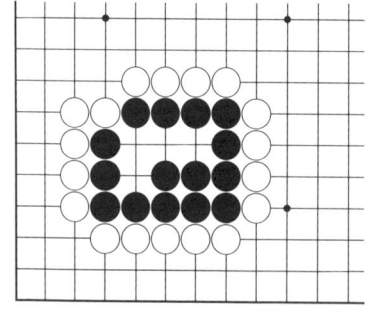

7도

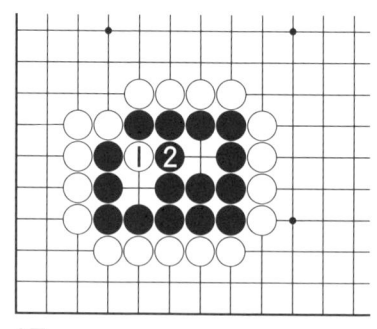

8도

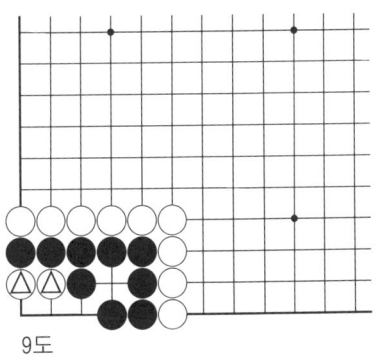

9도

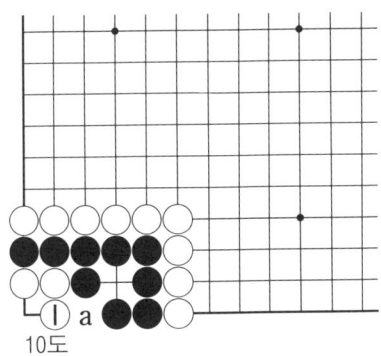

10도

## 🔵 빅 만들기 1

9도 백△ 두점이 잡힌 것 같이 보입니다. 즉, 흑 귀의 집은 사석을 포함하여 총 8집의 완성 같이 보입니다. 하지만 여기에는 수단이 남아 있습니다.

10도 백1이면 이 모양은 '빅' 형태입니다. 그 순간 흑집은 0집이 되는 것입니다.

8집이라고 생각했던 집이 곧 0집이 되는 순간입니다. a의 곳은 서로 들어갈 수 없는 공통 활로가 되며 이곳을 먼저 놓는 쪽이 잡히고 맙니다. 그러므로 흑은 이 귀에 가일수가 필요하며, 11도 흑1로 백 두점을 확실하게 잡아두어야 합니다.

12도 이로써 흑집은 사석을 포함하여 총 7집이 완성되었습니다. 집의 개념은 다음 항목에서 좀 더 자세하게 다루겠습니다.

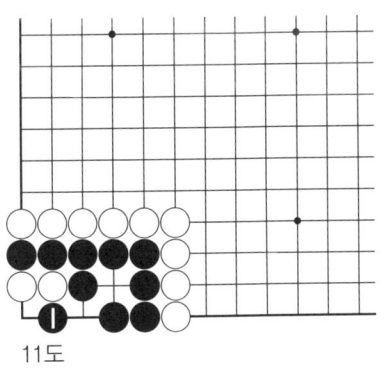

11도

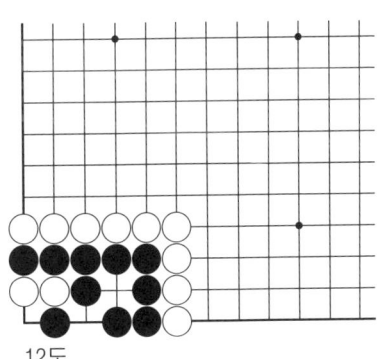

12도

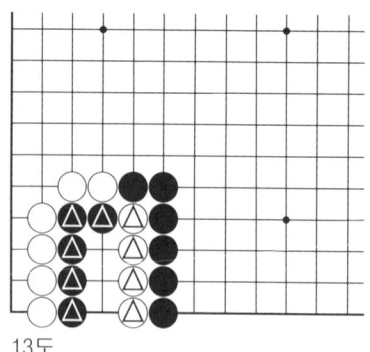

13도

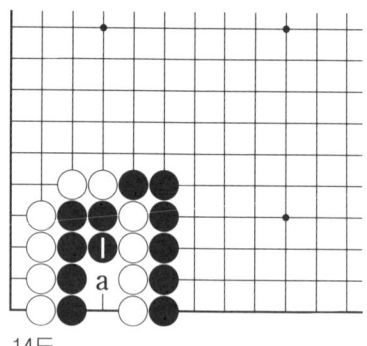

14도

## ● 빅의 형태

13도 백△와 흑▲는 역시 빅입니다. 이것은 공통 활로가 3개 있으므로 좀 다르게 보일 수 있겠지만, 결국 공통 활로는 두 개가 남게 되므로 서로 들어갈 수 없는 모양으로 됩니다.

14도 흑1이면 백은 a에 놓을 수 없습니다. 마찬가지로 15도 백1이면 흑은 a에 놓을 수 없습니다. 공통 활로가 두 개 남아 있으므로 이곳에 먼저 들어가는 쪽이 잡히고 맙니다.

16도 참고로 공통 활로가 4개 남아 있어도 빅입니다. 그러므로 빅을 만들기 위해서는 공통 활로가 아무리 많이 남아 있어도 빅 형태가 된다는 것을 알 수 있었습니다. 그래서 수상전에서 수를 메울 때는 뒤부터 메워야 하며, 만약 자기도 모르게 공통 활로부터 메우는 것은 아주 우둔한 짓입니다.

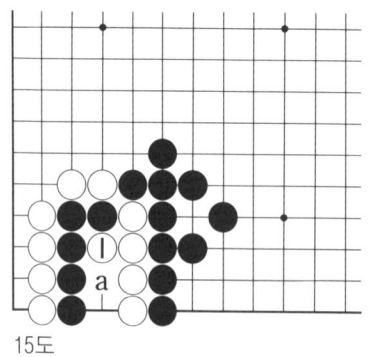

15도

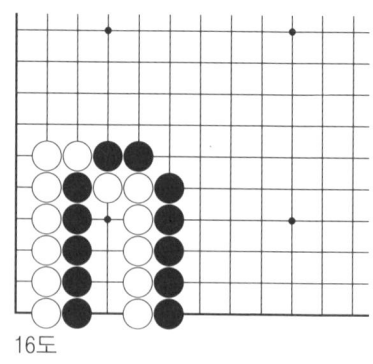

16도

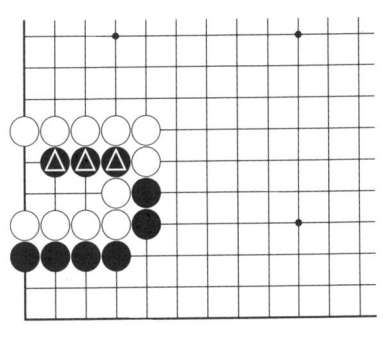

17도

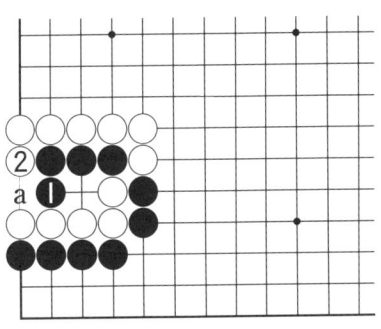

18도

## ●빅 만들기 2

17도 흑▲ 석점은 아주 위험해 보이지만 안에 있는 백 다섯점과 충분히 싸울 수 있습니다. 그렇다고 무턱대고 18도 흑1로 백의 수를 메우는 것은 자충이 되어 백2로 흑이 안 됩니다. 흑은 a로 차단할 수 없어 백은 연결 된 모습입니다.

　그러므로 흑은 다른 방법을 찾아봐야 하는데요. 19도 흑1로 막는 게 최선의 수입니다. 이 수로 흑은 보기 좋게 빅을 만들었습니다.

　이로써 흑과 백은 공통 활로가 각각 세 개씩이므로 빅이 되었습니다. 계속해서 20도 백이 활로를 메워 봐도 흑은 손을 빼 다른 곳으로 손을 돌려도 됩니다. 이 자체로 빅입니다.

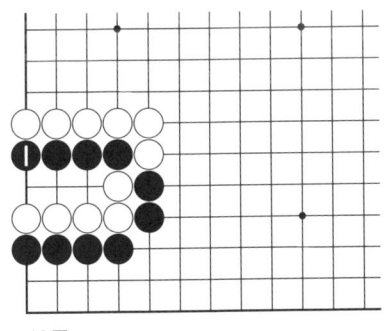

19도

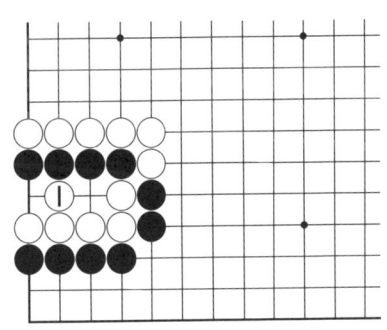

20도

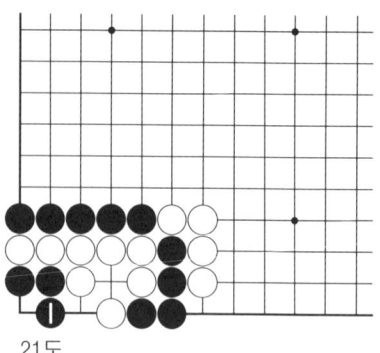

21도

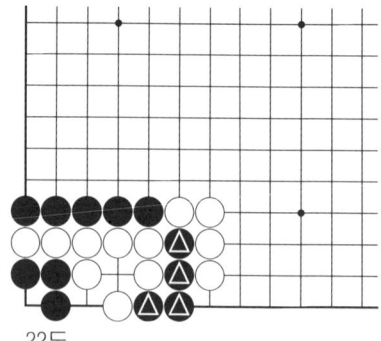

22도

## ●빅이 무너지다

21도 흑1로 놓는 순간 여러분은 빅으로 알고 있을 겁니다. 맞아요. 지금 이 부분만큼은 빅 맞습니다. 하지만 지금은 상황이 조금 다릅니다. 22도 흑▲ 넉점이 단수가 되어 잡혀 있습니다. 이 흑이 잡혀 있는 순간 귀의 흑 석점은 자동으로 잡힌 겁니다. 빅을 형성하고 있는 돌이 잡혀 있어 빅이 안 되는 것입니다.

한번 확인해볼까요? 23도 백1로 흑 넉점을 잡아보죠. 이 자체는 안 잡아도 흑이 탈출할 길이 없어 자동으로 잡힌 것이지만, 지금은 눈으로 확인하기 위해 일단 흑 넉점을 때려봅니다.

24도 흑 넉점을 들어내는 순간 뻥뚫려 백은 사통팔달 모두 연결된 모습입니다. 이제 귀의 흑 석점이 자동으로 잡혀있는 게 보이나요? 빅이 무너졌습니다.

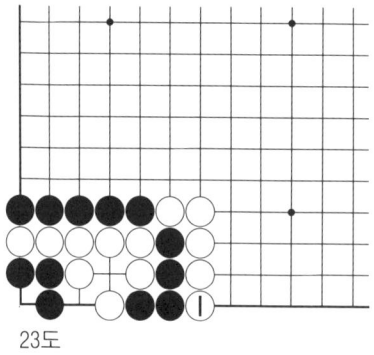

23도

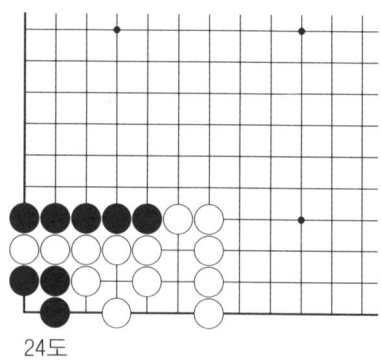

24도

▨ 흑은 빅을 만들어보세요.

문제 1

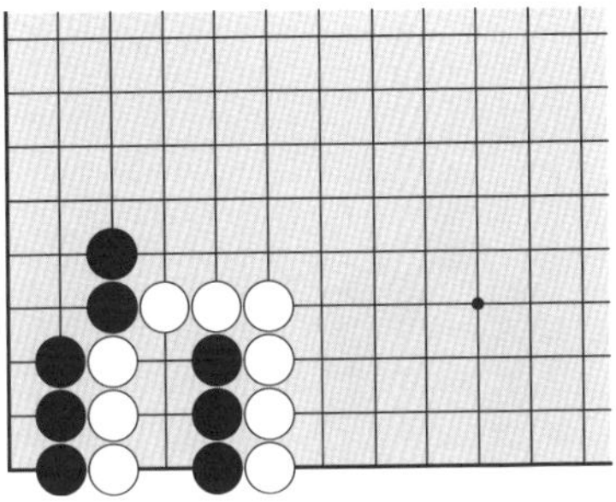

문제 2

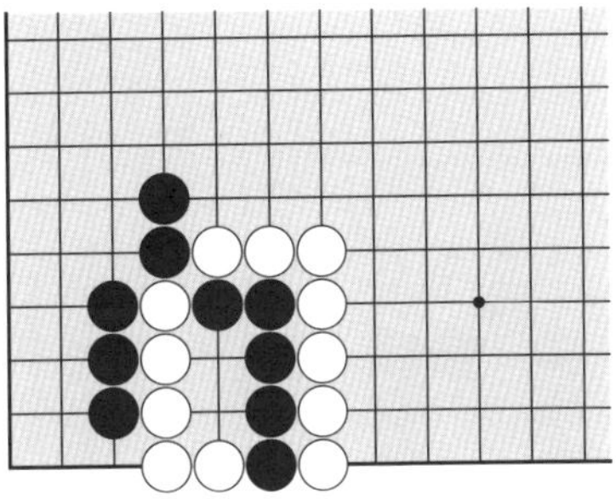

문제 3

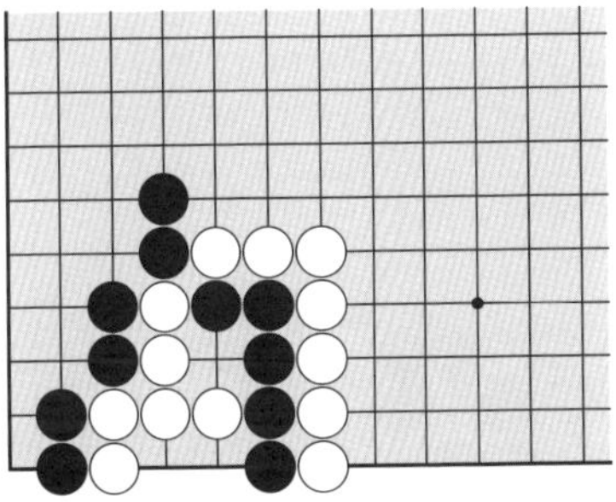

문제 4

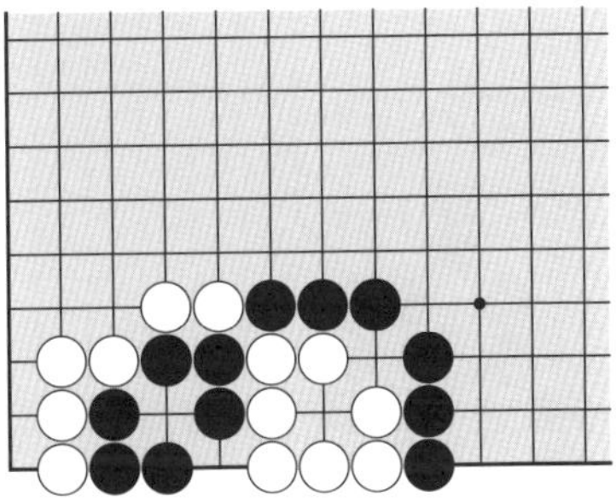

문제 5

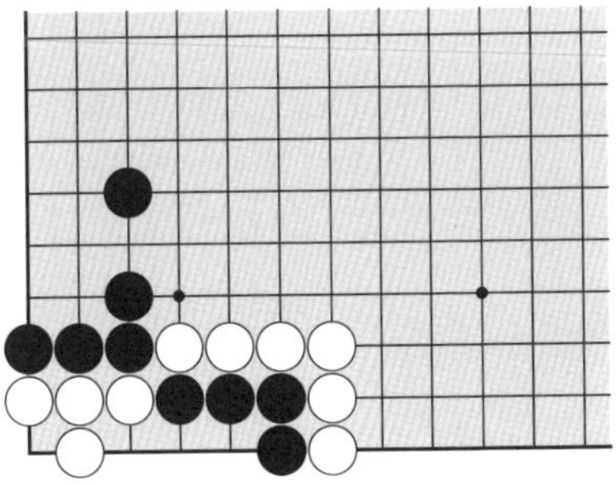

문제 6

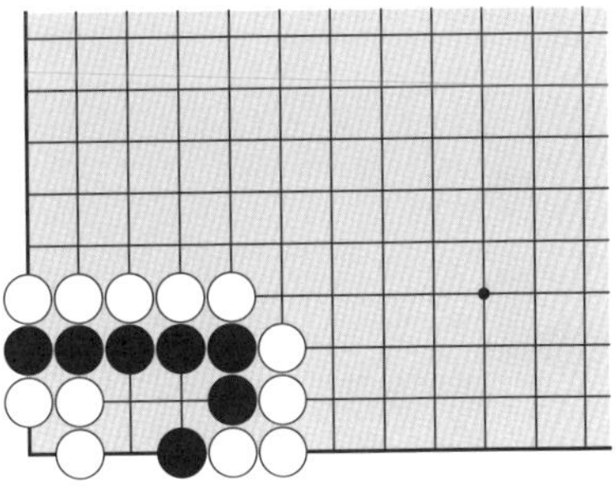

☞ Tip 공통 활로를 만드는 게 키포인트입니다.

**해답 1**

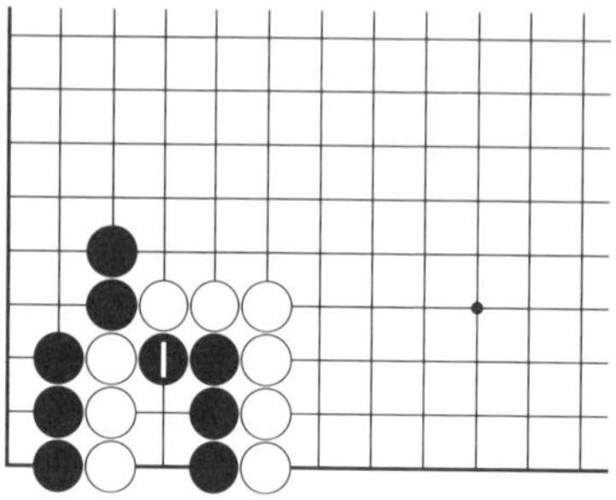

**해답 2**

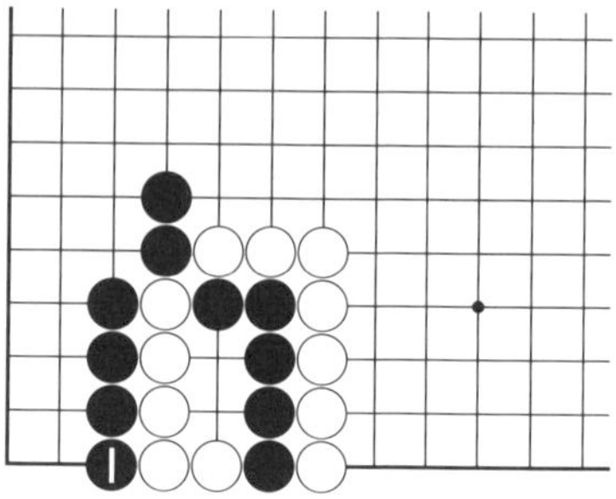

**해답 3**

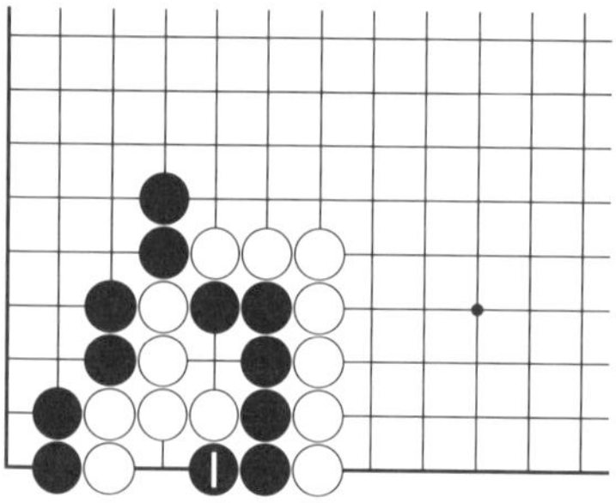

**해답 4**

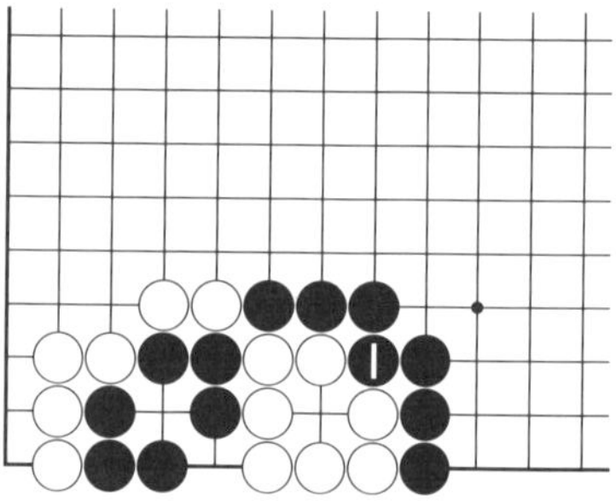

**해답 5**

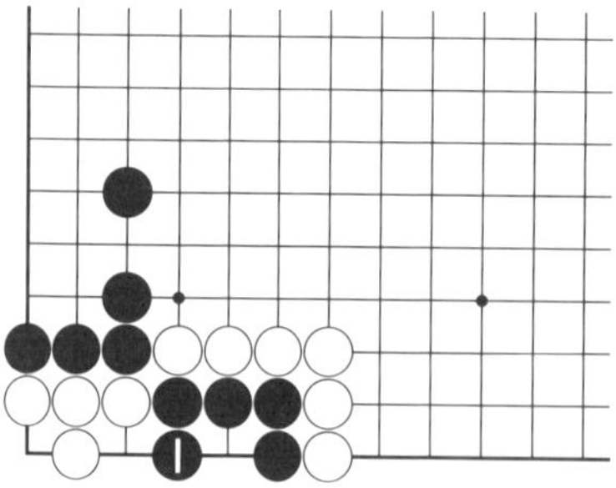

**해답 6**

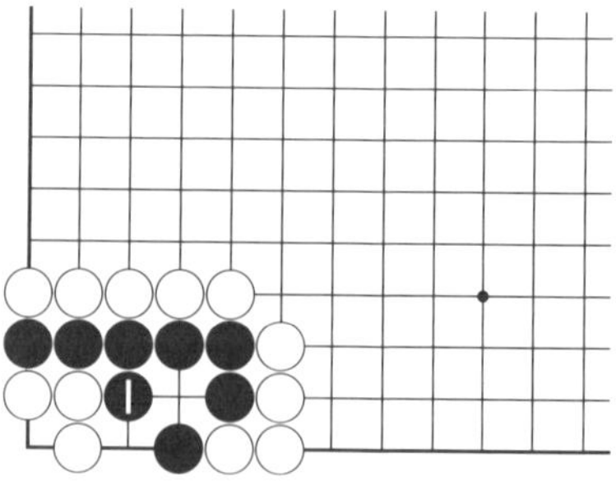

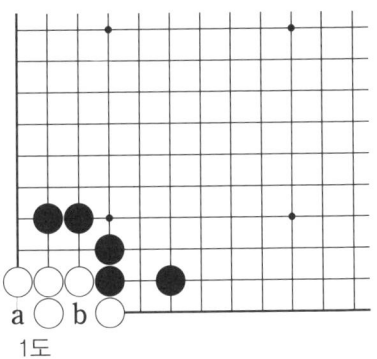

1도

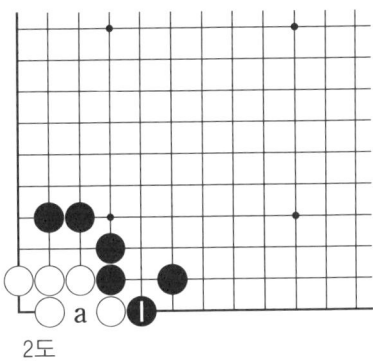

2도

### ● 옥집의 정의

옥집은 집 같이 보이지만 집이 아니라는 뜻입니다. 가짜 집을 말합니다. 영어로는 false eye(옥집)라고 합니다. 우리가 집에 대한 표현을 간혹 눈(目: 눈 목)이라고 합니다. 거기에서 나온 '눈'을 eye로 표현한 것입니다.

1도 a의 곳은 완전한 한 집이지만 b의 곳은 옥집입니다. 향후 b의 곳은 활로가 메워지면 이어야만 하는 모습이 됩니다. 그러므로 b의 곳은 완전치 않은 옥집입니다. 2도 흑1이면 결국 백은 a에 이어야 하며 집이 아닙니다.

3도 백△가 완전한 집을 만드는 급소이며, 4도 흑▲는 옥집을 만드는 급소가 됩니다.

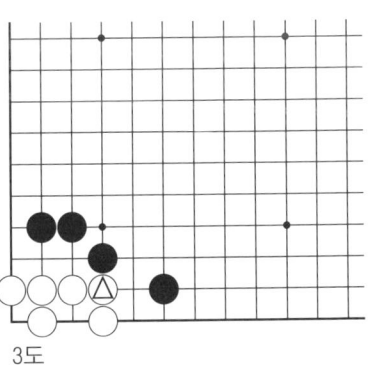

3도

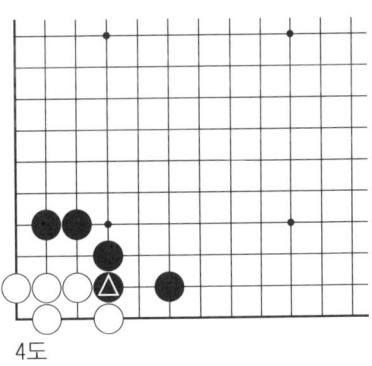

4도

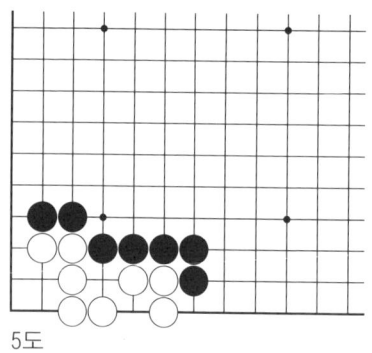

5도

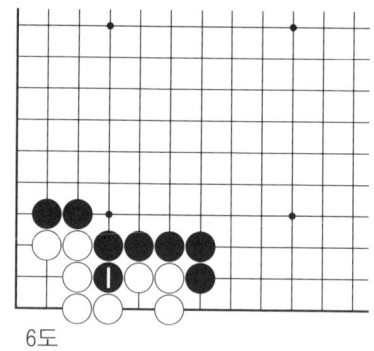

6도

## ● 옥집 만들기-1선 급소

옥집을 만드는 것은 의외로 아주 간단합니다. 상대의 연결되어 있는 돌의 매듭을 찾아 그곳의 활로를 채우면 됩니다. 그렇게 되면 그 자리는 결국 활로가 모두 채워졌을 때 단수 형태가 되며 옥집이 되는 것입니다.

옥집 만드는 방법은 약 4가지 정도 있는데, 지금은 1선의 급소부터 알아보겠습니다. 5도 백 집의 모양에서 옥집이 되는 자리가 있습니다. 가만히 살펴보면 매듭이 보이는데요. 6도 흑1이 옥집을 만드는 급소입니다. 1선의 집을 없애는 급소이죠.

7도 결국 흑1이면 백 석점은 단수가 되고 a 자리는 집이 안 됩니다. 흑▲가 1선의 집이 되는 급소 자리에 있습니다. 그러므로 백은 8도 1로 가일수해야 a는 완전한 집이 됩니다.

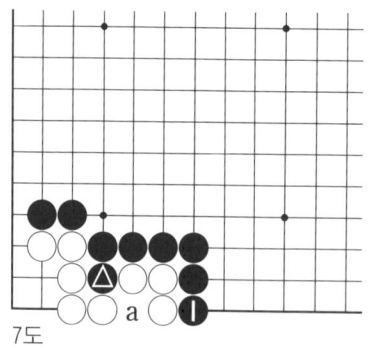

7도

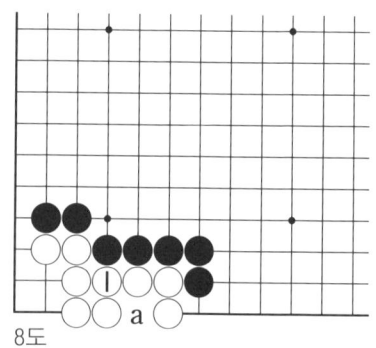

8도

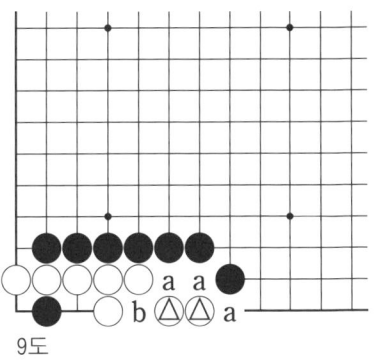

9도

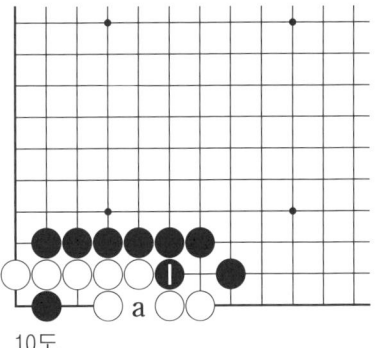

10도

## ●1선의 집은 옥집이 될 수 있다

지금 9도 백△ 두점은 활로가 a의 곳, 세 개 비어 있습니다. 엄밀히 말하면 b까지 네 개이죠. 이 곳 가운데 하나를 흑이 메우면 백은 옥집이 됩니다. 당장 단수가 안 되더라도 옥집이 되면 가짜 집이 되어 나중에 결국 단수가 됩니다.

10도 흑1로 a는 옥집이 되었습니다. 1선의 집은 이렇게 매듭이 있는 곳을 쳐다보면 옥집이 되는 자리가 있습니다. 이것은 나중에 사활에 아주 중요하게 작용하니 꼭 익혀두시기 바랍니다.

향후 활로가 모두 메워졌을 때 11도 백△ 두점은 단수가 되어 결국 a의 곳은 집이 안 된다는 사실을 확인했습니다. 그러므로 12도 백은 1로 가일 수해 완전한 집을 만들 필요가 있습니다.

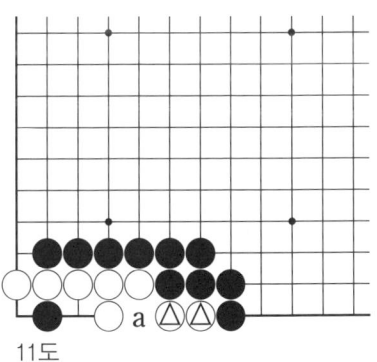

11도

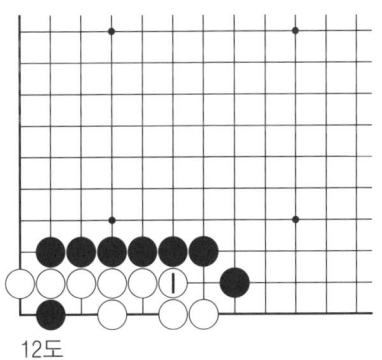

12도

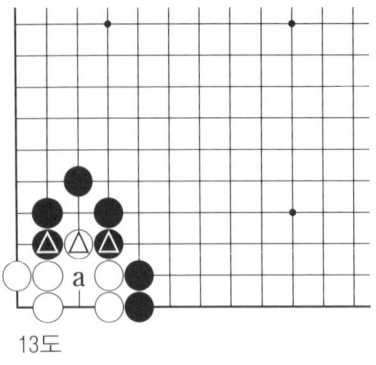

13도

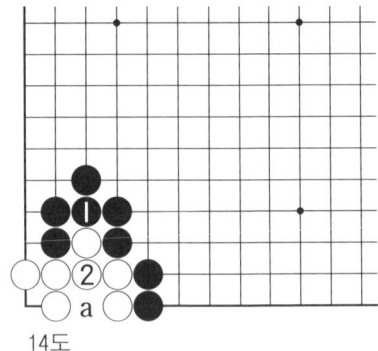

14도

## 옥집 만들기-먹여치기

13도 백△ 한점에 대해 a의 곳이 옥집이라는 것은 이미 배워서 알고 있습니다. 흑● 두점이 양쪽(한칸)에서 백의 활로를 막고 있어 a의 곳은 옥집이 됩니다. 그래서 14도 흑1로 단수치고 백2로 이으면 잘했다고 생각될지 모르지만 여기에선 더 좋은 수가 있습니다.

지금은 a의 곳이 완벽한 한 집이 되었지만 이곳에 집을 만들어주지 않는 좋은 수가 있습니다. 15도 흑1로 먹여치는 수가 좋아 백2로 따내도 이곳은 집이 만들어지지 않습니다. 한번 볼까요?

16도 흑을 들어낸 모습입니다. a의 곳은 집이 안 되었습니다. 이렇게 먹여쳐서 옥집 자리를 활용해 한 집도 만들어주지 않는 수법을 잘 익혀두시기 바랍니다.

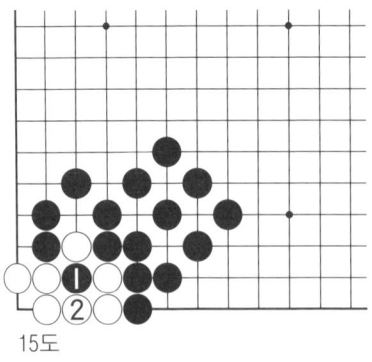

15도

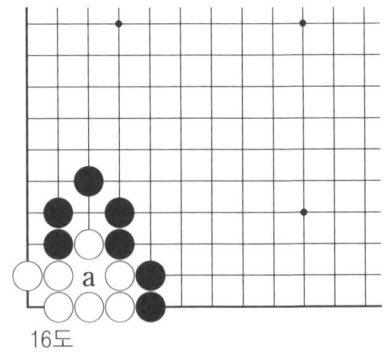

16도

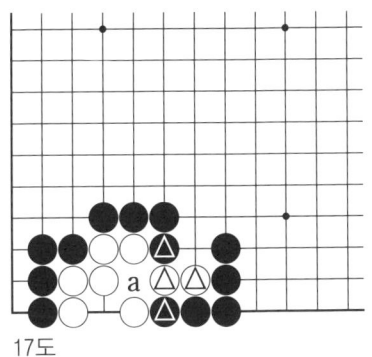

17도

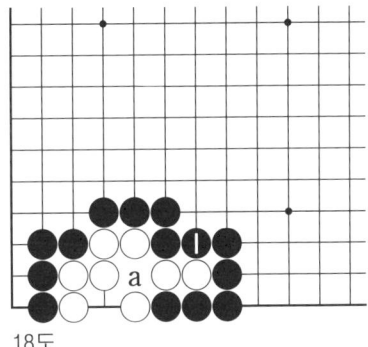

18도

## 🔵 옥집 만들기-한칸 급소

옥집을 만들기 위해서는 집의 형태에서 최소 두 곳의 활로를 메우고 있어야 합니다.

지금 17도 흑▲의 두점은 한칸 간격으로 백△ 두점의 활로를 메우고 있습니다. 이렇게 되면 결국 백 두점의 a는 집이 아닙니다. 백△ 두점은 단수 형태가 되고 a의 곳은 결국 이어야 합니다. 그러므로 a는 집이 아닌 옥집인 것입니다. 지금 흑▲ 두점이 그 역할을 하고 있습니다.

18도 굳이 흑1로 백 두점을 단수칠 필요도 없지만 옥집을 보여주기 위한 것입니다. a의 곳이 집이 아니라는 게 보이죠?

19도 그래서 백은 흑▲를 보면 백1로 가일수해야 하고, 20도 흑▲ 쪽으로 와도 백1로 보강해야 합니다.

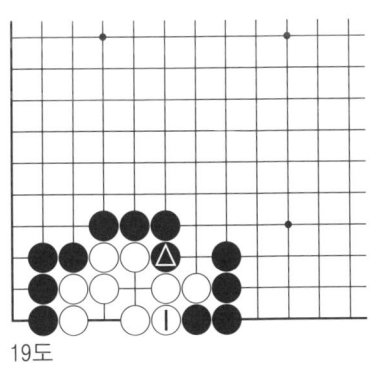

19도

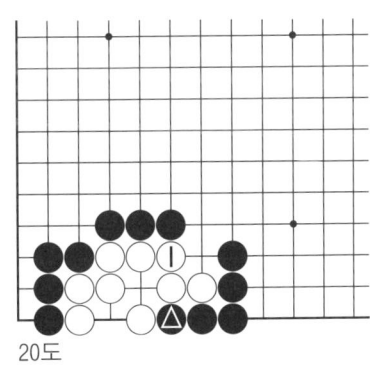

20도

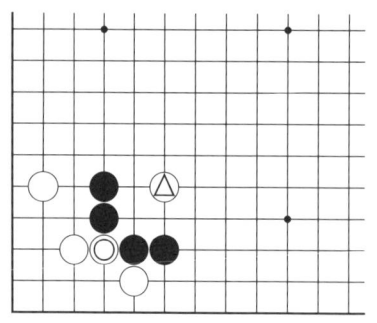

21도

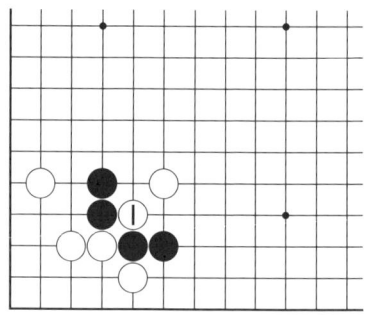

22도

 옥집 만들기-밭전(田)자 급소

**21도** 지금 현재 흑 넉점에 대한 급소는 백△입니다. 그 이유는 백◎와 밭전(田)자 형태를 취해서 그런데요. 이렇게 밭전자 모양으로 마주보고 있는 것은 급소에 해당됩니다. 흑이 손을 **빼면 22도** 백1로 끊을 수 있고요.

　**23도** 흑이 1로 잇는다면 흑 모양이 우그러져 아주 안 좋습니다. 또한 **24도** 흑1이나 ●로 보강하는 것이 그나마 조금 괜찮지만 이 역시 모양이 썩 좋지는 않습니다.

　나중에 **24도** 흑이 ● 자리를 차지해 눈의 형태를 갖추더라도 이것은 집이 아닙니다. 백△의 두점이 대각선으로 마주보고 있어 이것은 옥집입니다. 밭전자 급소인 겁니다. 백△의 대각선 모양을 잘 익혀두기 바랍니다.

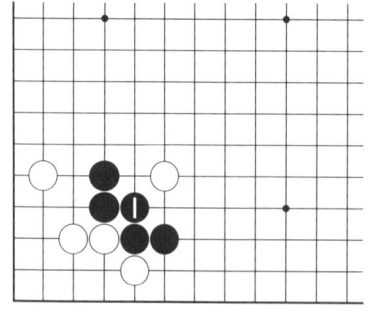

23도

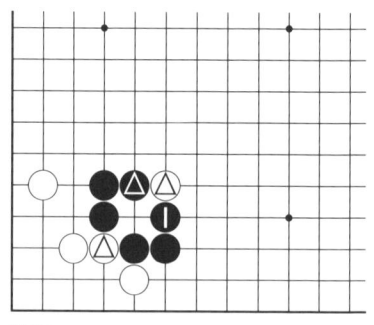

24도

▨ 다음 백을 옥집으로 만들어보세요.

문제 1

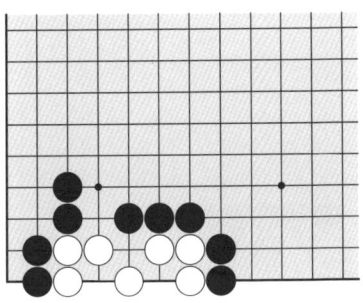

문제 2

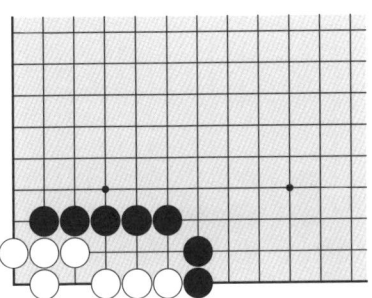

문제 3

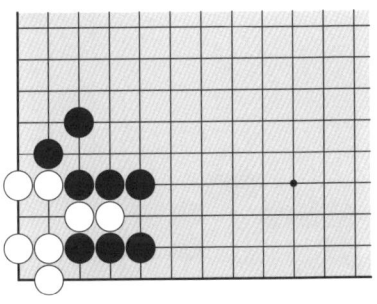

문제 4

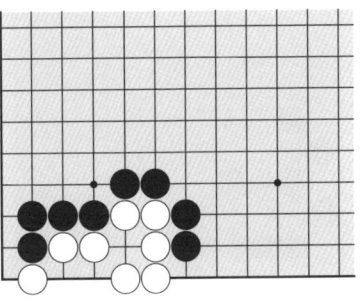

문제 5

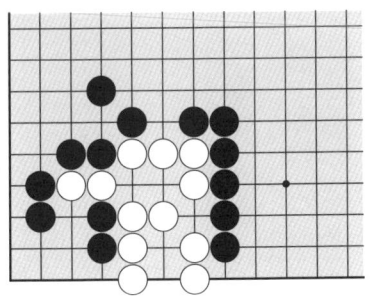

문제 6

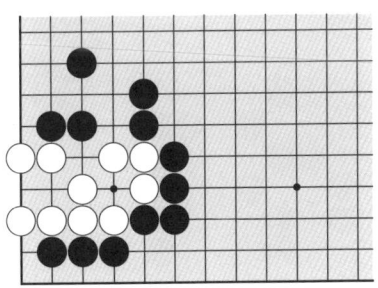

☞ Tip 집을 없애는 급소를 찾으면 됩니다.

**해답 1**

**해답 2**

**해답 3**

**해답 4**

**해답 5**
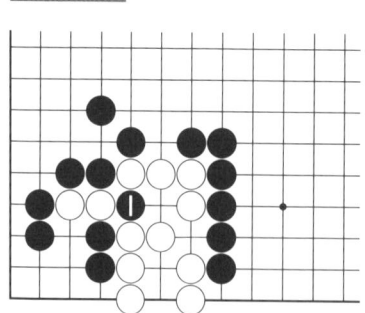

**해답 6**
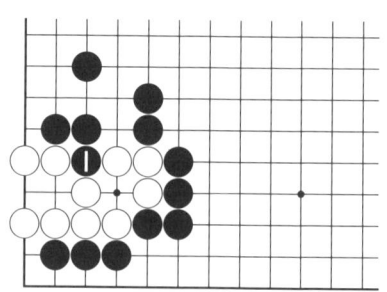

### ●집의 개념

아래 그림에서 흑의 집은 136집, 백은 121집입니다. 이렇게 집이라고 하는 것은 연속된 돌로 둘러싸여 있는 공간을 말합니다. 아래 그림의 흑과 백집은 상징적으로 만들어본 것입니다.

집이란 선과 선이 만나는 교차점을 말하며, 서로 한 수씩 가장 이상적인 점을 찾아내 효율적인 수를 두어나가면 많은 집을 차지하게 됩니다.

이 집을 주지 않기 위해 치열한 전투가 벌어지고, 또 그 전투에서 유리한 고지를 점령하기 위해 머리를 사용하며 지금까지 배웠던 기술들을 적용합니다. 그 방법을 가장 적절하고 효과적으로 사용하는 쪽이 유리함을 얻게 되고 바둑에서 승리를 거두게 됩니다.

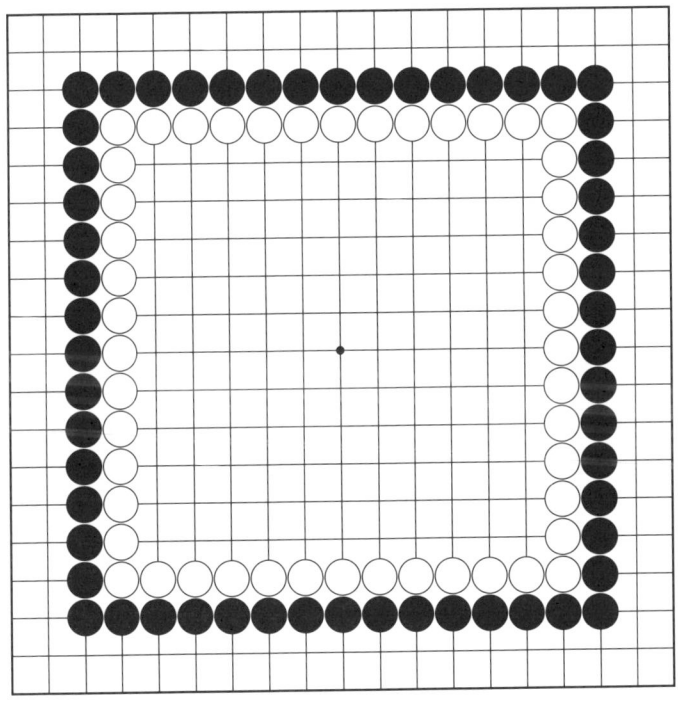

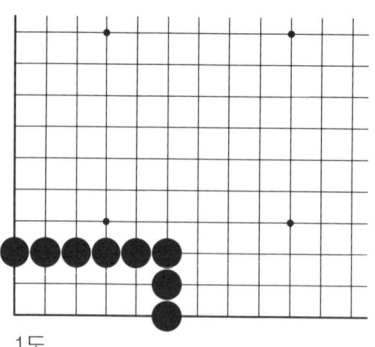

1도

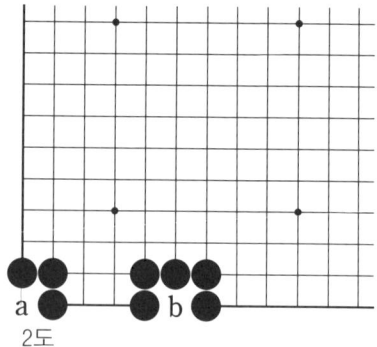

2도

## ●집을 세는 법

1도는 10집입니다. 가로 5줄, 세로 2줄. 그래서 $5 \times 2 = 10$, 이렇게 셉니다. 2도는 a와 b가 각각 한 집이며 이후에 배우겠지만 이 돌은 주위에 백이 둘러싸여 있다면 상황이 달라집니다. 3도는 3집이며 4도는 20집입니다. 4도 같은 경우는 $5 \times 4 = 20$, 이렇게 센다는 것을 알고 있으면 됩니다.

이제 집 세는 방법을 알았겠지요? 집에 대한 개념과 집을 완성한 후 집 세는 방법을 알았다면 이제는 집을 잘 짓는 방법에 대해 열심히 공부해야 합니다. 집을 잘 짓기 위해서는 지금까지 배워온 학습내용을 잘 숙지해 실전에 활용할 수 있는 능력을 키우는 게 중요합니다. 입문 3권(바둑 두기 편)까지 꾸준하게 완성한다면 바둑 한판은 거뜬히 이뤄낼 수 있으리라 믿습니다.

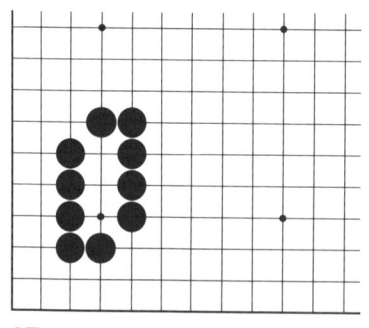

3도

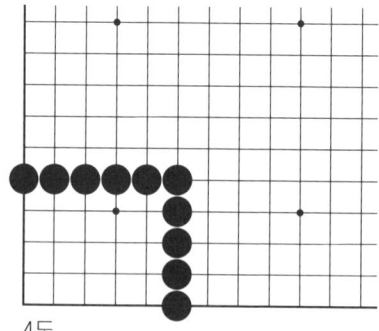

4도

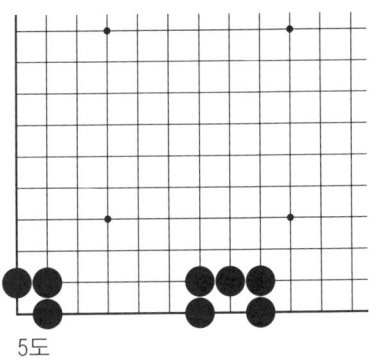

5도

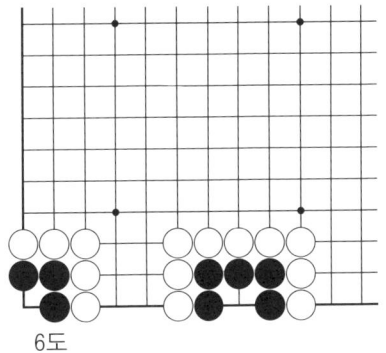

6도

## ⬤ 아주 작은 집

앞에서 잠깐 얘기했듯이 5도는 각각 한 집입니다. 아주 작은 집이며 이것은 주위 환경에 따라 많은 변수가 있습니다.

가령 6도 백이 이렇게 둘러싸고 있다고 가정하면 이 흑은 탈출구가 없습니다. 탈출구가 없는 한 집은 살 수 없습니다. 그러므로 둘러싸인 흑돌 전체는 모두 잡힌 모습이죠.

7도 역시 마찬가지입니다. 흑은 두 집입니다. 이것도 주위 환경이 달라지면 상황이 바뀝니다. 8도 백이 둘러싸면 이 흑은 자동으로 잡힌 거죠. 이렇게 붙어 있는 두 집은 살 수 없습니다. 바둑은 굳이 잡혀 있는 돌에 가일수하지 않아도 나중에 종국 후에는 돌을 그냥 들어낼 수 있습니다.

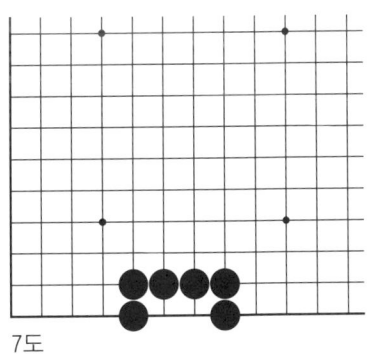

7도

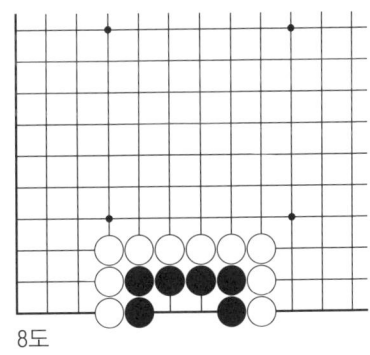

8도

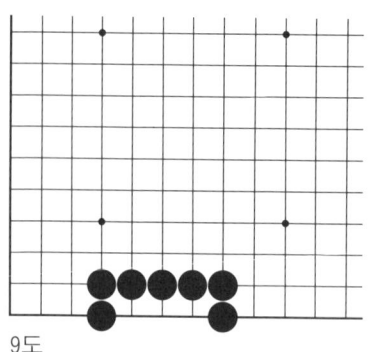

9도

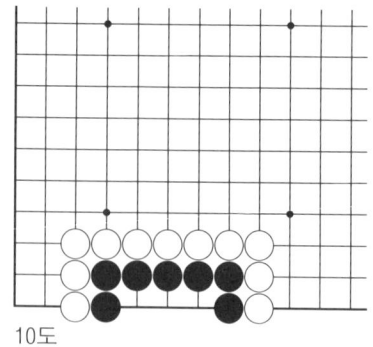

10도

## ● 두 집의 조건

9도는 세 집입니다. 이 경우는 어떨까요? 이것은 경우에 따라 아주 많이 달라집니다. 이 자체로 세 집이 나 있고, 흑은 아주 좋은 모습을 보여주고 있습니다. 그러나 만약 앞에서 배운 대로 10도 백이 모두 둘러싸고 있다면 어떻게 될까요?

일단 흑이 갇혀 있는데요. 이것은 누가 선수이냐가 상당히 중요합니다. 11도 흑이 선수면 흑1로 분리된 두 집을 만들어 완벽한 모습입니다. a와 b는 각각 완벽한 한 집의 모습을 보이고 있으며 백은 이곳에 들어갈 수 없습니다.

앞에서 배운 '착수금지' 기억하시나요? a와 b에 들어갈 수 없으니 이 흑은 살아 있는 모습입니다. 그러나 백이 선수라면 12도 백1로 흑 전체가 잡힌 모습입니다.

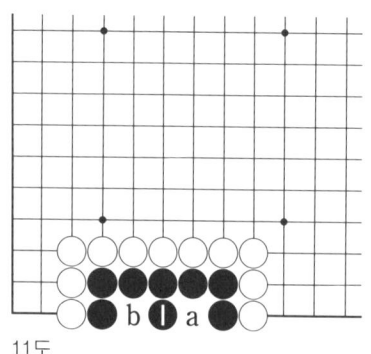

11도

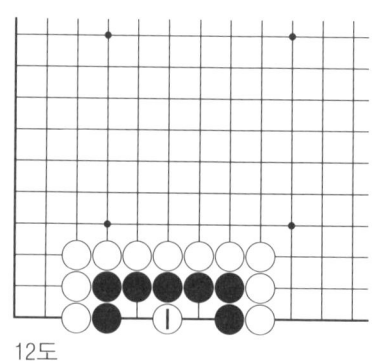

12도

## ●집의 개념

그럼 다시 처음으로 돌아와 살고 죽는 문제를 떠나 집을 잘 짓는 방법을 참고삼아 상징적으로 다시 한 번 살펴보겠습니다. 아래 그림에서 우상귀, 귀의 집을 짓는 데는 돌 6개가 들어갔습니다. 좌변, 변에 집을 짓는 데는 9개의 돌이 소모되었구요. 그리고 중앙은 12개가 투입되었습니다. 모두 각각 9집을 짓는 데 들어간 돌의 숫자입니다.

그래서 바둑은 집을 짓는 데 있어 가장 효율적인 귀의 가치를 더 인정해주고, 그리고 변, 다음이 중앙 순입니다. 바둑을 잘 두기 위해서는 집에 민감해야 하며 집을 잘 지어야 합니다.

집을 지을 때 너무 넓고 크게 지으면 내 집에 들어와 살아버리고, 또 너무 작게 지으면 이길 수가 없습니다. 가장 적당한 집을 잘 짓는 게 중요하겠죠?

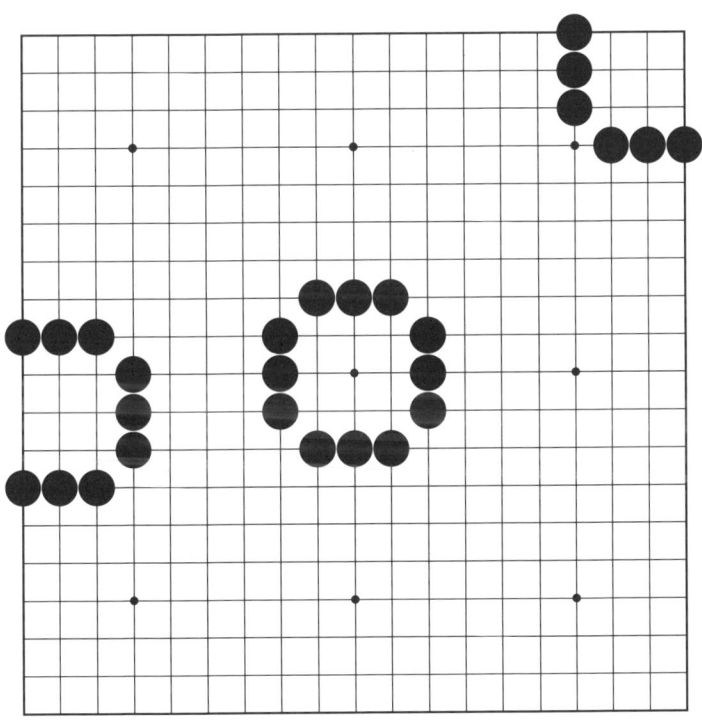

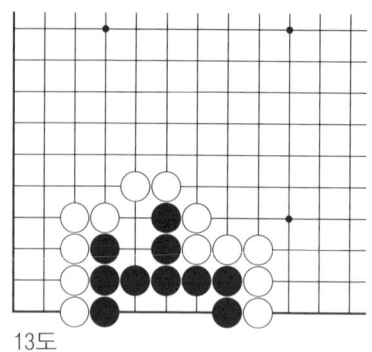

13도

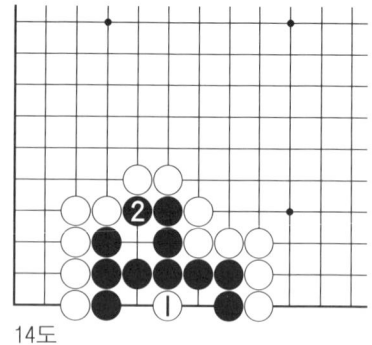

14도

## ● 안전한 집

지금 13도의 흑은 안전한 집을 확보하고 있습니다. 집의 크기를 떠나 바둑을 잘 두기 위해서는 안전한 집을 확보하는 게 매우 중요한데요. 지금이 그렇습니다. 이 흑은 백에게 둘러싸여 있지만 안전하게 살아 있습니다.

14도 백1이면 흑2로 아주 크게 살구요, 15도 백1은 흑2로 완벽하게 삽니다. 그리고 흑이 먼저 둔다면 16도 흑1로 넉 집을 만들며 살 수 있습니다. 이처럼 흑은 이미 안전한 집을 확보한 상태이고, 백이 어떤 공격을 가해도 안전하게 살 수 있기 때문입니다.

이제는 백이 a에 치중해도 흑은 손을 빼도 상관없습니다. 이미 b의 곳에 한 집을 확보하고 있기 때문이죠. 이것이 흑의 자랑입니다.

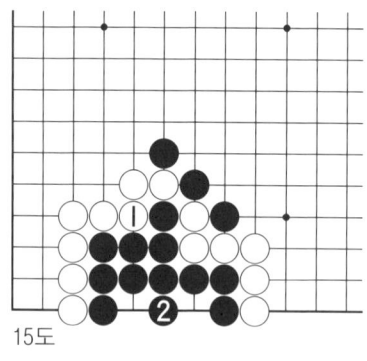

15도

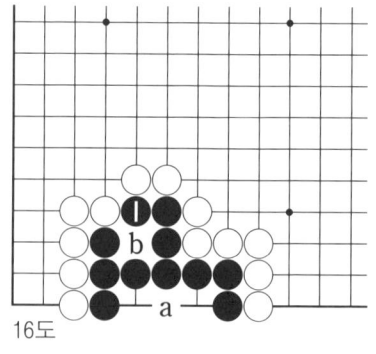

16도

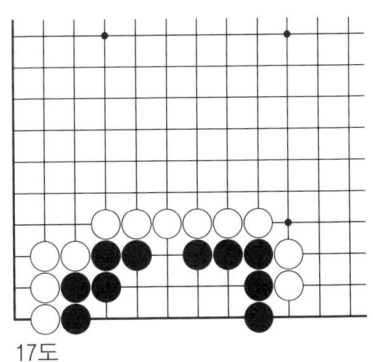

17도

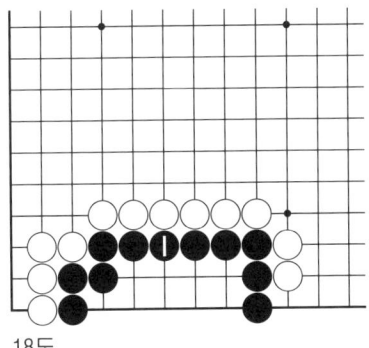

18도

### ● 불안전한 집

상대가 침입할 여지가 있는 집은 불안전한 집이라고 볼 수 있습니다. 지금 17도 흑집도 마찬가지인데요. 18도 흑1로 막으면 완전한 흑집이 완성되었고, 총 9집을 만들었습니다.

그리고 만약 백이 둔다면 19도 백1로 찌르고 흑2로 막습니다. 여기까지 흑집은 완결되었고, 총 8집 만들었습니다. 이렇게 아직 경계선이 확정되지 않은 집은 완성된 집이라고 볼 수 없습니다.

만약 19도 백1에 흑이 착각하고 손을 뺀다면 20도 백1로 뚫려 흑은 큰일 납니다. 백△로 들어올 때 흑의 응수는 절대입니다.

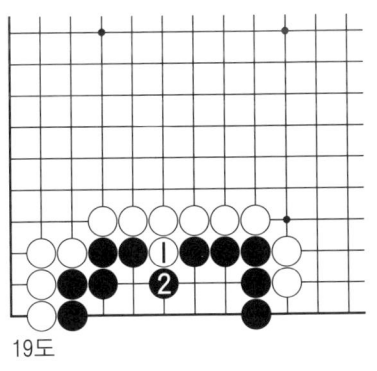

19도

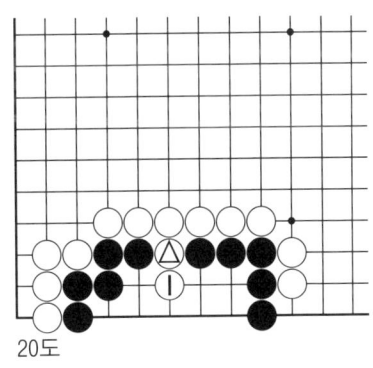

20도

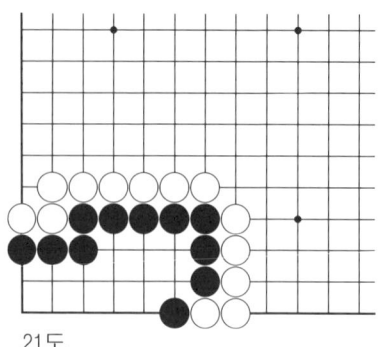

21도

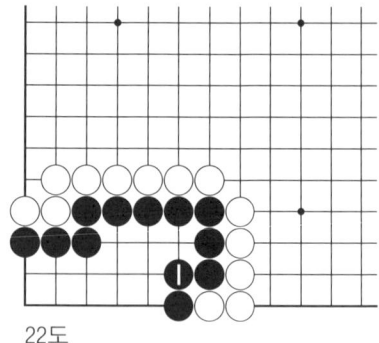

22도

## 🔵 결함이 있는 집

21도는 흑집이 완성된 것 같이 보입니다. 그래서 14집. 하지만 흑에게는 단점이 남아 있습니다. 이곳을 보강하지 않고는 이 집은 집이 아닙니다. 22도 흑1의 보강은 절대입니다. 이곳을 손빼고서는 집이라고 할 수 없죠.

만약 흑이 손을 뺀다면 23도 백1로 끊겨 낭패입니다. 흑2로 나가도 백3으로 따라 나가면 흑은 손해가 이만저만이 아닙니다.

그렇다고 24도 백1 때 흑2로 물러난다고 해도 흑의 손해는 큽니다. 그러므로 22도 흑1의 보강은 절대이며 이런 곳을 놓쳐서는 안 됩니다.

최종 흑집은 13집입니다. 바둑을 마무리해 나갈 때는 항상 매듭을 조심해야 하며 이런 단점을 잘 살펴봐야 합니다.

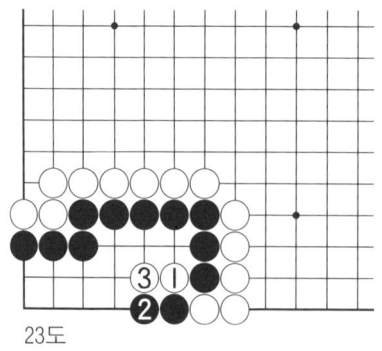

23도

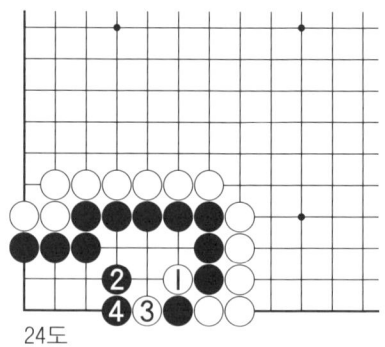

24도

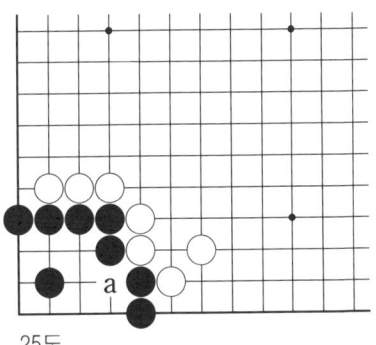

25도

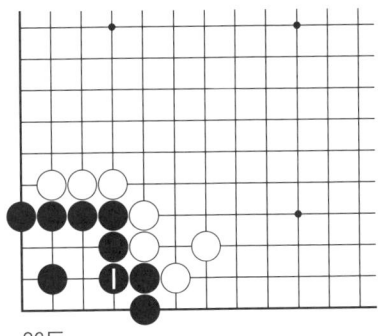

26도

## ●미리 보강은 어리석은 짓

가끔 왕초보 바둑 두는 것을 옆에서 지켜보면 보강할 필요가 없는데도 겁먹고 미리 가일수하는 경우를 종종 볼 수 있습니다.

지금 25도를 보면 a의 곳에 매듭이 있지만, 이것은 아직 단수가 아니므로 미리 보강할 필요가 없는 자리입니다.

하지만 왕초보 실전을 지켜보면 이런 자리를 미리 보강하곤 하는데요. 26도 지금은 흑1로 보강할 필요가 없습니다. 27도 백1로 끊어도 흑2로 잡으면 그만이기 때문이죠. 아무 문제가 없습니다. 그러므로 흑은 28도 백1 때 흑2로 가일수하면 됩니다.

바둑을 잘 두기 위해서는 선수를 잘 취해야 함은 물론이지만 이렇게 헛수를 두어서는 안 됩니다. 만약 실전에서 26도 같이 흑1로 보강했다면 이것은 후수를 잡아 아주 나쁩니다.

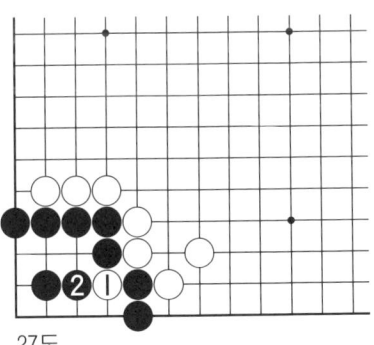

27도

28도

## ●집과 옥집

지금 29도에서 보여주고 있는 모양은 확실하고 완전한 두 집의 모습을 보이고 있습니다. 이것은 흑이 백에게 둘러싸여도 아무 문제가 없습니다. 완벽하게 살아있는 모습입니다.

그러나 30도 a의 곳이 비었다고 가정하면 상황은 달라집니다. 이곳이 바로 옥집을 만들 수 있는 급소 자리이므로 누가 선수이냐에 따라 아주 중요합니다. 29도는 흑 선수로 완벽한 모습을 보여주었고, 31도 백이 선수이면 백△로 흑이 모두 잡히고 맙니다.

이렇게 완전한 집과 옥집은 엄청난 차이를 보이고 있어 혹시라도 옥집과 진짜 집을 착각해서는 절대 안 됩니다. 옥집을 구분하는 법, 이제 어느 정도 눈에 들어오나요? 급소 자리를 잘 확인해보시고, 잘 이해 안 되시면 앞에서 배운 옥집을 다시 한 번 검토를 부탁드립니다.

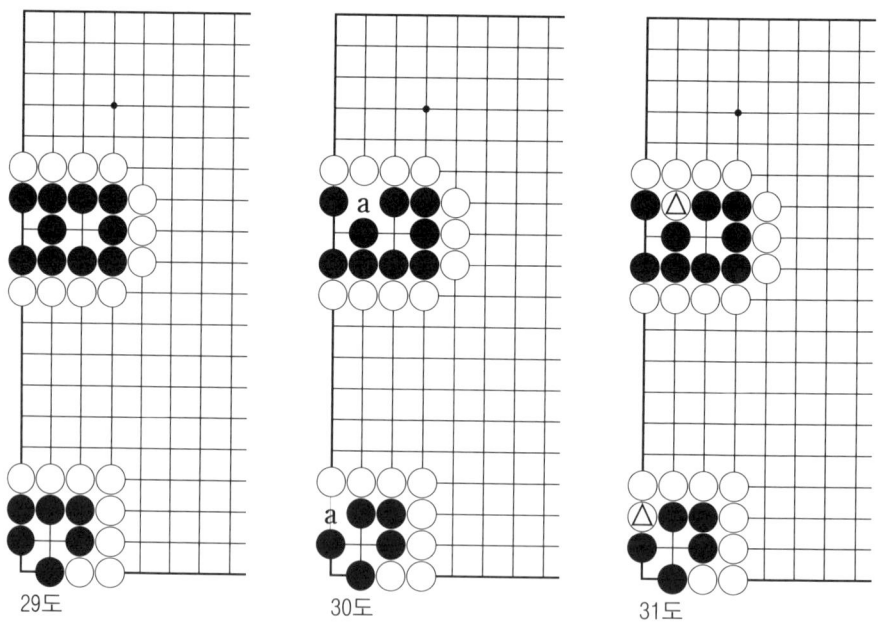

29도          30도          31도

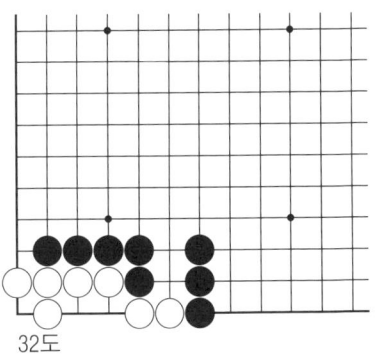

32도

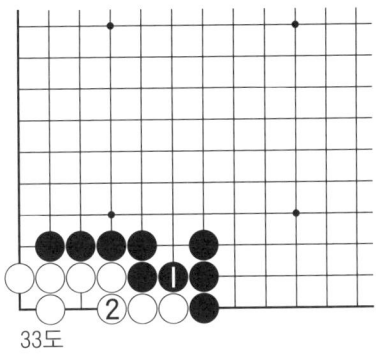

33도

## 옥집을 이용해 집 없애기

32도를 보면 백은 완전한 모습을 보이는 것 같습니다. 한 눈에 봐서는 귀의 백집이 석 집처럼 보입니다. 하지만 이 백은 흑의 한방으로 모두 잡을 수 있습니다. 옥집을 잘 활용한다면 아주 쉽게 접근할 수 있습니다.

33도 단순히 흑1로 백 두점을 모는 것은 안 됩니다. 백2로 이어 백은 완전한 두 집을 확보했습니다. 이것은 흑이 바라는 바가 아니죠.

34도 백의 매듭을 활용한 1선의 먹여치기 흑1로 백은 여기서 한 집이 없어졌습니다. 귀의 a만 완전한 한 집이 되므로 이 백 전체는 모두 잡혔습니다.

그러므로 백은 35도 백1로 보강을 서둘러야 하며, 이렇게 해야 백은 완전한 두 집을 확보할 수 있습니다.

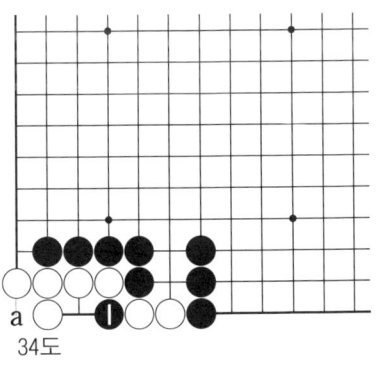

34도

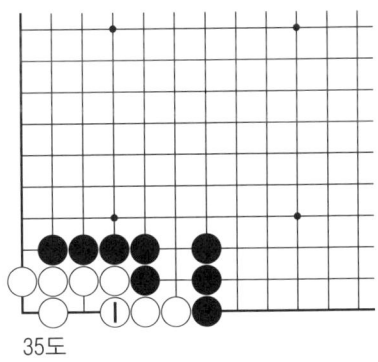

35도

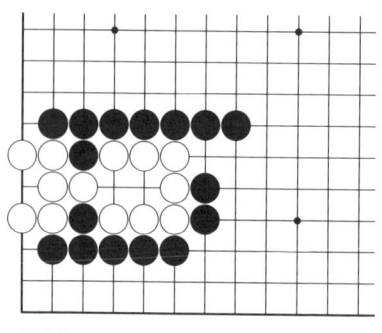

36도

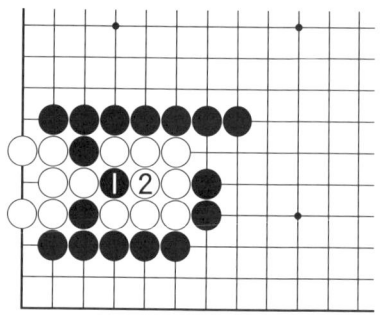

37도

## 🔴 먹여치기로 옥집을 만든다

마지막으로 옥집을 검토해보겠습니다. 옥집을 잘 이용한다면 앞으로 바둑을 정말 잘 둘 수 있습니다. 먹여치기(돌 하나를 희생)와 옥집의 관계, 먹여침으로써 집이 없어지는 이해를 한다면 바둑실력은 급속도로 향상될 것입니다.

지금 36도 역시 먹여치기 한방이면 백을 사지로 몰아넣습니다. 37도 흑 1이 그것입니다. 38도 백이 따낸 모습을 살펴보면 흑▲가 역할을 합니다. 바로 a의 곳이 옥집이 된 것이죠. a의 곳은 나중에 활로가 메워지면 단수가 되는 자리이므로 이곳은 집이 될 수 없습니다.

혹시 39도 흑1로 뒷수를 메우는 여러분들은 안계시겠죠? 가끔 이런 모습을 대할 때면 절망할 때가 있습니다. 꼭 '먹여치기와 옥집', 잘 확인해두시기 바랍니다.

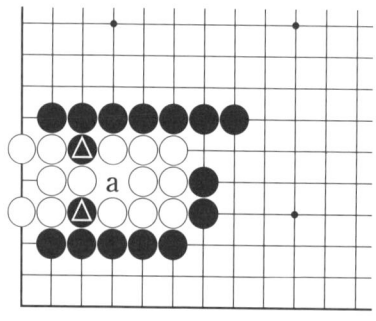

38도

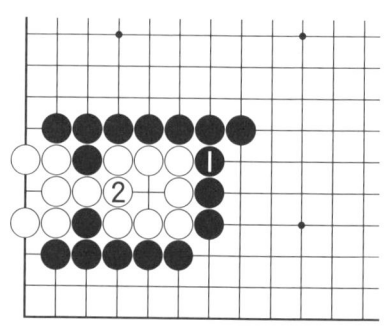

39도

■ 흑을 완전한 집으로 만들거나 백을 옥집으로 만들어보세요.

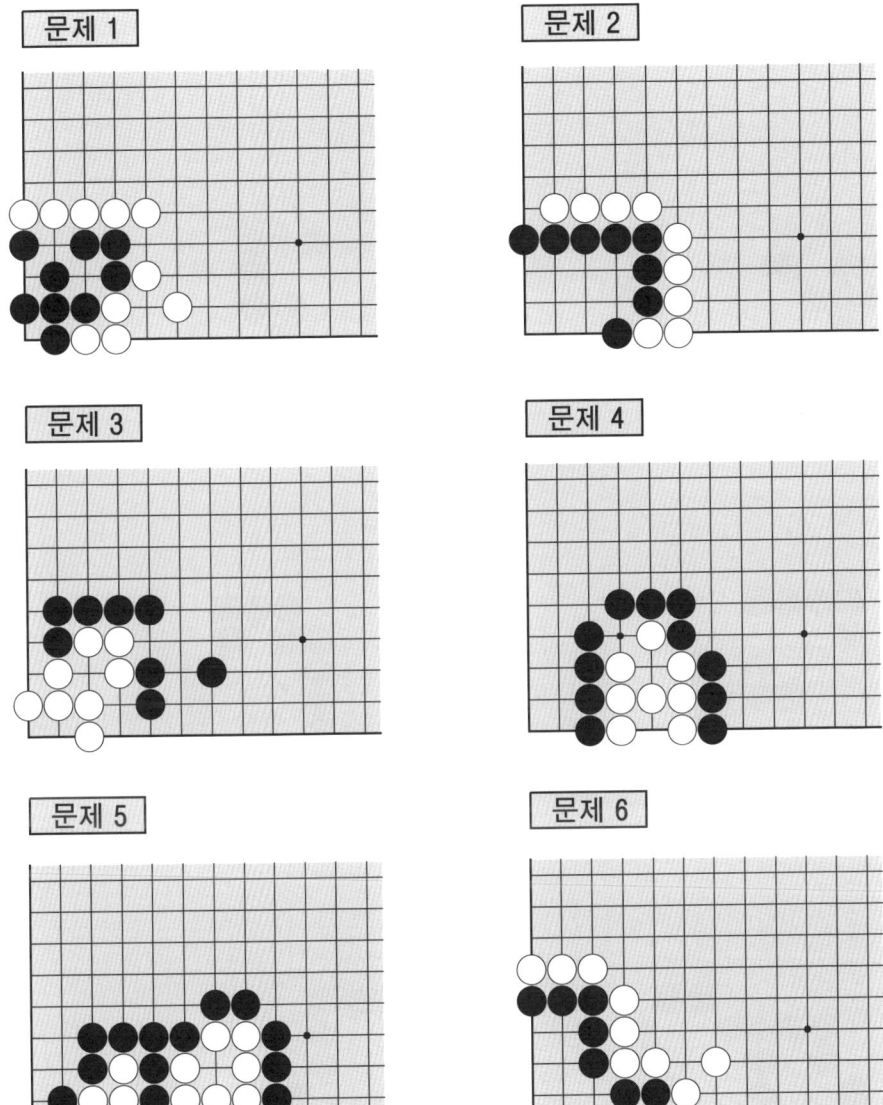

문제 1

문제 2

문제 3

문제 4

문제 5

문제 6

☞ Tip 매듭이 있는 급소점을 잘 찾아보세요.

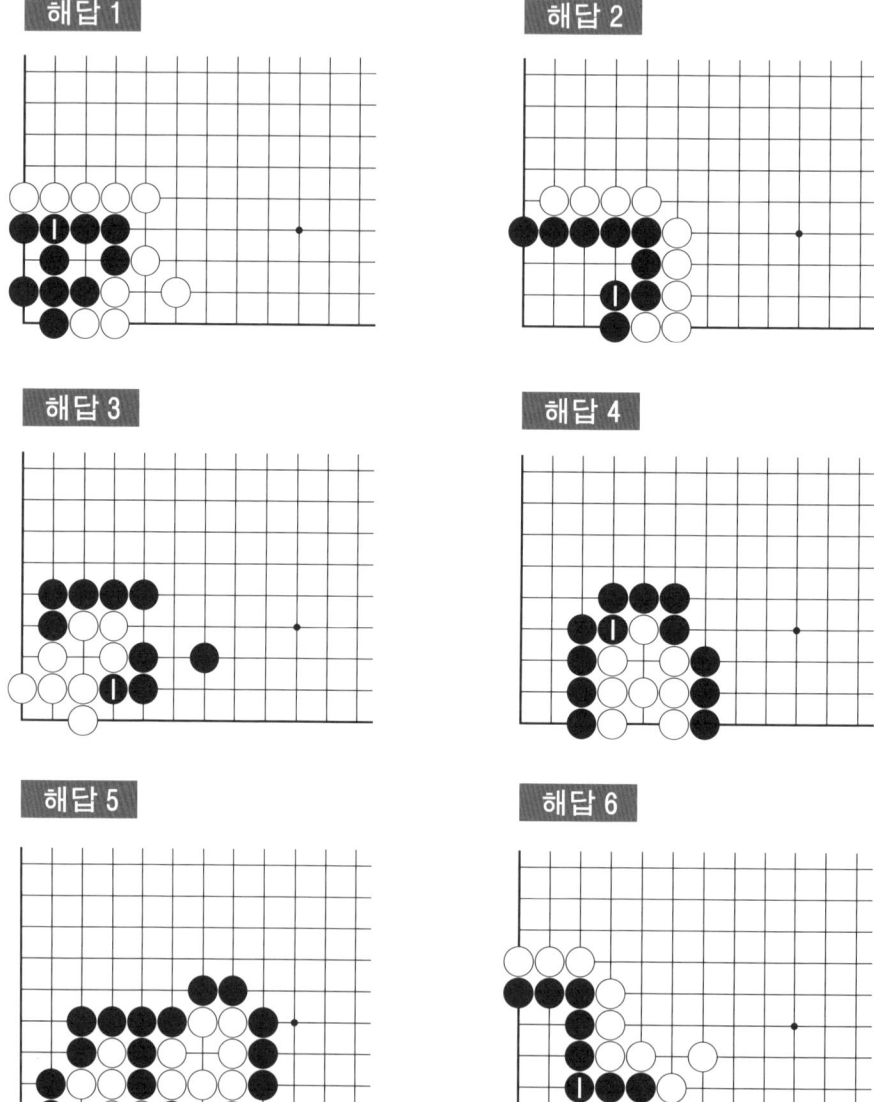

## ●완벽한 두 집

바둑은 완벽하게 분리된 두 집이 있어야 살아있는 모습입니다.

1도 완벽한 두 집을 보여주고 있습니다. 지금 흑의 이 모양은 백이 어떤 공격을 해와도 완벽하게 살아있는 모습입니다.

2도 이 흑을 백이 둘러싸도 이 흑 전체는 모두 살아 있는 모습입니다. 그만큼 두 집은 중요하며 이제부터 집의 개념에 대해 좀 더 공부해보겠습니다.

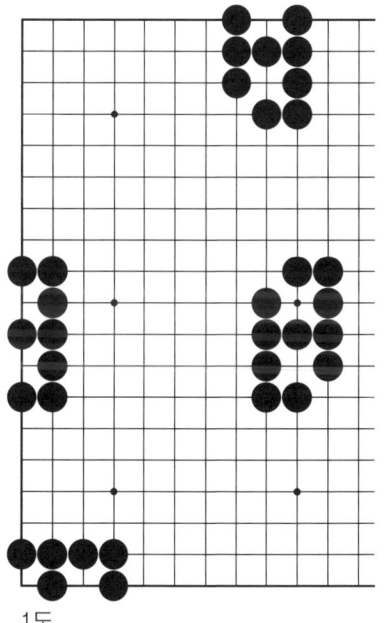

1도

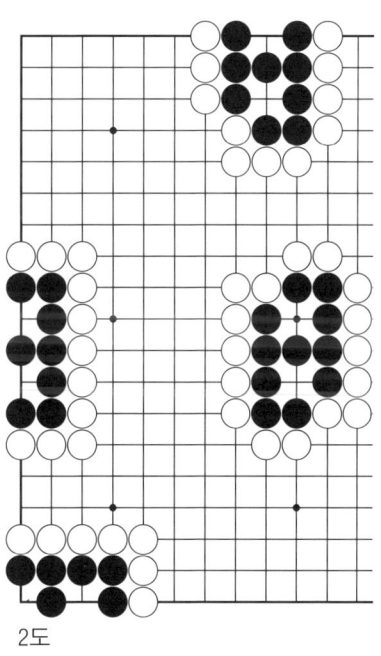

2도

3도 백1은 분리된 두 집의 급소에 해당되며, 바로 이 급소로 흑은 모두 잡힌 모습입니다.

이렇게 흑은 둘러싸일 때 완벽한 두 집을 확보하고 있어야 살게 되고, 만약 두 집이 없을 때는 4도처럼 흑을 탈출만 못하게 해도 전체를 잡은 모습입니다. 흑은 집이 없으므로 자동으로 잡힌 거죠. 백△가 급소에 있습니다.

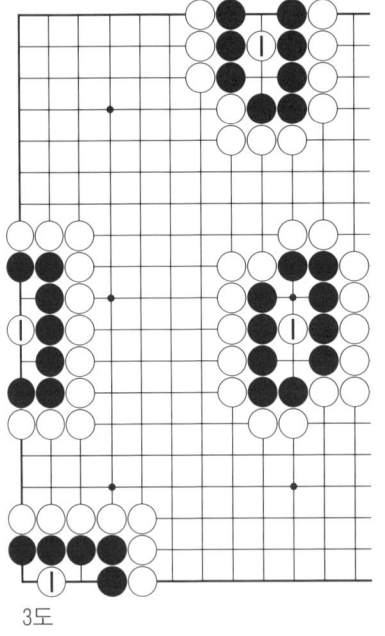

3도

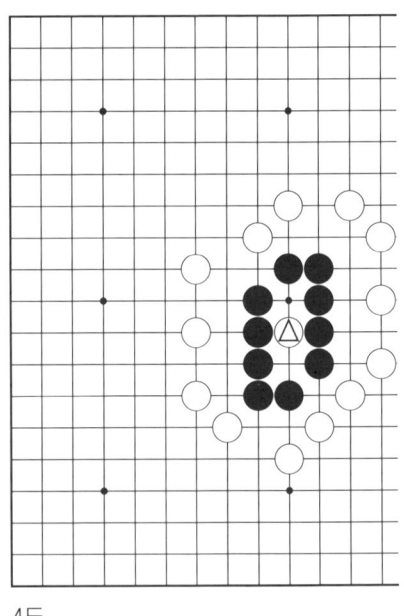

4도

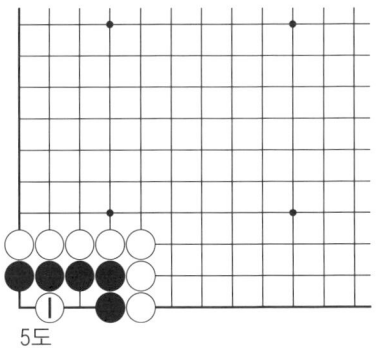

5도

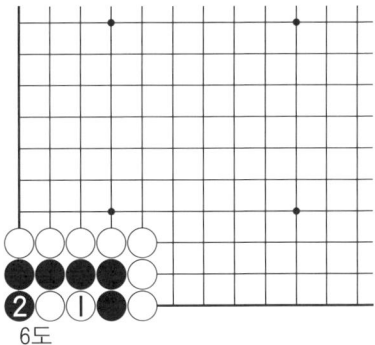

6도

## ● 잡는 수순

지금 5도의 흑은 백1로 잡혔다고 앞에서 배웠습니다. 그런데 간혹 왜 이 흑이 잡혔느냐고 따지시는 왕초보 분들이 있습니다. 그래서 그 과정을 한 번 살펴보겠습니다.

6도 백1로 단수칩니다. 그러면 흑2로 백 두점을 따냅니다. 7도 흑이 따 낸 모습이고 흑은 붙어있는 두 집뿐입니다. 붙어있는 두 집은 살 수 있는 모양이 아니므로 곧바로 8도 백1의 단수에 흑은 다음 수가 없습니다. 이 렇게 흑이 잡히게 되는데요.

처음으로 돌아와 그래서 5도 백1이면 이 자체로 흑은 잡힌 모습이라고 바둑 규정상 얘기하고 있습니다. 결국 흑은 살아나갈 방법이 없으므로 5 도 백1이면 흑은 살지 못한다는 규칙을 정하고 있는 것입니다.

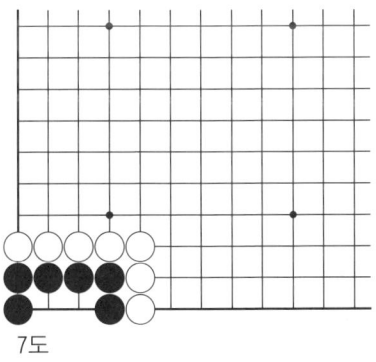

7도

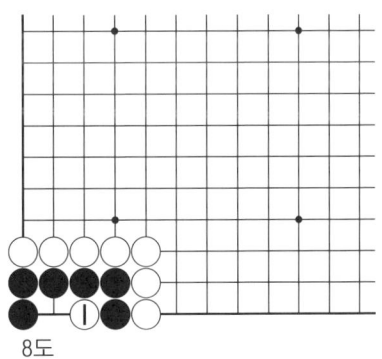

8도

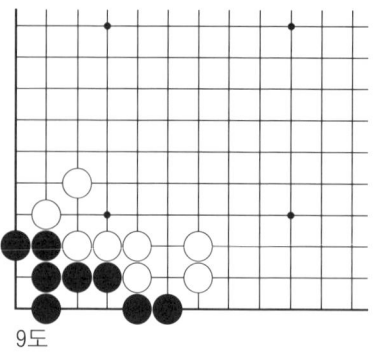

9도

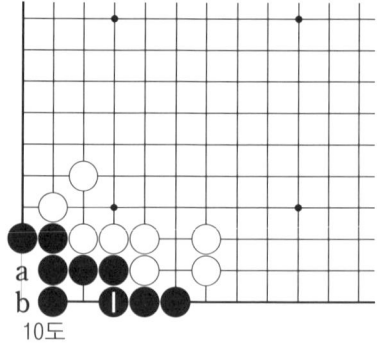

10도

## ● 완벽한 두 집 만들기

9도 흑집이 거의 완벽해 보입니다. 하지만 흠집이 있어 반드시 보강이 필요해 보입니다. 앞에서 배운 '옥집과 먹어치기'를 조심한다면 좀 더 쉽게 접근할 수 있습니다.

10도 흑1의 자리가 옥집으로 백이 이곳을 먼저 알아차린다면 흑은 아주 곤란하게 됩니다. 지금 흑1로 흑 전체는 완벽한 두 집을 확보했습니다. 흑의 a와 b는 붙어 있는 두 집이므로 사활에 걸리게 되면 이런 집은 완벽한 한 집으로 계산해야 합니다.

사는 데 두 집이 필요하다고, 이같이 a와 b를 두 집으로 보면 큰일 납니다. 다시 한 번 강조하지만 사활에 걸렸을 때 붙어 있는 두 집은 한 집으로 계산해야만 합니다. 11도 백1이면 흑은 순간 옥집으로 변합니다. 12도 흑이 1로 따내봐야 소용없습니다.

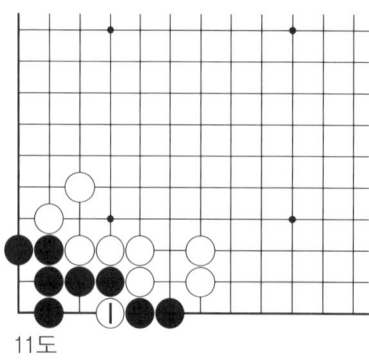

11도

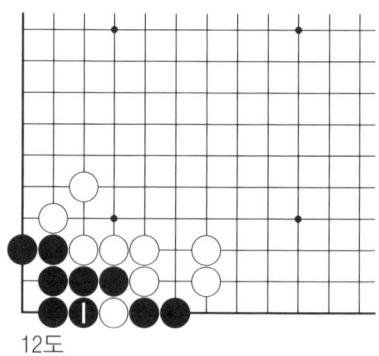

12도

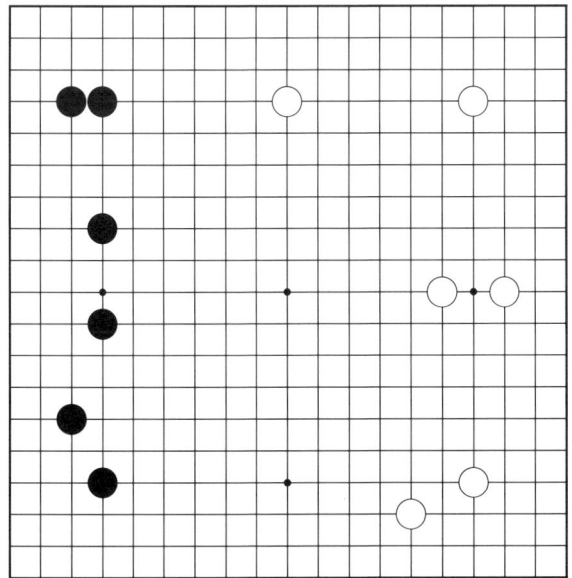

13도

## ●집 모양

완벽한 두 집을 만들기 위해서는 초반 집모양을 잘 형성해 나가야 합니다.

처음부터 두 집에 연연하면 대세를 그르쳐 도저히 바둑을이길 수 없습니다.

그러므로 13도와 14도 같이 서로 넓게 넓게 벌려가며 집모양을 키워갑니다.이 부분은 나중에 좀더 자세하게 공부하는 시간이 있을 것입니다.

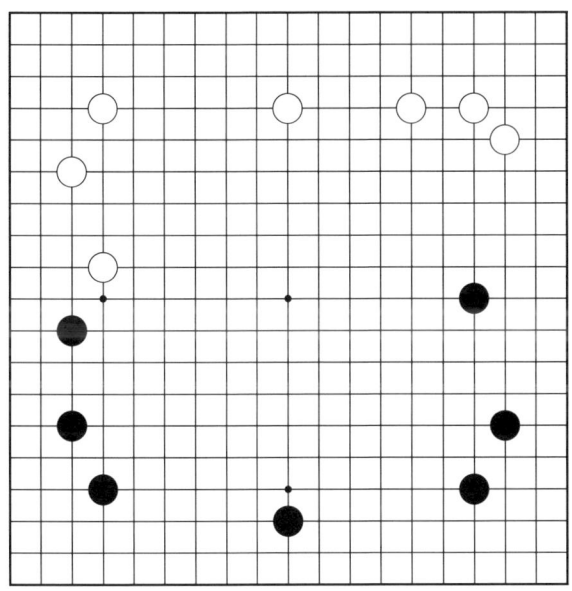

14도

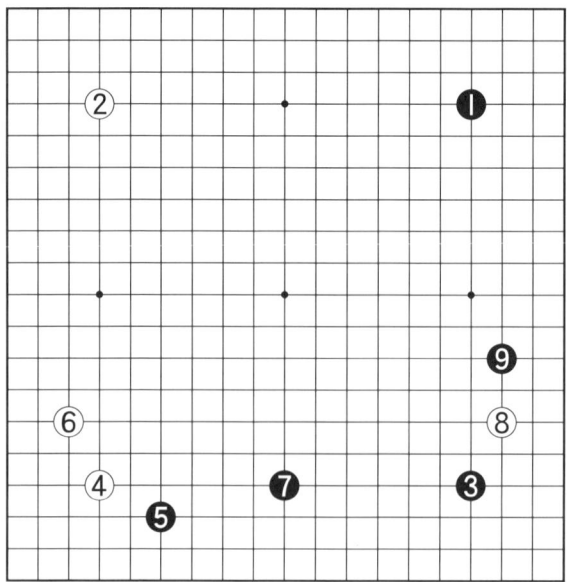

15도

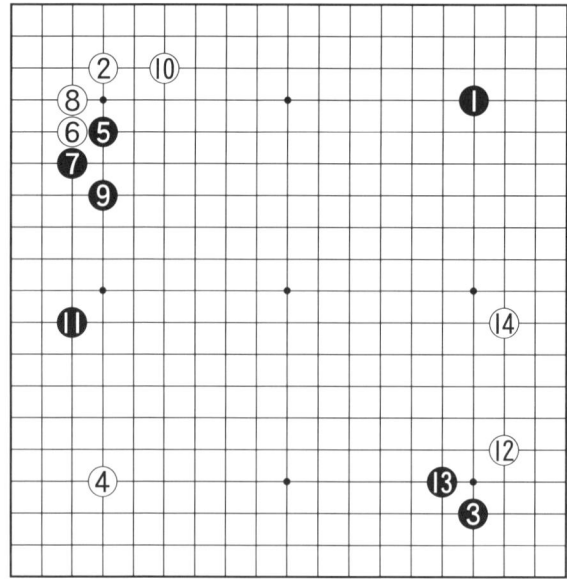

16도

## ●프로의 실전 포석

지금 15도와 16도의 장면은 프로바둑의 모범 포석을 예로 든 것입니다.

두 집을 잘 만들기 위해서는 초반의 수순이 아주 중요해 맛보기로 보여드립니다.

여러분은 그냥 슬쩍 보기만 하면 되지요. 초반 전개는 이런 형태로 이뤄진다는 것을요. 혹시 그래도 궁금하면 바둑판 위에 한번쯤 놓아 보는 것도 나쁘지는 않습니다.

▨ 완벽한 두 집을 만들어보세요.

**문제 1**

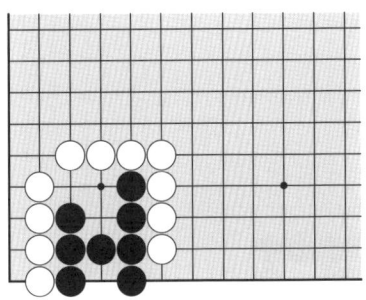

**문제 2**

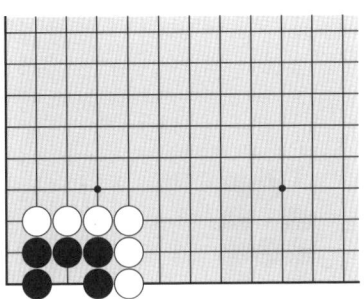

**문제 3**

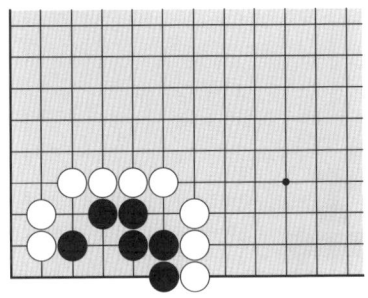

**문제 4**

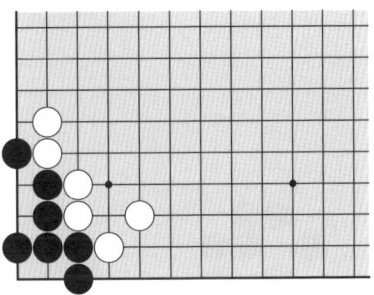

**문제 5**

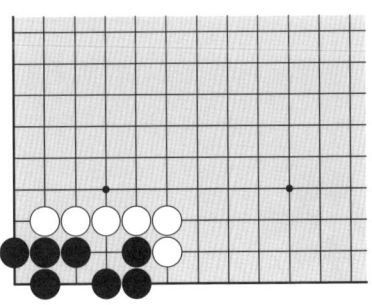

**문제 6**

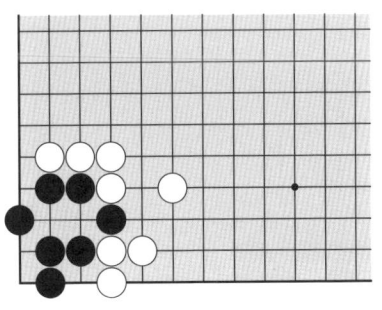

☞ Tip 옥집은 안 됩니다.

**해답 1**

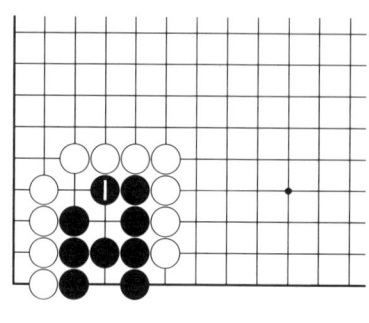

**해답 2**

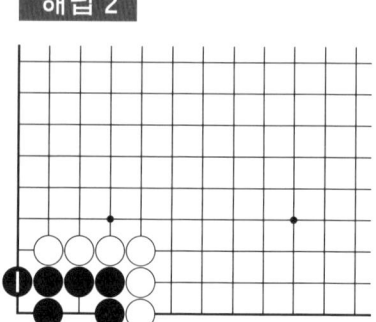

**해답 3**

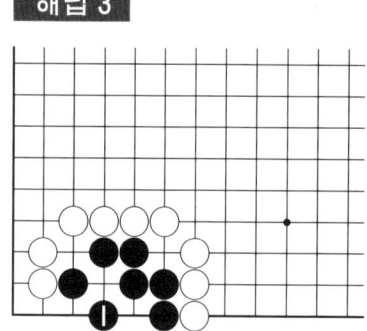

**해답 4**

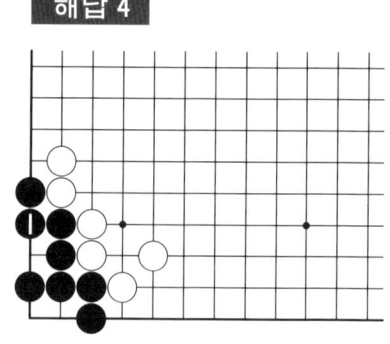

**해답 5**

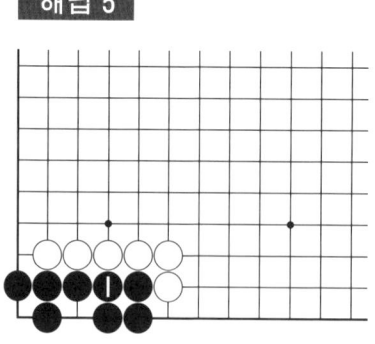

**해답 6**

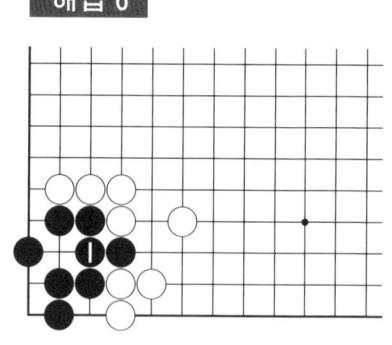

## AI 최강 바둑 시리즈

### 최강 입문

인공지능 바둑시대 원리를 알고 파헤쳐 단숨에 바둑 두기! 초급자도 생각의 틀을 잡는 필독 입문서!

01 **규칙편** 264쪽 | 이하림 지음 · 진동규 감수

02 **기술편** 264쪽 | 이하림 지음 · 진동규 감수

### 최강 정석

인공지능 바둑시대 정석에서 진화된 수법 총정리! 혁신적인 AI의 안목으로 고정관념을 깨라!

01 **화점 기본편** 320쪽 | 이하림 지음 · 김일환 감수

02 **화점 협공편** 276쪽 | 이하림 지음 · 김일환 감수

03 **소목 정석편** 304쪽 | 이하림 지음 · 김일환 감수

### 최강 포석

인공지능 바둑시대 포석에서 진화된 수법 총정리! 혁신적인 AI의 안목으로 고정관념을 깨라!

01 **화점 포석편** 320쪽 | 이하림 지음 · 김일환 감수

02 **소목 포석편** 320쪽 | 이하림 지음 · 김일환 감수

인공지능 바둑시대 국면을 주도하는 능률적 전투 요령! 혁신적인 AI의 안목으로 고정관념을 깨라!

**최강 전투편** 280쪽 | 이하림 지음 · 김일환 감수

## 매일 트이는 AI 바둑 핸드북 시리즈

### 바둑 입문

원리를 알고 파헤쳐 단숨에 바둑 두기!

01 **기본 규칙** 160쪽 | 이하림 지음

02 **초보 사활과 수상전** 160쪽 | 이하림 지음

03 **초보 기술과 끝내기** 160쪽 | 이하림 지음

04 **초보 행마와 운명** 160쪽 | 이하림 지음

### 화점 정석

AI시대 바둑을 파헤친다!

01 **3三침입 · 날일자 수비** 176쪽 | 이하림 지음

02 **한칸과 눈목자 수비 · 붙임 · 양걸침** 176쪽 | 이하림 지음

03 **한칸 공격** 160쪽 | 이하림 지음

04 **두칸과 세칸 공격 · 수비 후 공격** 160쪽 | 이하림 지음